Sibylle Härtl, Adelheid Unterstaller (Hg.)

Raus aus der Nische!

Prävention von sexuellem Missbrauch als fester Bestandteil
pädagogischen Handelns

AMYNA e.V. – Institut zur Prävention von sexuellem Missbrauch

Impressum

© AMYNA e.V. München, 2003

ISBN 3-934735-08-8

Titel: Raus aus der Nische! Prävention von sexuellem Missbrauch als fester Bestandteil pädagogischen Handelns

Herausgeberinnen: Sibylle Härtl, Adelheid Unterstaller

Redaktion und Bearbeitung: Sibylle Härtl, Adelheid Unterstaller

Lektorat: Susanna Bertschi

Layout und Satz wurden gespendet von eolas informationsdesign gmbh, München, www.eolas.de

Umschlaggestaltung: Anja Rohde, München/Hamburg, www.konzept139.de

Herstellung: Books on Demand GmbH, Norderstedt

AMYNA e.V. – Institut zur Prävention von sexuellem Missbrauch
Mariahilfplatz 9
81541 München
Tel. (089) 2017001
Fax (089) 2011095
E-Mail info@amyna.de
www.amyna.de

Das Institut zur Prävention von sexuellem Missbrauch wird von der Landeshauptstadt München bezuschusst.

Inhalt

Adelheid Unterstaller, Sibylle Härtl

„Raus aus der Nische!"

Prävention von sexuellem Missbrauch als fester Bestandteil pädagogischen Handelns

Mauerblümchen Prävention?

Die Frage wie sich sexuelle Gewalt gegen Mädchen und Jungen wirkungsvoll verhindern lässt, wird zwar häufig und in den unterschiedlichsten Zusammenhängen laut gestellt, in der pädagogischen Praxis hat Prävention jedoch noch nicht ihren selbstverständlichen Ort gefunden. Prävention bleibt in Schulen, Kindertagesstätten, stationären Einrichtungen, Verbänden und Jugendfreizeitstätten bisher häufig dem Engagement weniger, einzelner MitarbeiterInnen überlassen.

Das mag unterschiedliche und auch nachvollziehbare Gründe haben:

– Bisher gibt es zwar zahlreiche Methodensammlungen zur Präventionsarbeit. Diese allein reichen jedoch nicht aus, um Prävention auch konzeptuell in den Einrichtungen zu verankern.

– Sexuelle Gewalt ist ein angstbesetztes Thema. Pädagoginnen und Pädagogen sind in ihrer Arbeit mit so vielen unterschiedlichen Problemen von Kindern und Jugendlichen konfrontiert, dass sie sich nicht auch noch mit diesem Thema belasten wollen, solange nicht ein gravierender Fall in der eigenen Einrichtung Handlungsdruck erzeugt.

– Unsicherheit im Umgang mit der Thematik führt häufig zu der Entscheidung, lieber gar nicht zu handeln als etwas falsch zu machen.

– In Zeiten leerer Kassen fällt es Einrichtungen zunehmend schwerer, ihren Mitarbeiterinnen und Mitarbeitern adäquate Fortbildungen zu ermöglichen.

Und sicher gibt es noch weitere Erklärungen für diesen Tatbestand.

Demgegenüber steht die Notwendigkeit präventiver Arbeit gegen sexuelle Gewalt:

– Sexuelle Gewalt betrifft viele Mädchen und Jungen jeden Alters. Die Wahrscheinlichkeit, dass sich in der eigenen Einrichtung mehrere bereits betroffene Kinder oder Jugendliche befinden, ist groß.

– Gleichzeitig ist es auch nicht unwahrscheinlich, dass sich Täter oder TäterInnen in der Einrichtung befinden – unter den NutzerInnen aber auch unter den MitarbeiterInnen. Viele TäterInnen suchen sich speziell Berufsfelder und Arbeitbereiche, in denen sie mit Kindern und Jugendlichen zu tun haben (vgl. dazu den Beitrag von Frauke Homann in diesem Buch)

Beginnt eine pädagogische Einrichtung, sich mit sexueller Gewalt auseinanderzusetzen, investiert sie damit also nicht nur in die Zukunft, sondern sie stellt sich in vielen Fällen erstmals schlicht der Realität in der Einrichtung und geht damit einen richtigen und konsequenten Weg.

Wird präventive Arbeit gegen sexuellen Missbrauch wirklich ernstgenommen und – am Besten in Zusammenarbeit aller Beteiligten – in das Konzept einer Einrichtung oder Institution eingebunden, hat dies allein schon Signalcharakter. Wird offen – in den Öffentlichkeitsmaterialien, bei Elternabenden oder auch durch Pressemeldungen – damit umgegangen, dass diese Einrichtung dazu beiträgt, Mädchen und Jungen vor sexueller Gewalt zu schützen, hat dies Wirkung nach innen und außen. NutzerInnen der Einrichtung wissen, dass sie sich hier Hilfe holen können und dass sie in der Einrichtung Schutz vor sexueller Gewalt erfahren. Ihnen wird das Sprechen über erlebte sexuelle Gewalt erleichtert. Mitarbeiterinnen und Mitarbeitern wird Orientierung und Klarheit im Umgang mit der Thematik gegeben. Die Öffentlichkeit erkennt es zunehmend als Qualitätsmerkmal einer Einrichtung an, wenn diese sich mit sexueller Gewalt auseinandersetzt. Und nicht zuletzt wird Tätern und Täterinnen signalisiert, dass sie in dieser Institution kein leichtes Spiel haben werden.

Mit diesem Buch wollen wir pädagogischen Einrichtungen Anregungen und Unterstützung dabei geben, Prävention von sexuellem Missbrauch als festen Bestandteil ihrer pädagogischen Arbeit zu verankern. Wir sprechen hier die Leitungsebene, die Konzeptverantwortlichen in den Einrichtungen und die pädagogischen MitarbeiterInnen und Mitarbeiter gleichermaßen an. Wir möchten Mut machen, das Thema trotz aller innerer und äußerer Widerstände anzugehen und möchten zeigen, wie dies gelingen kann. Prävention ist kein zusätzlicher oder eigener Arbeitsbereich, Prävention lässt sich in der alltäglichen Arbeit verankern, sie zeigt sich in erste Linie in den Strukturen der Einrichtung und der (Erziehungs-)haltung den Mädchen und Jungen gegenüber und wirkt damit im täglichen pädagogischen Handeln.

Was ist unter Prävention zu verstehen?

Wir haben für dieses Buch als Autorinnen nicht in erster Linie Präventionsexpertinnen angefragt, sondern Frauen, die in den unterschiedlichsten Bereichen pädagogischer Praxis tätig sind. Wir haben sie gebeten, sich das Thema Prävention aus ihrer jeweiligen Sicht zu erschließen und mit ihren jeweiligen Praxiserfahrungen zu verbinden. Entstanden ist dabei ein Mosaik mit unterschiedlichsten Zugangs- und Herangehensweisen an die Präventionsarbeit. Die einzelnen Artikel unterscheiden sich dabei nicht nur in Bezug auf die Praxisfelder, sondern auch in ihrem Verständnis, was nun Prävention genau ist. Das zeigt, dass es sich um ein sehr lebendiges und vielfältiges Feld handelt. Alle Artikel zusammen zeigen eine Fülle von Anregungen und Ansatzpunkten auf.

Um aus den einzelnen, über das gesamte Buch verstreuten Mosaiksteinchen ein überschaubares Bild entstehen zu lassen, soll an dieser Stelle umrissen werden, welche Bausteine eine umfassende Prävention ausmachen. Wir beziehen uns dabei auf den Präventionsansatz, der von AMYNA e.V. vertreten wird.

Prävention von sexuellem Missbrauch umschließt jede Maßnahme, die geeignet ist, einen Missbrauch bereits im Vorfeld zu verhindern oder einen bereits stattfindenden Missbrauch so schnell wie möglich zu stoppen.

Dabei ist es sinnvoll, mit den präventiven Maßnahmen an verschiedenen Stellen anzusetzen. Für pädagogische Einrichtungen bieten sich folgende „Ansatzpunkte" an:

— die NutzerInnen der Einrichtung
— die MitarbeiterInnen der Einrichtung
— die Leitungsebene der Einrichtung
— die Strukturen der Einrichtung
— die „Umgebung" der Einrichtung, damit ist gemeint Eltern, Träger der Einrichtung, zugeordnete Behörden, usw.

Nur wenn alle Ebenen miteinbezogen werden, kann ein Netz entstehen, das Mädchen und Jungen den größtmöglichen Schutz bieten kann.

1. Ansatzpunkt: Nutzerinnen und Nutzer der Einrichtung

Damit sind die Schülerinnen und Schüler, die BesucherInnen des Freizeitheims, die BewohnerInnen einer Wohngruppe, die TeilnehmerInnen einer Jugendgruppe und alle anderen Kinder und Jugendlichen gemeint, die pädagogische Einrichtungen nutzen.

Häufig wird als allererstes an Mädchen und Jungen gedacht, wenn von Prävention die Rede ist. Sie sollen lernen sich zu wehren und von einem erlebten Missbrauch zu erzählen. Sie sollen selbstbewusst werden, in der Hoffnung, dass sie dadurch für TäterInnen uninteressant werden.

Mädchen und Jungen sind tatsächlich eine wichtige Zielgruppe der Präventionsarbeit, ihnen soll dabei jedoch nicht die gesamte Verantwortung für ihren eigenen Schutz aufgebürdet werden. Je kleiner sie sind, umso weniger sind sie in der Lage, das Geschehen einzuordnen, geschweige denn, sich gegen einen Täter[1] zur Wehr zu setzen. Dies kann sogar riskant für sie sein.

Präventionsarbeit, die sich an Kinder und Jugendliche richtet, muss also deren Möglichkeiten nach Alter und Fähigkeiten realistisch einschätzen, um sie nicht zu überfordern.

Mädchen und Jungen müssen altersangemessen und realistisch über sexuellen Missbrauch informiert werden und sie müssen darin unterstützt werden, Grenzüberschreitungen wahrzunehmen. Dazu brauchen sie einen positiven Zugang zu ihrem Körper und eine angemessene Sexualpädagogik. Sie müssen in ihrer

---

[1] Der Einfachheit halber verwenden wir hier die männliche Form. Doch auch wenn die meisten Täter Männer und männliche Jugendliche sind, soll hier nicht ignoriert werden, dass immerhin ein geschätzter Anteil von 10–20% Täterinnen Mädchen und Jungen sexuell missbrauchen. Täterinnen sind deshalb immer mitgemeint.

Wahrnehmungsfähigkeit für Grenzen gestärkt werden und müssen ihre eigenen Gefühle als Sensor für unangenehme Situationen nutzen dürfen.

Sie müssen Strategien an die Hand bekommen auf Übergriffe zu reagieren, ohne sich in Gefahr zu bringen. Und sie müssen verlässliche und kompetente AnsprechpartnerInnen kennen, die sie ernst nehmen und bei denen sie sich Hilfe und Unterstützung holen können.

Dies alles kann tatsächlich die Chance erhöhen, dass Mädchen und Jungen für Täter gar nicht in Frage kommen, da diese befürchten müssen, dass der Missbrauch nicht geheim bleibt. Es ist nicht ausgeschlossen, dass Kinder und Jugendliche sich einem Täter entziehen können, weil sie sein Vorhaben rechtzeitig bemerken oder sich jemandem anvertrauen. Aber Prävention ausschließlich bei den Mädchen und Jungen als Betroffenen oder potenziell Betroffenen anzusiedeln, greift zu kurz. Um einen bestmöglichen Schutz zu gewährleisten, müssen auch die anderen Ansatzpunkte mit einbezogen werden.

Ein naheliegender ist, Mädchen und Jungen auch als (potenzielle) Täter und Täterinnen zu sehen und damit täterpräventiv zu wirken. Hier darf es nicht darum gehen, Mädchen und Jungen zu stigmatisieren, sondern es muss der Tatsache Rechnung getragen werden, dass alle Täterinnen und Täter einmal Kinder und Jugendliche waren und viele bereits in jungem Alter mit sexuellen Übergriffen begonnen haben.[2]

Die Ziele der Präventionsarbeit, die sich an Mädchen und Jungen richtet, sind für alle die gleichen: sie vor sexueller Gewalt zu schützen und zu verhindern, dass sie selbst Täter und Täterinnen werden. Die Wege und Zugänge müssen jedoch unterschiedlich sein, weil Kinder und Jugendliche aus unterschiedlichen Lebenswelten kommen und dort abgeholt werden müssen, wo sie stehen. Die Möglichkeit sexueller Gewalt spielt im Leben von Mädchen und Jungen eine je andere Rolle. Mädchen werden zu ihrem eigenen (vermeintlichen) Schutz in ihrer Freiheit eingeschränkt. Bei Jungen wird sexuelle Gewalt kaum wahrgenommen. Mädchen und Jungen mit Behinderungen haben andere Möglichkeiten der Wahrnehmung und des Handelns. Mädchen und Jungen kommen aus unterschiedlichen kulturellen Zusammenhängen und bringen unterschiedliche Erfahrungen mit. Mädchen und Jungen mit diskriminierenden Erfahrungen haben es schwerer, Selbstbewusstsein zu entwickeln. Dies muss in der Präventionsarbeit berücksichtigt werden.

2. Ansatzpunkt: Mitarbeiterinnen und Mitarbeiter der Einrichtung

Mitarbeiterinnen und Mitarbeiter der Einrichtung sind diejenigen, die die Präventionsinhalte an Mädchen und Jungen vermitteln müssen. Präventionsinhalte zu vermitteln heißt nicht, nur Wissen weiterzugeben. Um präventiv zu arbeiten ist Glaubwürdigkeit nötig. Die oben genannten Themen wie „positive Körperzugänge schaffen", „Sexualpädagogik", „Grenzen wahrnehmen lernen" und „Umgang mit

---

[2] Zur Arbeit mit jugendlichen Täterinnen schreiben Dorothea Zimmermann und Agnes Reuter in diesem Buch. Zur Täterprävention mit Jungen verweisen wir auf das Buch „Die leg' ich flach!" Bausteine zur Täterprävention, herausgegeben von AMYNA e.V.

Gefühlen" fordern Pädagoginnen und Pädagogen zuallererst in ihrer Selbstreflexion und ihrer Haltung den Kindern und Jugendlichen gegenüber. Sie müssen ein glaubwürdiges und respektvolles Gegenüber für die Mädchen und Jungen sein und das leben, wovon sie sprechen. Sie müssen sich fragen: „Was heißt es, diese Themen in meine pädagogische Arbeit zu integrieren?" Es geht darum, im Alltag Lern- und Erfahrungsfelder für die Mädchen und Jungen zu eröffnen und nicht an einem Tag über Prävention zu sprechen und am nächsten Tag Gefühle und Grenzen zu ignorieren.

Gleichzeitig sind MitarbeiterInnen in den Einrichtungen diejenigen, die übergriffiges Verhalten ihrer Kolleginnen, Kollegen und von BesucherInnen wahrnehmen können und eine Atmosphäre schaffen können, in der Übergriffe thematisiert und damit bearbeitbar/sanktionierbar gemacht werden können. Dazu ist Wissen über das Vorgehen von Tätern und eine realistische Einschätzung sexualisierter Gewalt nötig. Ohne die Bereitschaft des Personals, sich mit sexueller Gewalt in der Einrichtung auseinander zu setzen, ist eine „Arena der Sicherheit", wie sie Frauke Homann ihn ihrem Artikel in diesem Buch beschreibt, nicht möglich.

3. Ansatzpunkt: die Leitungsebene der Einrichtung

Was für pädagogische Mitarbeiterinnen und Mitarbeiter gilt, gilt ebenso für die Leitung. Darüber hinaus hat die Leitungsebene die Chance, Prävention als verbindlichen Bestandteil des Konzeptes in der Einrichtung zu verankern.

Es liegt auch in der Verantwortung der Leitung vorzugeben wie gehandelt wird, wenn Mädchen oder Jungen Schutz brauchen, weil sie möglicherweise sexuell missbraucht werden, sei es von Tätern oder Täterinnen außerhalb oder innerhalb der Einrichtung. Das heißt, sie muss dafür sorgen, dass Kontakte zu entsprechenden beratendenden Fachstellen geknüpft werden und muss MitarbeiterInnen Orientierung geben, wie sie betroffene Mädchen oder Jungen in der Einrichtung am besten unterstützen können. Sie braucht juristische Informationen, um angemessen handeln zu können, beispielsweise im Bereich des Arbeitsrechts, wenn Täter oder Täterin in der Einrichtung beschäftigt sind.

Auch in Sachen Personalentwicklung liegt die Verantwortung bei der Leitung. Sie muss gewährleisten, dass neue MitarbeiterInnen in diese Bereiche eingearbeitet werden und genügend Fortbildung geboten wird.

Präventionsarbeit lebt davon, dass diejenigen, die sie umsetzen hinter dem stehen, was sie tun und sagen. Deshalb ist es wichtig, Konzepte im Team mit allen MitarbeiterInnen zu erarbeiten und möglichst alle mit ins Boot zu holen. Kolleginnen und Kollegen müssen ermutigt werden, sich des Themas anzunehmen und bei Verdachtsfällen zu handeln. Sie brauchen Sicherheit und Orientierung und Rückenstärkung.

4. Ansatzpunkt: die Strukturen der Einrichtung

Strukturen können es Tätern und Täterinnen leichter oder schwerer machen, sexuell zu missbrauchen. Täter haben ein leichteres Spiel in einer Einrichtung, in der die ungeschriebene Regel gilt, dass man sich gegenseitig „nicht ins Zeug pfuscht", in der das pädagogische Konzept keine Klarheit gibt über die Beziehung zwischen NutzerInnen und MitarbeiterInnen der Einrichtung und es beispielsweise üblich ist, dass Betreuer im Zeltlager gleichzeitig duschen oder im selben Zelt schlafen, in der Hilflosigkeit und Orientierungslosigkeiten herrscht gegenüber übergriffigen Jugendlichen.

Um Prävention in einer Einrichtung zu verankern, ist es also sinnvoll die Strukturen, die geschriebenen und ungeschriebenen Regeln und Absprachen daraufhin anzuschauen, wo sie sexueller Gewalt in der Einrichtung dienlich sind und wo sie helfen können sexuelle Gewalt zu verhindern.

Sinnvoll ist es Absprachen und Regeln auch schriftlich festzuhalten, in Dienstanweisungen mit aufzunehmen und die Nutzerinnen und Nutzer der Einrichtung altersangemessen zu informieren.

Viele Artikel in diesem Band greifen die Frage nach dem Beitrag von strukturellen Veränderungen für die Präventionsarbeit auf: **Birgit Palzkill** zeigt in ihrem Artikel „Sexualisierte Gewalt in der Schule" auf, dass die verändernde Arbeit an der herrschenden Geschlechterordnung ein grundlegendes Ziel der Präventionsarbeit sein muss. **Frauke Homann** beschäftigt sich in ihrem Beitrag „Sexueller Missbrauch in Institutionen" mit der Frage wie pädagogische Einrichtungen aussehen müssen, um sexuelle Gewalt durch MitarbeiterInnen an den NutzerInnen zu verhindern. Sie entwirft eine „Arena der Sicherheit" zum Schutz der Mädchen und Jungen vor sexueller Gewalt. **Ebba Ache** und **Heike Pich** zeigen am Problem der sexuellen Diskriminierung am Arbeitsplatz auf, dass wirkungsvolle Prävention die gesamte Institution in den Blick nehmen und alle Hierarchieebenen mit einschließen muss. **Ulrike Moeller** arbeitet am Beispiel „Arbeitsfeld offene, koedukative Arbeit mit Kindern und Jugendlichen" die Möglichkeiten heraus, wie durch die konzeptuelle Ausgestaltung der pädagogischen Alltagsarbeit Prävention in den Einrichtungen verankert werden kann.

5. Ansatzpunkt: die „Umgebung" der Einrichtung

Noch dichter wird das Netz der Sicherheit, wenn es möglich ist Eltern, die Trägerebene oder die ggf. zugeordnete Behörde mit einzubeziehen: durch Information oder optimal durch Zusammenarbeit.

Vision: Ein Netz der Sicherheit

Wenn, wie oben beschrieben, Prävention integraler Bestandteil pädagogischen Handelns wird, entsteht ein „Präventionsnetz", das die unterschiedlichsten pädagogischen Handlungsfelder umspannen kann. Für Einrichtungen wird es dann zum Qualitätsmerkmal, für Mädchen und Jungen den bestmöglichen Schutz vor sexueller Gewalt im täglichen Handeln herzustellen. Hier kann ein Netz entstehen, das alle Mädchen und Jungen – jeden Alters, in den unterschiedlichsten Bezügen in denen sie leben (Schule, Sport, Freizeit etc.) den bestmöglichen Schutz gewährleistet.

In diesem Buch wird daher ein Einblick in verschiedene **Praxisfelder** gegeben, um der Vision Raum zu geben, wie so ein Netz aussehen könnte: Es geht um Schule und Sport (**Birgit Palzkill**), um die Arbeit im stationären Bereich (**Dorothea Zimmermann und Agnes Reuter**), um Sexualpädagogik (**Nivedita Prasad**), um die Erlebnispädagogik und die offene koedukative Arbeit (**Ulrike Moeller**) und um den Ausbildungsbereich (**Ebba Ache und Heike Pich**).

Ebenso wesentlich für das „Präventionsnetz" ist es, präventive Maßnahmen an unterschiedliche **Zielgruppen** heranzutragen und zielgruppenspezifisch zu konzeptionieren. Als Beispiele aufgegriffen wurden im Buch junge Migrantinnen und Schwarze Mädchen (**Nivedita Prasad**), Mädchen mit Behinderungen (**Bärbel Mickler**), Mädchen in Ausbildungsverhältnissen (**Ebba Ache und Heike Pich**), Schülerinnen und Schüler (**Birgit Palzkill**), BesucherInnen von Jugendfreizeitheimen (**Ulrike Moeller**) und jugendliche Täterinnen[3] (**Dorothea Zimmermann und Agnes Reuter**).

Wesentlicher Teil der Präventionsarbeit ist es, von Missbrauch betroffene Mädchen und Jungen vor weiterem Missbrauch zu schützen. Klarheit darüber, wie die eigene Einrichtung Betroffene unterstützen kann und wie sie Verdachtsabklärung und Interventionsschritte in die Wege leiten kann ist deshalb unumgänglich. Der Artikel von **Birgit Schlathölter** „Prävention von sexualisierter Gewalt hat eine aufdeckende Wirkung. Eine Hilfestellung für pädagogisch Tätige" rundet damit das Thema ab.

Wir wünschen unseren Leserinnen und Lesern eine anregende Lektüre und hoffen, dass wir Sie ermuntern können, an dem Netz der Sicherheit zum Schutz von Mädchen und Jungen vor sexueller Gewalt mitzuwirken und die Vision wahr werden zu lassen.

---

[3] Zur Arbeit mit männlichen jugendlichen Tätern verweisen wir auf das Buch „Die leg' ich flach!" Bausteine zur Täterprävention , herausgegeben von AMYNA e.V.

Birgit Palzkill

Sexualisierte Gewalt in der Schule

Erscheinungsformen, Ursachen, Präventionsansätze

Sexualisierte Gewalt gegen Mädchen in der Schule

Gewalt in der Schule – die Diskussion um dieses Thema flammt in periodischen Abständen immer wieder auf. Ob in reißerischen Artikeln der Boulevardpresse, in seriösen Abhandlungen von Fachzeitschriften oder in wissenschaftlichen Untersuchungen, in der Mehrzahl der Fälle geht es in diesen Diskussionen um Gewalt, jedoch um Prügeleien, Vandalismus, Zerstörungswut, Disziplinlosigkeit, verbale Entgleisungen etc., und in der überwiegenden Zahl der Fälle werden als Täter wie als Opfer der Gewalthandlungen männliche Kinder und Jugendliche identifiziert. Spezifische Formen der Gewalt gegen Mädchen und Frauen bleiben dabei ebenso weitgehend unberücksichtigt wie eine geschlechtsspezifische Differenzierung[1] bei der Analyse von Gewalt.

Dabei wissen wir spätestens seit der Untersuchung von Monika Barz vor mehr als 10 Jahren, dass Gewalterfahrungen für Mädchen in der Schule eine weit größere Bedeutung haben als das gemeinhin angenommen wird. Inzwischen wurde dies auch in weiteren Untersuchungen bestätigt (z.B. Kavemann 1992; Scheffel 1996).

Der Schwerpunkt der folgenden Ausführungen liegt auf Erscheinungsformen von sexualisierter Gewalt, die innerhalb der Schule gegen Mädchen gerichtet sind. Unter sexualisierter Gewalt werden dabei alle Formen direkter Gewalt verstanden, die Menschen aufgrund ihrer Geschlechtszuordnung erfahren und die darauf gerichtet sind, sie in ihrer sexuellen Integrität und Würde zu verletzten und in ihren Entfaltungsmöglichkeiten einzuschränken.[2]

---

[1] Diese geschlechtsspezifische Differenzierung findet sich im Rahmen der Gewaltdiskussion fast ausschließlich in einem einzigen Bereich, nämlich da, wo es um das Thema der sexuellen Gewalt gegen Mädchen und Jungen geht, genauer: bei der schulischen Arbeit zur Prävention sexueller Gewalt. Hierbei geht es jedoch v.a. um sexuelle Gewalttaten, die **außerhalb der Schule** verübt werden.

[2] Sexualisierte Gewalt kann sich neben der hier thematisierten Gewalt gegen Mädchen auch gegen Jungen richten. Sexualisierte Gewalt gegen einen Jungen liegt z.B. dann vor, wenn ein Junge aufgrund dessen, dass er gegen herrschende Normen „hegemonialer Männlichkeit"(Carrigan/Conell/Lee 1985) verstößt, z.B. als „Schwuli" und „Weichei" gehänselt, ausgegrenzt oder verprügelt wird. Oder wenn „männliche" Überlegenheit und Stärke durch einen Mitschüler dadurch hergestellt und demonstriert wird, dass er einen anderen Jungen mit sexistischen Gesten entwürdigt, ihn sexuell nötigt oder sexuelle Übergriffe begeht (wobei das Opfer typischerweise in eine „weibliche" Rolle gedrängt wird).

Sexualisierte Gewalt kann sich innerhalb der Schule darüber hinaus auch gegen Lehrpersonen richten. Dieses Thema ist jedoch höchst tabuisiert und wird bislang erst vereinzelt thematisiert (siehe Firley-Lorenz 1994 und 1997; Palzkill/Scheffel 1996; Klein/Palzkill 1998).

Erscheinungsformen

Sexualisierte Gewalt gegen Mädchen in der Schule umfasst dabei ein Kontinuum von verschiedenen Formen der Gewalt. Auf der einen Seite dieses Kontinuums sind zunächst harmlos erscheinende Abwertungen angesiedelt, die pauschal gegen Mädchen erhoben werden. Beispiel:

> Im Sportunterricht einer 5. Klasse wird ein Laufspiel gemacht. Ein Junge, dessen Mannschaft verloren hat, verkündet hinterher lautstark und völlig von sich überzeugt, dass dies daran gelegen habe, dass in seiner Mannschaft mehr Mädchen mitgespielt hätten – obwohl dies zumindest in diesem Alter jeder sachlichen Grundlage entbehrt.

Weiter finden wir auf diesem Kontinuum sexualisierter Gewalt sexistische Sprüche wie „Wundertitte, Hure, Nutte, Fotze, Ich fick dich etc.", die im Unterricht oder in den Pausen Mädchen zugerufen oder zugezischt werden sowie entsprechende Gesten.

Es geht weiter mit körperlichen Übergriffen (in der Schülersprache „Begrapschen" oder „Betatschen" genannt) bis hin zu leichten und schweren Formen sexueller Nötigung und sexueller Gewalt.

Mädchen malträtieren sich durchaus auch untereinander mit Abwertungen und sexistischen Sprüchen. In der großen Mehrzahl der Fälle geht sexualisierte Gewalt jedoch von Jungen aus.

Auswirkungen

Es ist davon auszugehen, dass Mädchen aufgrund von Abwertungen, Übergriffen und körperlichen Attacken, die sie in der Schule erfahren bzw. vor denen sie sich auch in der Schule fürchten, in ihren Entfaltungs- und Entwicklungsmöglichkeiten massiv eingeschränkt werden. Für den Sportunterricht wurde dies z.B. in der Untersuchung von Heidi Scheffel (1996) und in einer von Michael Klein und Birgit Palzkill im Auftrag des Ministeriums für Frauen, Jugend, Familie und Gesundheit des Landes NW durchgeführten Pilotstudie (Klein/Palzkill 1998) aufgezeigt. Es ist aber davon auszugehen, dass dies auch im anderen Fachunterricht und im schulischen Alltag generell der Fall ist.

Gelingt es den Mädchen und den Lehrpersonen nicht, die verschiedenen Formen sexualisierter Gewalt einzudämmen bzw. zurückzuweisen, so lässt sich mit zunehmendem Alter eine Resignation der Mädchen feststellen, verbunden mit der Erkenntnis, dass man da nichts machen kann und sich anpassen muss. So werden in der Studie von Klein/Palzkill Achtklässlerinnen zitiert, die angeben, dass sie zu dem Schluss gekommen seien, dass weder sie selbst noch die Lehrerinnen und Lehrer in der Lage sind, auch massiven verbalen und körperlichen Übergriffen Einhalt zu gebieten. Zitat einer Schülerin:

> „Wir müssen es akzeptieren, wir können auch nichts machen. Wenn man richtig austeilt, dann wird man noch selber dafür geschädigt." (Klein/Palzkill 1998, S. 32)

Besonders bedeutsam ist es dabei, dass Schülerinnen auf diese Weise letztlich lernen, gerade sexuelle Übergriffe als „normal" zu begreifen und diese als nicht-existent aus ihrer Wahrnehmung zu verdrängen.

Der folgende Interviewauszug, der aus einem Interview von Klein/Palzkill mit zwei Schülerinnen (X und Y) einer siebten Klasse stammt, soll dies verdeutlichen:

> „I (Interviewerin): ‚Gestern ... haben mir Schülerinnen so Sachen erzählt, dass manche Jungen sie im Unterricht mit blöden Sprüchen anmachen und so Sachen sagen wie: (Beispiele für vulgäre sexistische Anmache, d.V.) Ist das bei euch auch so?'
>
> Schülerinnen (im Chor): ‚Nein, bei uns nicht'
>
> I: ‚Da bin ich aber froh, dass das bei euch in der Klasse nicht so ist, ich fand es nämlich wirklich furchtbar, was die anderen Mädchen da erzählt haben.'
>
> X: ‚Ja wissen Sie, bei uns da war das schon in der 5. Klasse so mit solchen Sprüchen, deshalb ist das nicht so.'
>
> I: ‚Das verstehe ich nicht, wie du das meinst.'
>
> X: ‚Ja, also das ist so: Bei uns war das schon in der 5. Klasse so und deshalb sind wir das gewöhnt.'
>
> Y: ‚Wir hören da gar nicht mehr hin und das macht uns auch so nichts aus.'
>
> I: ‚Aber es wäre doch schöner, wenn das nicht so wäre oder nicht?'
>
> X: ‚Das schon, aber da kann man ja nichts machen dagegen. Wir hören einfach weg und dann ist es ja auch nicht mehr so schlimm."

Obwohl die Interviewerin die Schülerinnen nicht abstrakt nach Gewalterfahrungen fragt, sondern konkrete Beispiele für verbale Übergriffe gibt, verneinen sie die Frage, ob das in ihrer Klasse vorkomme. Erst die genauere Nachfrage im weiteren Gespräch deckt auf, dass die Antwort „Nein" nicht heißt, dass verbale Gewalt nicht vorkommt, sondern dass sie

— alltäglich und „normal" ist ,

— die Schülerinnen resigniert haben („aber da kann man ja nichts machen dagegen") und daher

— einen Schutz nur darin sehen, die Angriffe soweit wie möglich zu ignorieren." (Klein/Palzkill 1998, S. 32 f.)

Etwa ab der 8. Klasse beginnen erfahrungsgemäß die „sexistischen Sprüche" gegen Mädchen nachzulassen. Auch direkte körperliche Attacken von Jungen gegen Mädchen kommen jetzt seltener vor und in der 9. und 10. Klasse hat sich die Situation dann meist weitgehend beruhigt. Diese Beobachtung aus dem Schulalltag wird in der wissenschaftlichen Literatur thematisiert (siehe z.B. Schmerbitz/ Seidensticker 1993; Scheffel 1996; Kugelmann 1996). Übereinstimmend wird hier konstatiert, dass sich die Mädchen ab der 8. Klasse zumindest weit weniger über Gewalt durch Jungen beschweren. Unklar bleibt jedoch, ob diese tatsächlich aufhört, oder ob die Mädchen die Angriffe nun als selbstverständlich akzeptieren und/oder überhören. Scheffel spricht in diesem Zusammenhang in Anlehnung an

Frigga Haug von resignativer Anpassung der Mädchen und konstatiert: „M. E. lassen die direkte Anmache und die körperlichen Übergriffe in dieser offensichtlichen und teilweise brutalen Form wirklich nach, weil die Kämpfe um die Geschlechtervorherrschaft größtenteils ausgefochten sind." (Scheffel 1996, 174).

Wie hier deutlich wird, spielt sexualisierte Gewalt gegen Mädchen in der Schule eine bedeutsame Rolle bei der Konstituierung des Geschlechterverhältnisses als eines Herrschaftsverhältnisses von Männern über Frauen.

Primäre Prävention gegen sexualisierte Gewalt in der Schule

Ursachen sexualisierter Gewalt

Es gibt nicht **die** Ursache sexualisierter Gewalt im Sinne einer monokausalen Ableitung. Unbestritten ist jedoch, dass die Grundlage dieser Gewalt, sozusagen ihr Nährboden, die in unserer Gesellschaft herrschende Geschlechterordnung ist. Dieses patriarchal-hierarchische System der Zweigeschlechtlichkeit ist gekennzeichnet durch vielfältige Formen der strukturellen Gewalt gegen Mädchen und Frauen und durch die hinlänglich bekannten Bilder von „Weiblichkeit" und „Männlichkeit".

Im folgenden werden vier für die Schule besonders relevante Faktoren der in unserer Kultur herrschenden Geschlechterordnung explizit dargestellt, die der Gewalt von Schülern gegen Schülerinnen in der Schule Vorschub leisten und die für die präventive Arbeit in der Schule besondere Bedeutung haben:

Der Überlegenheitszwang für Jungen

Trotz aller Bestrebungen nach Gleichstellung von Frauen und Männern ist die Höherwertigkeit des „Männlichen" in unserer Kultur immer noch präsent. Frauen dürfen und sollen zwar heute berufstätig sein, sie sollen gar Chefpositionen anstreben und einnehmen, aber es gibt nach wie vor eine tief verankerte, unausgesprochene (deshalb aber nicht weniger wirksame) Botschaft, die sich zäh hält: „Frauen dürfen gut sein, aber sie dürfen nicht besser sein als Männer" (siehe hierzu z.B. die Untersuchungen von Rapoport/Rapoport über „Zwei-Karrierefamilien", vgl. Barz 1989, S. 104). Kinder werden mit solchen Botschaften von klein auf offen oder subtil konfrontiert. Dies gilt selbst dann, wenn die Eltern ein egalitäres Geschlechterbild haben und sich aktiv bemühen, dies ihren Kindern in der eigenen Familie zu vermitteln und vorzuleben. Für Jungen bedeutet dies, dass sie dem Imperativ unterliegen, besser als Mädchen sein zu müssen. Barz hat schon vor mehr als 10 Jahren darauf hingewiesen, dass eine Ursache dafür, dass Jungen Mädchen schlagen und abwerten darin liegt, dass sie an diesem Imperativ scheitern (müssen) und dieses Scheitern dann mit Gewalt zu verhindern bzw. zu verdecken suchen (siehe hierzu Barz 1989, S. 107 ff.).

Das Tabu der Wehrhaftigkeit bei Mädchen

Dem Männlichkeitsgebot der Überlegenheit und Stärke entspricht auf Seiten der Mädchen ein Weiblichkeitsbild, das ihre Wehrhaftigkeit untergräbt. Sich aggressiv zur Wehr zu setzen steht im Widerspruch zum herrschenden Weiblichkeitsideal. *„Brüllen kann ich nicht, das ist ja peinlich,"* beschreibt ein 14-jähriges Mädchen aus Berlin dieses Tabu der Wehrhaftigkeit, und Barbara Kavemann konstatiert: „Mädchen, die davor nicht zurückscheuen, werden in der Regel ... diffamiert. Darüber hinaus findet solches Verhalten von Mädchen auch bei Lehrerinnen und Lehrern wenig Verständnis. Die Ruhe in der Klasse wird auch über den Verzicht der Mädchen auf Widerstand gesichert."(Kavemann 1992, S. 26).

Gewalt als gelebte Männlichkeit

In allen Zeiten und allen Gesellschaften haben Männer ihre Männlichkeit durch körperliche Kraft und Stärke zu konstituieren gesucht. Mit zunehmender Arbeitsteilung und Technologisierung haben diese Qualitäten jedoch deutlich an Bedeutung verloren. Hiermit geht – wie Alfred Scherr (1993) dargelegt hat – ein Verlust der Identität von Männern einher, der mit Gefühlen von massiver Unsicherheit und Leere verbunden sein kann. Eine solche Unsicherheit kommt jedoch gerade in der Pubertät, in der ja die Entwicklung der eigenen Geschlechtsidentität eine zentrale Thematik darstellt, zum Tragen: In Ermangelung von Initiationsriten muss ein Jugendlicher die Aufgabe, Mann zu werden, in unserer Kultur weitgehend auf sich alleine gestellt gestalten und bewältigen. Dies ist selbstredend um so schwieriger, je weniger ein gesellschaftlicher Konsens über die Definition von Mann-Sein auszumachen ist. Die von Scherr beschriebenen Gefühle von Verunsicherung und Leere können gerade für Jugendliche zu einer tiefgehenden Bedrohung ihrer Identität und persönlichen Stabilität werden. Gewalthandlungen von männlichen Jugendlichen können vor diesem Hintergrund ein Versuch sein, diese Leere zu füllen und sich der eigenen „Männlichkeit" zu versichern.

Dies gilt in doppelter Hinsicht. Zum einen kann in der Erfahrung von körperlicher Kraft und Stärke in jeder Art von Vandalismus, Prügelei etc. die Bestätigung eigener Männlichkeit gesucht werden. Zum anderen kann eine Abgrenzung und Bekämpfung von „Weiblichkeit" zur Bestätigung der eigenen „Männlichkeit" herangezogen werden. In diesem Kontext ist die Tatsache besonders relevant, dass Jungen kaum **reale** Vorbilder für Mann-Sein zur Verfügung stehen. Die auch heute noch in unserer Gesellschaft vorherrschende gesellschaftliche Verteilung von Arbeit ist nämlich damit verbunden, dass Frauen den weitaus größten Teil der Versorgung und Erziehung von Babys und Kleinkindern bestreiten. In ihrer Wachzeit sind Mädchen wie Jungen in ihrer direkten Umgebung überwiegend mit Frauen konfrontiert. Dies gilt auch noch während der Grundschulzeit, da nicht nur im Kindergarten sondern auch in der Grundschule in der Regel nur wenige Männer als reale Vorbilder für Mann-Sein zur Verfügung stehen. In einer polar nach „Weiblichkeit" und „Männlichkeit" organisierten Geschlechterordnung legt diese Situation es nahe, „Männlichkeit" in Abgrenzung zu „Weiblichkeit", „Mann-Sein" als Negation von „Frau-Sein" zu konstruieren (vgl. hierzu die psychoanalytischen Theorien von Chodorow 1985 und Benjamin 1990). Dies ist für den Jungen, der nach „Männlichkeit" strebt, mit dem Zwang verbunden, alles „Weibliche" an sich selbst und an anderen zu bekämpfen, auszumerzen und zu beherrschen. In diesem Sinne lässt sich Gewalt gegen Mädchen und Frauen – aber auch Gewalt gegen „weibische" Jungen (!) – als Versuch interpretieren, in der Abwertung und Vernichtung von „Weiblichkeit" die eigene Identität als Mann zu festigen (siehe hierzu auch Heiliger/Engelfried 1995).

Wertsetzung von Mädchen über den Jungen

Auch für Mädchen ist – ebenso wie für Jungen – die Entwicklung der eigenen Geschlechtsidentität eine der zentralen Themen der Pubertät. Diese Aufgabe ist für sie ebenfalls mit Konflikten und Schwierigkeiten verbunden, die jedoch zu völlig anderen Problemen führen: Etwa ab dem Alter von 12–13 Jahren sehen sich Mädchen zunehmend mit der Anforderung konfrontiert, eine Frau zu werden. Genauer gesagt: Sie müssen den schwierigen Weg vom Mädchen zum „Fräulein" und dann vom „Fräulein" zur Frau in Angriff nehmen. Ähnlich wie bei den Jungen entfalten auch hier Jahrhunderte alte Geschlechterbilder, die trotz aller Emanzipationsbewegungen immer noch tief in unserer Kultur verankert sind, ihre fatale Wirkung. Zwar würde heute niemand mehr die noch zu Beginn des Jahrhunderts selbstverständliche Behauptung aufstellen, dass ein „Fräulein" nicht aus eigener Kraft zur Frau werden kann, sondern erst durch die Heirat mit einem Mann zur Frau (gemacht) wird, dennoch leben diese „Weiblichkeitsbilder" in subtiler Weise und im Verborgenen fort. In der Schule treten sie uns entgegen in einer schleichenden Verschiebung der Werte bei Mädchen im pubertären Alter. Etwa ab der 7./8. Klasse scheint sich der Wert vieler Mädchen – für sie selbst wie für ihre Umwelt – immer weniger nach ihren eigenen Taten und Leistungen zu bemessen. Die eigene Leistung tritt vielmehr häufig hinter Fragen nach der Wirkung auf und Attraktivität für Jungen und Männer zurück. Das Mädchen erlangt somit nicht mehr aus sich selbst heraus Wert, sondern es gilt, Wert **über einen Jungen** zu erlangen (vgl. hierzu z.B. Brauckmann 1986; Benjamin 1990; Scheffel 1996).

Dieser Prozess hat fatale Konsequenzen. In Bezug auf die Frage der sexualisierten Gewalt lässt sich feststellen, dass Mädchen sich aufgrund ihrer Orientierung an einer Wertsetzung durch Jungen häufig äußerst ambivalent verhalten, wenn diese sich ihnen gegenüber übergriffig verhalten. Zitat eines Mädchens:

> „Die Mädchen denken oft, wenn die Jungen sie anmachen, dass sie vielleicht sie anmachen, weil sie hübsch sind. Dann lassen sie es sich gefallen. ... Bei manchen Jungen lassen sie es, weil sie auch ein bißchen stolz sind, und denken, der interessiert sich für sie. Die Jungs gucken sich manchmal die häßlichen oder unbeliebten Mädchen aus, und die denken dann, der ist ja süß, der will bestimmt mit mir gehen, und dann lassen sie sich begrapschen und lassen sich alles gefallen." (Kavemann 1992, S. 27).

Diese Ambivalenzen von Mädchen gegenüber sexualisierter Gewalt behindern eine klare Ablehnung und Widerstand gegen diese Formen von Gewalt. Die Vermischung von Gewalt und Zuwendung lässt die Gewalt vielmehr als scheinbar erwünscht erscheinen, als etwas, was für Mädchen irgendwie doch dazugehört, wenn sie als Mädchen Wert erlangen wollen. Damit aber wird über die sexualisierte Gewalt genau das Geschlechterverhältnis (re)produziert, das andererseits Grundlage eben dieser Gewalt ist.

Alle der hier dargestellten vier Aspekte verdeutlichen: Das herrschende Geschlechterverhältnis stellt die Grundlage für sexualisierte Gewalt dar. Andererseits wird – wie wir vorhin bei den Auswirkungen der Gewalt gesehen haben – dieses Geschlechterverhältnis eben auch durch sexualisierte Gewalt als hierarchisches Verhältnis reproduziert.

Abbildung 1

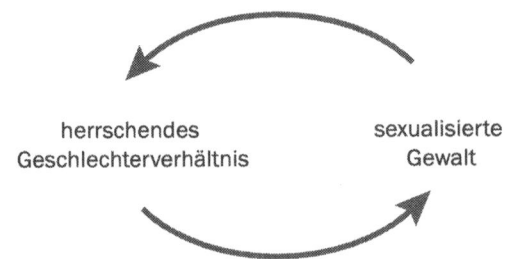

herrschendes
Geschlechterverhältnis

sexualisierte
Gewalt

Grundlegende Ziele der Präventionsarbeit

Hieraus folgt: Sollen in der Schule wirksame Maßnahmen und Strategien gegen sexualisierte Gewalt von Schülerinnen und Schülern entwickelt werden, so erfordert dies unabdingbar die Bereitschaft, das herrschende Geschlechterverhältnis in Frage zu stellen und zu verändern. Konkret: Die herrschenden Bilder und Muster von Mann-Sein und Frau-Sein müssen reflektiert und verändert werden. Es geht dabei darum, Mädchen wie Jungen die Chance zu eröffnen, andere und vielfältigere Geschlechtsidentitäten, Bilder und Muster zu erfahren und zu entwickeln. Dieses Ziel ist im Sinne des Präventionsverständnisses von Alberto Godenzi (1993) der zentrale Baustein der **primären Prävention** gegen sexualisierte Gewalt.

Bezogen auf die eben vorgestellten vier Aspekte der Geschlechterordnung sind folgende vier Ziele der Präventionsarbeit dabei von besonderer Bedeutung: 1.) der Abbau des Überlegenheitszwangs/-anspruchs von Jungen[3]; 2.) die Stärkung der Selbstbehauptungsfähigkeit von Mädchen; 3.) die Schaffung von Identifikationsmustern für Mann-Sein – jenseits herrschender Gewaltmuster, 4.) die Stärkung des Selbstwerts von Mädchen unabhängig von Jungen (z.B. durch die Schaffung von Mädchenräumen, AG's für Mädchen, Verstärkung der Möglichkeiten von Mädchen, sich aufeinander zu beziehen etc.).

---

[3] Dies bezieht sich auch auf eine Entkoppelung von Macht/Überlegenheit und Sexualität (vgl. Heiliger/Engelfried 1995)

Tabelle 1: Die herrschende Geschlechterordnung als Basis sexualisierter Gewalt – grundlegende Ziele der Präventionsarbeit (primäre Prävention)

Aspekt der Geschlechterordnung	Ziel der Präventionsarbeit
Der Überlegenheitszwang für Jungen	Abbau des Überlegenheitszwangs bei Jungen
Das Tabu der Wehrhaftigkeit bei Mädchen	Stärkung der Selbstbehauptungsfähigkeit bei Mädchen
Gewalt als gelebte Männlichkeit	Schaffung von Identifikationsmustern für Mann-Sein – jenseits herrschender Gewaltmuster
Wertsetzung von Mädchen über Jungen	Stärkung des Selbstwertes von Mädchen – unabhängig von Jungen

Umgang mit sexualisierter Gewalt in der Schule (sekundäre Prävention)

Neben diesen grundlegenden Aufgaben und Zielen der primären Gewaltprävention wird das Verhältnis von Schülerinnen und Schülern zur Gewalt zentral davon beeinflusst, wie in der Schule mit den direkten Formen der Gewalt und mit „männlichen" Herrschafts-, Macht- und Überlegenheitsansprüchen umgegangen wird. Im Sinne von Alberto Godenzis Präventionsverständnis besteht die Aufgabe der sogenannten **sekundären Prävention** darin, Gewaltsituationen zu erkennen und nach Möglichkeit zu verhindern, das heißt, Handlungsstrategien gegen Gewalt in der Schule zu entwickeln. Im Folgenden wird dargestellt, welche Faktoren in einer einzelnen Schule und in der gesamten Institution Schule die Entwicklung solcher wirksamer Handlungsstrategien gegen sexualisierte Gewalt erleichtern bzw. welche sie erschweren.

Voraussetzungen der Präventionsarbeit und Neutralisierungsstrategien

Generell ist aus der Gewaltforschung bekannt, dass wirksame Handlungsstrategien gegen jede Form von Gewalt nur dann entwickelt werden können, wenn folgende zentrale **Voraussetzungen** gegeben sind (vgl. hierzu Klein/Palzkill 1998): Sensibilität gegenüber der Thematik und die Bereitschaft zur Wahrnehmung der Gewalt; Handlungsbereitschaft und Wille zur Veränderung; die Möglichkeit des offenen Diskurses über diese Thematik in der Institution.

Behindernd bzw. sogar verhindernd wirken bei der Entwicklung wirksamer Handlungsstrategien gegen Gewalt alle aus der Erforschung von sozialen Problemen als „Neutralisierungsstrategien" bekannten Verhaltensweisen, wie

— Negieren

(Übergehen, Schweigen)

— Bagatellisieren

(„Stellt euch doch nicht so an", „Das ist doch nicht so schlimm", „Wir haben wichtigere Probleme")

— Vorwurf der Prüderie

(„Jetzt sind wir doch mal nicht so prüde hier", „Wir wollen es doch wohl nicht haben wie früher")

— Schuldzuweisung an die Opfer

(„Die Mädchen werden die Jungs schon angemacht haben", „Was tragen die auch so enge Klamotten")

— Normalisieren

(„Das gehört zu diesem Alter", „Das war schon immer so", „Das ist doch normal")

— Abwertung und Isolation derer, die Gewalt benennen

(z.B. in Bezug auf die Lehrerin, die sich über die Benachteiligung von Mädchen oder deren Anmache aufregt: „Die muss auch alles sofort hochspielen". Auf einer anderen Ebene drückt sich zumindest die Angst vor einer solchen Abwertung im folgenden Zitat einer Doktorandin aus: „Ich schreibe meine Doktorarbeit nicht über das Thema ‚Gewalt gegen Mädchen und Frauen', **denn ich will Karriere machen.**")

Die Entwicklung von Handlungsstrategien und Maßnahmen gegen Gewalt ist folglich immer eng damit verbunden, erstens die oben beschriebenen Voraussetzungen hierfür zu schaffen und zweitens diesen Neutralisierungsstrategien ihre Wirksamkeit zu nehmen.

Dies bezieht sich auf **alle** Ebenen einer Institution. Bezogen auf die Institution Schule reicht es z.B. nicht aus, dass **einzelne** Lehrkräfte bereit sind, Gewalt wahrzunehmen und etwas dagegen zu tun, wenn gleichzeitig auf der kollegialen oder der administrativen Ebene die Existenz dieser Gewalt ignoriert, bagatellisiert oder geleugnet wird. Umgekehrt nützen keine ministeriellen Appelle an die Schule, gegen Gewalt zu handeln, wenn die einzelnen Lehrkräfte die Gewalt gar nicht wahrzunehmen bereit sind, sie verschweigen, übergehen, für normal erklären etc.

Handlungsmöglichkeiten auf den verschiedenen Ebenen der Institution Schule

Im Folgenden werden einige Ergebnisse der Pilotstudie von Klein/Palzkill dargestellt, die, ausgehend vom Fach Sport, auf verschiedenen Ebenen der Institution Schule angesiedelte Faktoren aufgezeigt haben, die die Handlungsmöglichkeiten in Bezug auf die Frage der Gewalt gegen Mädchen entscheidend beeinflussen (vgl. Klein/Palzkill 1998, S. 33 ff.). Alle wiedergegebenen Interviewzitate sind dieser Studie entnommen und gründen sich auf den Erfahrungshorizont von Lehrerinnen und Lehrern, die das Fach Sport unterrichten. Meiner Erfahrung nach ist jedoch davon auszugehen, dass die hier zitierten Aussagen in wesentlichen Grundzügen auch für andere Fächer unterrichtende Kolleginnen und Kollegen relevant sind.[4]

Die Ebene der einzelnen Lehrkraft

Sensibilität und Wahrnehmung

Voraussetzung dafür, dass die einzelne Lehrerin bzw. der einzelne Lehrer gegen Gewalt handeln kann, ist, dass sie/er die Problematik zur Kenntnis nimmt, wahrnimmt und für wichtig erachtet. Aufgrund der bisherigen weitgehenden Tabuisierung und Ignorierung des Themas z.B. in der Aus- und Fortbildung von Lehrerinnen und Lehrern ist davon auszugehen, dass die Sensibilität hierfür jedoch bei einem großen Teil der Kolleginnen und Kollegen kaum ausgebildet ist. Mangelnde Wahrnehmung der Probleme führt jedoch auch zu mangelnder Handlungsbereitschaft. Zitat einer Kollegin:

> „Wenn du Dinge nicht weißt und nicht erkennen kannst und für dich selber noch nicht klar gemacht hast, was du einmal beobachten müsstest in deinem Unterricht, … dann kannst du immer sagen: ‚Bei mir läuft es gut im Sportunterricht'. Denn du weißt ja gar nicht, wonach du gucken musst. … Und da sehe ich das Problem bei vielen (Kollegen, d.V.). Und die wollen auch nicht. … keine Zeit oder … was weiß ich nicht was." (a.a.O., S. 33)

Ent-normalisierung als Voraussetzung für die Wahrnehmung

Selbst wenn eine Lehrperson sensibel bezüglich der Thematik ist und über z.B. sexistische Sprüche von Jungen nicht einfach hinweghört, so erfährt sie oft gar nicht, was Mädchen von ihren Mitschülern so alles zu ertragen haben. Sexistische Sprüche z.B. werden zwar durchaus auch mitten im (Sport)Unterricht gesagt, aber doch so, dass die Lehrkraft nichts davon hört. Mädchen beschweren sich bei der Lehrperson über übergriffiges und gewaltsames Verhalten von Jungen jedoch sehr häufig nicht, sondern schweigen darüber. Sie beschweren sich in der Regel nur dann, wenn sie genau wissen, dass ihre Beschwerde nicht bagatellisiert wird und dass die Lehrperson auch etwas zur Veränderung der Situation unternimmt. Dies gilt vor allen Dingen in höheren Jahrgängen, in denen Mädchen schon resigniert haben und in der oben beschriebenen „resignativen Anpassung" selbst die Gewalthandlungen von Jungen als normal erleben. Die Erfahrung zeigt, dass erst die Benennung von verbaler Gewalt und sexistischen Übergriffen als unrechtmäßig und nicht-selbstverständlich dazu führt, dass Schülerinnen – auch Lehrpersonen gegenüber – solche Gewalt überhaupt benennen.

---

[4] Diese Einschätzung wurde im Workshop „Prävention sexualisierter Gewalt in der Schule", den Heidi Scheffel und ich auf der Tagung in Villigst geleitet haben, von den ca. 40 anwesenden Kolleginnen sehr pointiert bestätigt.

> „So erzählt eine Gesamtschullehrerin, dass sich Mädchen erst bei ihr be-
> schwert hätten, nachdem sie sie explizit auf diese Möglichkeit hingewiesen
> und ihnen versichert habe, sich ‚darum zu kümmern'. Erst vor diesem Hinter-
> grund meldeten sich Mädchen zu Wort und trugen immer wieder Beschwer-
> den über Beleidigungen und Belästigungen (z.B. ‚der hat mich gerade ange-
> fasst') vor." (a.a.O., S. 34)

Nimmt die Lehrperson die Übergriffe auf Mädchen wichtig, geht sie Vorwürfen
nach und stellt die Jungen zur Rede, so kann sie auch den Schülerinnen und Schülern vermitteln, dass Gewalt gegen Mädchen nicht normal ist, und damit ist schon
viel gewonnen.

Grenzen setzen gegen Gewalt

Ein wirksames Handeln gegen Gewalt ist nur dann möglich, wenn es gelingt, denen, die immer wieder versuchen ihre Interessen mit Gewalt durchzusetzen, Grenzen zu setzen. Auf der Ebene der einzelnen Lehrperson bedeutet dies, dass sie
Vorwürfen nachgeht, die Beschuldigten zur Rede stellen und durch Gespräche,
Ermahnungen und sonstige pädagogische Maßnahmen oder Sanktionen Grenzen
aufzeigen muss. Wesentlich ist dabei, dass dieses Grenzen-Setzen, die Problema-
tisierung und Thematisierung sexistischer Gewalt nicht einmalig geschieht. Eine
dauerhafte Wirkung stellt sich vielmehr nur dann ein, wenn es sich dabei um einen
permanenten Prozess handelt. Zitat einer Kollegin:

> „Es wurde besser dadurch, dass du bestimmten Jungen immer sozusagen ei-
> nen Spiegel vorgehalten hast. Dauernd musstest du das machen, weil sich
> immer wieder ein Vorfall ereignete. ... Wenn das ein permanenter Prozess ist,
> wenn diese Schüler also merken: das ist im Unterricht so, das läuft in den Tu-
> torstunden so, ... dann läuft das in den Pausen auch noch so, dass sie in Ge-
> sprächen schon wieder Stellung beziehen müssen, dann glaube ich, dass die-
> ser Wahrnehmungsprozess und die Sensibilisierung irgendwann da ist."
> (a.a.O., S. 34)

Dies erfordert zweifelsohne von der einzelnen Lehrperson viel Kraft. Letztlich lässt
sich diese Auseinandersetzung kaum führen, wenn sie nicht von anderen Kolleginnen und Kollegen unterstützt, zumindest jedoch nicht unterlaufen wird. Auf die
hieraus folgende Notwendigkeit gemeinsamen Handelns im Kollegium wird weiter
unten genauer eingegangen.

Reflexion der eigenen Haltung

Grenzen zu setzen gegen sexualisierte Gewalt ist keine Fähigkeit, die Lehrpersonen sozusagen rein auf der Ebene des Verhaltens erlernen könnten. Die Auseinandersetzung mit Schülerinnen und Schülern über Gewalt und Gewaltstrukturen verlangt vielmehr, wenn sie glaubhaft sein will, eine Reflexion und Bearbeitung
der eigenen Haltung.

Männer können als Lehrer Schülern nur dann glaubhaft Grenzen setzen, wenn sie
sich selber von verbaler und körperlicher Gewalt und von Übergriffen gegen Mädchen innerlich und äußerlich distanzieren und sich nicht heimlich mit den Schülern

solidarisieren. Denn Schüler spüren sehr genau, ob es der Kollege ernst meint, wenn er sie wegen sexistischen Verhaltens zur Rede stellt oder nicht. Zitat einer Kollegin:

> „Zum Beispiel, wenn ich hinter einem Jungen hergehe, der so im Vorüberge-hen eben mal in die Umkleidekabine von den Mädchen stürmt. Da ist es ein Unterschied, ob ich sage: ‚So, jetzt kommst du mal her. Bei mir machst du das nicht'. Oder ob ich hinterhergehe und sage: ‚Na, ttt', so im Sinne von: ‚Ich kann das zwar verstehen, aber das solltest du hier nicht machen', oder gar nach dem Motto: ‚Wenn ich es dürfte, würde ich es auch machen', das wäre dann die nächste Stufe." (a.a.O., S. 34)

In diesem Zusammenhang spielt natürlich auch die Vorbildfunktion von Lehrern eine bedeutende Rolle. Verhalten sich Lehrer selbst Mädchen gegenüber abwer-tend, verletzen sie die Integrität von Mädchen z.B. durch sexistische Sprüche etc., so wird dies von den Jungen als Bestätigung der Rechtmäßigkeit ihres Verhaltens aufgefasst. Selbst wenn ein solcher Lehrer Schüler bezüglich ihres Verhaltens Mädchen gegenüber verbal zurechtweist, wird dies keinerlei Wirkung bei dem Schüler zeigen.

Aber auch **Frauen** sind als Lehrerinnen nicht qua Geschlecht davor geschützt, sich sozusagen augenzwinkernd und mit der männlichen Macht kokettierend mit Jun-gen zu solidarisieren. Ich verweise hier auf das von Scheffel/Palzkill (1994) darge-legte Phänomen des „sexualisierten Bündnisses". Bei einem solchen Bündnis „spiegeln Lehrerinnen Jungen ihre Männlichkeit und damit ihre gesellschaftliche Höherstellung. Jungen fügen sich im Gegenzug in das Unterrichtsgeschehen ein und verstehen sich oft als ‚Beschützer' der Lehrerin" (a.a.O., S. 164). Auf dieser Grundlage sorgen Jungen dann für Ruhe und tun der Lehrerin – solange diese ihnen ihre Überlegenheit, Stärke und Macht beständig spiegelt und nicht gegen ihre Interessen handelt – vielleicht den Gefallen, auf offensichtliche verbale und körperliche Gewalt sowie sexistische Übergriffe gegen Mädchen und gegen die Lehrerin selbst zu verzichten. Auf der Erscheinungsebene hat die Lehrerin zwar der direkten Gewalt mit dieser Strategie eine Grenze gesetzt, doch ist diese Strategie erstens äußerst brüchig und zweitens bestätigt das Verhalten der Lehrerin den Mädchen, dass nur die Unterwerfung unter männliche Dominanz und Herrschafts-ansprüche den Ausbruch offener Gewalt (vielleicht) verhindern kann (siehe hierzu auch Palzkill/Scheffel 1996 und 1997).

Die kollegiale Ebene

Die Notwendigkeit gemeinsamen Handelns im Kollegium

Wie schon oben gesagt, ist die Einflussnahme einzelner Lehrerinnen und Lehrer zwar wichtig, jedoch begrenzt.[5] Von großer Bedeutung ist es daher, in einer Schule Handlungsstrategien zu entwickeln, die über individuelle Strategien einzelner Lehrkräfte hinausgehen. Hierzu gehört einerseits die Entwicklung und Durchführung pädagogischer Maßnahmen und Hilfsangebote sowohl für die Jungen als auch für die Mädchen. Andererseits gehört dazu aber auf kollegialer Ebene auch die Auseinandersetzung darüber, wann dem pädagogischen Handeln Grenzen gesetzt sind und eine Grenzsetzung z.B. über die Verhängung von Ordnungsmaßnahmen angezeigt ist.

Der Diskurs im Kollegium

So selbstverständlich dies erscheint, so schwierig kann sich dies in der Praxis erweisen. Voraussetzung für gemeinsames Handeln im Kollegium ist es nämlich, dass im Kollegium überhaupt über sexualisierte Gewalt gegen Mädchen gesprochen werden kann und der ernsthafte Wille besteht, dagegen zu handeln. Dies ist jedoch leider nicht als Selbstverständlichkeit anzusehen.

Alle oben angesprochenen Neutralisierungsstrategien wie Negieren, Bagatellisieren, Normalisieren etc. können dem entgegenstehen. Greifen diese Strategien, so wird es unmöglich, gemeinsam Grenzen aufzuzeigen, wenn Schüler Gewalt ausüben. Hält z.B. ein großer Teil des Kollegiums das sexistische Verhalten eines Jungen für ein Kavaliersdelikt oder für eine notwendige, normale Phase der Identitätsentwicklung, die sich auswächst, so werden wegen solcher „Bagatellen" keine Ordnungsmaßnahmen nach ASCHO verhängt werden. Umgekehrt gilt: Je eindeutiger ein Konsens über die Ablehnung sexualisierter Gewalt im Kollegium gefunden werden kann, desto klarere Signale können an die Schülerinnen und Schüler gegeben und desto wahrscheinlicher kann sexualisierte Gewalt zurückgedrängt werden.

Die Gefahr der Isolation und Abwertung derer, die Probleme benennen

Eine solche Konsensbildung wird allerdings schon im Keim erstickt, wenn der Versuch, die Problematik der sexualisierten Gewalt im Kollegium zu thematisieren, mit Isolation und Ausgrenzung derer beantwortet wird, die die Probleme ansprechen.

---

[5] Abgesehen davon, dass das gesamte Klima in einer Schule wesentlich mit darüber entscheidet, ob gegen sexualisierte Gewalt gehandelt werden kann oder nicht, stößt eine einzelne Lehrperson in vielen Fällen an Grenzen, die sie ohne die Unterstützung von anderen Kolleginnen und Kollegen nicht bewältigen kann. Wenn etwa Schüler im Gespräch mit der Lehrerin völlig uneinsichtig und unzugänglich bleiben, wenn sie gar signalisieren, dass sie ein Recht darauf haben, Mädchen anzumachen – (alles schon so geschehen!) –, so lässt sich eine Grenzsetzung nicht mehr durch Handlungsstrategien und Maßnahmen, die auf der Ebene der einzelnen Lehrperson liegen, erreichen. Dies gilt auch z.B. für den gesamten Bereich der Freizeit und der Pausen, wo Übergriffe und Beleidigungen von Jungen ausgehen können, die die aufsichtführende Lehrperson gar nicht unterrichtet oder gar nicht einmal kennt.

Lehrer und insbesondere Lehrerinnen, die sexualisierte Gewalt in der Schule zur Sprache bringen, laufen aber in der Praxis häufig Gefahr, abgewertet und isoliert zu werden. Halten zum Beispiel – wie oben beschrieben – andere Kolleginnen und Kollegen verbale, gestische oder auch körperliche Übergriffe von Jungen für harmlos oder „normal" etc., so führt dies schnell dazu, dass nicht dieses Verhalten bestimmter Jungen als Problem angesehen wird, sondern die Äußerungen der Lehrkraft, die dieses Verhalten benennt und als gewaltsam bezeichnet.

Die Abwertung und Isolierung einer Lehrkraft kann dabei einerseits direkt und offen erfolgen. Andererseits gibt es aber diffizilere – und damit schwerer zu durchschauende – Formen der Abwertung. Zum Beispiel die, welche die professionelle Kompetenz der Kollegin oder des Kollegen in Frage stellen:

Eine Lehrerin schildert einem Kollegen, welche Schwierigkeiten es in einer bestimmten Klasse gibt. Die Schwierigkeiten würden immer dann auftreten, wenn sie Unterrichtsinhalte behandeln wolle, die die Mehrzahl der Jungen ablehnten. Diese Jungen würden dann den Unterricht nahezu verunmöglichen, indem sie diese Inhalte als Weiberkram lächerlich machten und sich entsprechend benehmen würden. Der Kollege reagierte darauf mit dem wohlwollenden Angebot, er könne doch diese Klasse übernehmen, da er „mit den Jungen schon fertig würde".

Was geschieht hier? Auf den ersten Blick erscheint das Angebot des Kollegen ja ganz freundlich. Letztlich vermeidet er jedoch eine inhaltliche Auseinandersetzung über die von der Kollegin angesprochene Problematik der Benachteiligung von Mädchen im Unterricht. Die Probleme werden vielmehr in ein persönliches Versagen der Lehrerin umgedeutet.

Die Gefahr, in der pädagogischen Kompetenz in Frage gestellt und abgewertet zu werden, besteht dabei nicht nur für Lehrerinnen. Auch männliche Kollegen befürchten, durch die Thematisierung der „Mädchenprobleme" an Wert zu verlieren und innerhalb der schulischen Hierarchie abgewertet zu werden.

Die Isolation und Abwertung einzelner Kolleginnen und Kollegen stellen eine enorme psychische Belastung für die betroffene Lehrperson dar. Vor dem Hintergrund, dass es hierbei auch immer um „die Kunst geht, mir meine eigene Wahrnehmung zu erhalten" (André Lourde), besteht die Gefahr, dass die einzelne Lehrperson nach einiger Zeit auch akzeptiert, dass „das eben normal ist" und aufgibt. So konstatiert eine Kollegin in Bezug auf ein obszönes Wandgemälde an ihrer Schule:

> „Ehe ich mich jetzt lächerlich mache und sage, dass etwas geschehen muss und ... alle anderen dann: ‚ja, nu, nun reg dich doch mal nicht so auf' und so, ja, da mach ich doch lieber auch nichts." (a.a.O., S. 37)

Wie hier deutlich wird, kann gewaltpräventive Arbeit in der Schule bisweilen eben nicht primär bei den Schülern ansetzen, sondern es müssen zunächst die Voraussetzungen für ein gemeinsames Handeln im Kollegium geschaffen werden.

Die Bedeutung der Schulleitung

Eine wesentliche Rolle spielt in diesem Zusammenhang die Schulleitung, da sie die Maßstäbe für die Bewertung pädagogischen Handelns in großem Ausmaß beeinflussen kann. Greift die Schulleitung die Problematik auf, begreift sie Präventionsarbeit gegen sexualisierte Gewalt als ein wertvolles professionelles Engagement, (das zumindest die gleiche Wertschätzung erfahren sollte wie z.B. die Verteilung der Schulbücher oder die Organisation des Sportfestes), so sind die Aussichten auf einen Erfolg eben dieser Präventionsarbeit wesentlich verbessert.

Die administrative Ebene

Auch für die Schulaufsicht und für die ministerielle Ebene gilt, was für die anderen Ebenen schon dargestellt wurde. Die wichtigsten Bedingungen für eine erfolgreiche Arbeit gegen sexualisierte Gewalt an der Schule sind auch hier erstens, dass diese Gewalt zur Kenntnis genommen wird und zweitens, dass der Wille zur Veränderung der Situation deutlich und klar dokumentiert wird, was sowohl die Förderung und Unterstützung von Maßnahmen der primären wie der sekundären Prävention betrifft, und drittens, dass diejenigen, die sexualisierte Gewalt benennen und Präventionsarbeit machen, gegen Abwertungen geschützt werden und Unterstützung erfahren.[6] Die Möglichkeiten hierzu sind vielfältig und liegen auf den verschiedensten Ebenen der Administration. Beispielhaft seien hier einige Fragestellungen zu zentralen Bereichen formuliert:

—   Personalentwicklung und Qualifikation von Leitungen: Werden Kompetenzen im Bereich der geschlechterbewussten Pädagogik und im Umgang mit der Geschlechterfrage von Leitungskräften gefordert? Werden sie bei der Besetzung von Leitungsstellen als Qualifikationskriterien berücksichtigt? Gehören diese Fragen zur Fortbildung von Leitungen?

—   juristische Fragen: Wie wird sexualisierte Gewalt im Schulrecht bewertet?

—   Aus- und Fortbildung von Lehrerinnen und Lehrern: Welche Unterstützung erhalten einzelne Lehrkräfte und Kollegien z.B. durch Fortbildung zu den hier angesprochenen Thematiken?[7]

—   Berücksichtigung geschlechterspezifischer Fragen in den Curricula: Wie werden Lehrplankommissionen und Arbeitsgruppen besetzt? Werden Ergebnisse der Geschlechterforschung bei der Curriculumentwicklung von Anfang an eingebracht und berücksichtigt?

---

[6] Was eine Unterstützung „von oben" bewirken kann, wurde z.B. deutlich durch die beiden Initiativprogramme des damaligen Ministeriums für die Gleichstellung von Frau und Mann des Landes Nordrhein-Westfalen zur Selbstbehauptung bzw. zur Berufsförderung für Mädchen. Allein die Wertschätzung von Mädchenarbeit, die sich z.B. in der materiellen Unterstützung ausgedrückt, hat einige Kolleginnen dazu gebracht, an ihrer Schule initiativ zu werden.

[7] Die Bezirksregierung Köln bietet beispielsweise im Bereich der Gesamtschulen seit Jahren eine von Heidi Scheffel und Birgit Palzkill entwickelte und geleitete Fortbildung mit dem Thema: „Grenzen ziehen, aber wie? – Selbstbehauptung im beruflichen Alltag von Lehrerinnen" an. In dieser Fortbildung wird z.B. mit den Lehrerinnen an ganz konkreten, alltäglichen Situationen trainiert, wie sie sich verhalten können, um wirkungsvoll und kraftsparend Grenzen v.a. auch gegen sexualisierte Gewalt zu setzen und Mädchen dabei als Vorbild dienen zu können. Solche Fortbildungen werden jedoch bislang nur sehr vereinzelt angeboten.

Zusammenfassend lässt sich feststellen, dass sexualisierte Gewalt in der Schule einerseits ein bedeutsames und im Allgemeinen völlig unterschätztes Problem darstellt. Andererseits sind die Möglichkeiten der Präventionsarbeit auf allen Ebenen der Institution vielfältig. Die primäre wie die sekundäre Präventionsarbeit werden umso erfolgreicher sein, je konsequenter diese Möglichkeiten ernsthaft, in koordinierter Weise und mittels längerfristiger Strategien genutzt werden.

Literatur

Barz, Monika (1990). Körperliche Gewalt gegen Mädchen. In: Uta Enders-Dragässer/Claudia Fuchs: Frauensache Schule. Frankfurt, S. 92–19

Benjamin, Jessica (1990). Die Fesseln der Liebe. Frankfurt am Main

Brauckmann, Jutta (1986). Die vergessene Wirklichkeit. Münster

Carrigan, T. u.a.(1985). Toward a New Sociology of Masculinity. In: Theory and Society 14, S. 551–604

Chodorow, Nancy (1985). Das Erbe der Mütter: Psychoanalyse und Soziologie der Geschlechter. München

Firley-Lorenz, Michaela (1994). Sportlehrerinnen in der Schule – ein kritischer Beitrag zu einem vernachlässigten Thema. In: Sportunterricht 43 (1994) Heft 4, S. 148–157

Firley-Lorenz, Michaela: (1997). „Einer Respektsperson würde das nie passieren" – Diskriminierungen von Sportlehrerinnen in der Schule. In: Constance Engelfried (Hg.): „Auszeit", Sexualität, Gewalt und Abhängigkeiten im Sport. Frankfurt am Main/New York, S. 92–105

Godenzi, Alberto (1994). Gewalt im sozialen Nahraum. Zürich

Heiliger, Anita/Constance Engelfried(1995). Sexuelle Gewalt. Männliche Sozialisation und potentielle Täterschaft. Frankfurt/New York

Kavemann, Barbara (1992). Gewalt gegen Mädchen findet auch in der Schule statt. In: Senatsverwaltung für Arbeit und Frauen Berlin (Hg.): Gewalt gegen Mädchen an Schulen. Berlin, S. 11–35

Klein, Michael/Palzkill, Birgit (1998). Gewalt gegen Mädchen und Frauen im Sport. Pilotstudie im Auftrag des Ministeriums für Frauen, Jugend, Familie und Gesundheit des Landes NRW (MFJFG). In: MFJFG (Hg.): Dokumente und Berichte 46. Düsseldorf, S. 1–94

Kugelmann, Claudia (1996). Starke Mädchen – schöne Frauen?: Weiblichkeitszwang und Sport im Alltag. Butzbach-Griedel

Palzkill, Birgit/Heidi Scheffel (1996). Selbstbehauptung im beruflichen Alltag von Lehrerinnen. In: Astrid Kaiser (Hg.): FrauenStärken – ändern Schule. 10. Bundeskongress Frauen und Schule. Bielefeld, S. 64–69

Palzkill, Birgit/Heidi Scheffel (1997). Sportlehrerinnen unterrichten Jungen. In: sportpädagogik, 21. Jahrgang, Heft 6, S. 18–22

Scheffel, Heidi (1996). MädchenSport und Koedukation. Aspekte einer feministischen Sportpraxis. Butzbach

Scheffel, Heidi/Palzkill, Birgit (1994). Macht und Ohnmacht von Sportlehrerinnen im koedukativen Sportunterricht. In: sportunterricht 43, Heft 4, 5. S. 159–168

Scherr, Albert (1993). Gesellschaft als Problem – Pädagogik als Lösung. Die „Rede von der Gewalt" hat vielfältige Nutzen. In: Landesinstitut für Schule und Weiterbildung (Hg.): Aktuelle Gewaltentwicklungen in der Gesellschaft. Soest, S. 59–70

Schmerbitz, Helmut/Seidensticker, Wolfgang (1993). Mädchen und Jungen im Sportunterricht. Interaktionsanalyse und Curriculumentwurf. Impuls Band 23, Bielefeld

Frauke Homann

Sexueller Missbrauch in Institutionen

Die ‚Arena der Sicherheit' – Gedanken zu einem Präventionsansatz

„Neben dem sexuellen Missbrauch im häuslichen Bereich werden Jugend-schutzeinrichtungen und Beratungsstellen zunehmend mit Tätern konfron-tiert, die in betreuenden Institutionen Mädchen und Jungen sexuell missbrau-chen. Dazu zählen Kindergärten, Schülerläden, Sportvereine, Freizeitgruppen, der Heimbereich sowie medizinische und therapeutische Einrichtungen.

Dabei gehen die – zumeist pädosexuellen[1] – Täter sehr geschickt vor, er-scheinen engagiert und zeichnen sich durch eine besondere Nähe zu den Kindern, teilweise auch zu deren Müttern und Betreuerinnen, aus.

KollegInnen dieser Einrichtungen erkennen die Strategien der Täter oft zu spät. Erst im nachhinein erklären sich „Merkwürdigkeiten" und auffälliges Verhalten bei Kindern und beim Täter.

Dies alles geschieht vor dem Hintergrund einer Verunsicherung und Verharm-losung. Pädophilie-Gruppen propagieren nach wie vor eine sogenannte „ge-waltfreie" Sexualität zwischen Kindern und Erwachsenen und fordern unter der Flagge von Toleranz eine Duldung und Straffreiheit für diese Kontakte. Rückendeckung bekommen diese Gruppen von einigen Sexualwissenschaft-lern und Teilen der Schwulenbewegung. Die Verwirrung über Begriffe wie ‚Ein-vernehmlichkeit', und ‚Gewaltfreiheit', das mangelnde Wissen über Manipula-tion und Zwänge nutzen die Täter für ihre pädosexuellen Kontakte". (Spoden 1996)

KollegInnen, die zum Schutz der Kinder ihre Befürchtungen oder Beobachtungen ansprechen wollen, brauchen deshalb Kenntnisse, Rückendeckung durch die Leitung und die ausdrückliche Erlaubnis der Institution, darüber reden zu dürfen. Gleichzeitig müssen aber auch MitarbeiterInnen vor falschen Anschuldigungen geschützt werden. Dies sind Ziele eines Präventionskonzeptes, das unter dem Stichwort ‚Arena der Sicherheit' von Ray Wyre, einem international anerkannten Berater und Trainer auf dem Gebiet des sexuellen Missbrauchs in Großbritannien entwickelt wurde (Wyre 1996).

In Deutschland ist dieser Ansatz noch weitgehend unbekannt und deshalb kaum erprobt. Er verlangt vom Träger, von der Leitung und von den MitarbeiterInnen die

---

[1] Pädophilie zeichnet sich durch eine stark erotisch gefärbte Affinität zu Kindern aus, jedoch muss diese nicht unbedingt sexuell ausgelebt werden.

Pädosexualität dagegen beinhaltet für **mich** eine fixierte Sexualität, die ausschließlich auf Kinder gerichtet ist und ausgelebt wird. Hier spreche ich von pädosexuellem Missbrauch, der in der Regel mit „Einvernehm-lichkeit" und „Gewaltfreiheit" von den Tätern selbst und z.T. auch von einer uninformierten Öffentlichkeit ideologisch gerechtfertigt und damit verharmlost wird. Da dieser Kontakt strafbar ist, versucht der Täter sein Umfeld zu täuschen. Dies geschieht u.a. dadurch, dass zum Schein Verhältnisse zu Frauen oder Männern aufgebaut werden. So ist er als pädosexueller Täter weniger erkennbar.

Bereitschaft zur Transparenz, die Fähigkeit, sich auseinander zu setzen, die Übernahme von Verantwortung und einen fundierten Wissensstand zur Problematik des sexuellen Missbrauchs.

Wir dürfen nicht darauf warten, dass Kinder sich eröffnen. Als PädagogInnen, TherapeutInnen, LehrerInnen, SozialarbeiterInnen und TrainerInnen sollte uns bewusst sein, dass in jeder Einrichtung sexuelle Grenzüberschreitungen und schwere Übergriffe möglich sind und dass Kinder in der Regel dazu schweigen.

Aufklärung der potenziellen Opfer allein genügt nicht. Auch wenn im Bereich der Prävention Programme für Kinder entwickelt wurden, enthebt es die Erwachsenen nicht der Verantwortung, sich mit dieser Problematik differenziert auseinander zu setzen.

Der nachfolgende Bericht soll aufzeigen

— wie Täter vorgehen,

— welche Risiken es gibt und

— wie die „Arena der Sicherheit" kreiert werden kann.

Aufgrund der geringen Praxiserprobung dieses Konzeptes ist die Verfasserin für Anregungen dankbar.

Fallbeispiele als Grundlage

Um die Komplexität des Themas und die unterschiedlichen Formen der sexuellen Grenzüberschreitungen zu verdeutlichen, sollen den folgenden Überlegungen einige Fallbeispiele vorangestellt werden.

Fall 1: Erzieher in einer staatlichen Kindertagesstätte

Ein fünfjähriges Mädchen erzählt nach mehreren Anläufen seinen Eltern, dass der Erzieher beim Mittagsschlaf ihre ‚Muschi' anfasst und dabei laut atmet und schwitzt. Er habe dabei auch schon ‚eingepullert'. Es kommt zur Anzeige und zur Verurteilung auf Bewährung. Der Leiterin wird wegen Untätigkeit gekündigt, als herauskommt, dass es bei weiteren Kindern Verdachtsmomente gibt. Der Erzieher war seit vielen Jahren kommunaler Angestellter. Zurückliegende Anschuldigungen zweier Schwestern nach einem Ferienlager wurden nicht verfolgt, da die Mädchen aus einer verwahrlosten Familie kamen.

Fall 2: Kindertherapeut

Eine Mutter aus einer norddeutschen Kleinstadt hat mit ihren drei Söhnen, vier, acht und 13 Jahre alt, Erziehungsschwierigkeiten. Sie bittet in einer Beratungsstelle um therapeutische Hilfe. Entgegen den Gepflogenheiten übernimmt der Therapeut alle drei Jungen.

Als die Mutter von ihren Kindern nach einem Jahr erfährt, dass diese von einem Lehrer missbraucht werden, wiegelt der Therapeut ab, nimmt aber nunmehr zum Ältesten privaten Kontakt auf. Die Mutter ist irritiert und hilflos.

Auf Nachfragen des Jugendamtes stellt sich heraus, dass dieser Therapeut hin und wieder mit Therapiekindern in Urlaub fährt. Später wird er 2 Kollegen unter dem Siegel der Verschwiegenheit anvertrauen, dass er pädophil ist. Er geht außer Landes, um seine Neigung gefahrloser leben zu können.

Fall 3: Sporttrainer

Mehrere Mütter regen sich darüber auf, dass ihre etwa 10-jährigen Söhne zu oft außerhalb der Stadt ins Trainingslager müssen. Der Verein lobt dagegen den sehr guten Betreuerschlüssel von 1 zu 2. Die Mütter wollen nicht einsehen, dass ihre Söhne ihre Übernachtungssituation nicht selbst bestimmen dürfen, sondern auf die Zimmer der Betreuer verteilt werden. Auch werden gefertigte Videoaufnahmen nie gezeigt.

Ein Junge wird Spieler des Jahres und darf an einer Amerikareise teilnehmen. Nach der Rückkehr berichtet er von sexuellen Annäherungsversuchen des Trainers. Die beiden anderen mitreisenden Jungen kannten das schon.

Die Mutter erstattet Anzeige.

Fall 4: Taxifahrer

Ein Taxifahrer hat sich ausschließlich auf Fahrten von behinderten Kindern spezialisiert. Er ist bei Schulen, Therapieeinrichtungen und Ämtern als pünktlich und zuverlässig bekannt. Seine Kontaktfreude und Hilfsbereitschaft den behinderten Mädchen gegenüber wird besonders hervorgehoben.

Eine 20-jährige junge Frau vertraut sich ihrer Therapeutin an und erzählt von jahrelangen massiven sexuellen Übergriffen im Bus und in der Taxe. Die Kripo recherchiert bei allen Behindertenfürsorgen. Bei den Ermittlungen ergibt sich eine Zeitspanne von 20 Jahren sexuellen Missbrauchs.

Strafmaß: 3 Jahre und Berufsverbot.

Fall 5: Elternsprecher an einer Schule

Ein engagierter Vater ist seit Jahren Gesamtelternvertreter; er betätigt sich, wie es vom Schulkonzept gewünscht wird, als Laienpädagoge: Er leitet die Schul-Disco, stellt seine Musikanlage zur Verfügung, besorgt CD's. Er bestimmt, wer bei ihm ‚oben' sitzen darf. Es kommt zu privaten Feten mit Schülerinnen und zu sexuellen Übergriffen.

In seiner Familie missbraucht er kontinuierlich seit 20 Jahren seine 4 Kinder. Sein jüngster Sohn zeigt ihn schließlich an. Der Mann muss für 5 Jahre ins Gefängnis.

Fall 6: Mitarbeiter in einem Schülerladen

Ein langjähriger Student der Philosophie arbeitet in einem Schülerladen. Er ist pädophil und einschlägig vorbestraft. Die Eltern haben ihn eingestellt, weil er sympathisch ist und ihrer pädagogischen/politischen Einstellung entspricht. Von seiner Vorstrafe wissen sie nichts, weil sie auf ein polizeiliches Führungszeugnis verzichten. Der Erzieher arbeitet engagiert im Laden, fördert private Kontakte und forciert das Thema ‚Kindliche Sexualität' auf mehreren Elternabenden. Alle sind sehr zufrieden mit ihm. Nur seine Kollegin hat ein diffuses Gefühl, ein Unbehagen, dass sie noch nicht näher erklären kann.

Was ist das **Gemeinsame** an diesen kurz skizzierten Fällen?

In jedem dieser unterschiedlichen Fälle haben die Täter Zugang und damit auch Zugriff auf Kinder, die ihnen anvertraut wurden; entweder direkt von den Eltern oder innerhalb einer Institution.

Für die Kinder sind es keine Zufallsbekannten, sondern Personen, die einem Amt oder einer Aufgabe verpflichtet sind; das gibt ihnen in den Augen der Kinder zusätzlich Macht und Stärke.

Kinder brauchen eine Instanz, die ihnen die Sicherheit gibt, dass sie Hilfe und Gerechtigkeit erfahren. In ihrem naiven Denken sind das außerhalb der Familie eher Personen mit Autorität. Wie muss sich ein Kind fühlen, das nach langem Zögern dem Heimleiter erzählt, dass es vom Erzieher missbraucht wird und hinterher feststellen muss: „Das ist auch so einer."

Unterschiedlich an diesen Fällen ist lediglich der institutionelle Rahmen, die berufliche oder gesellschaftliche Position der Männer.

Täterstrategien

Strategien im Kollegium

Kommt es zu sexuellen Übergriffen, ist es sowohl für Kinder, als auch für die KollegInnenschaft im Aussageverhalten oder im Handlungskontext nicht unerheblich, wie hoch die gesellschaftliche Stellung des Täters ist. Hier besteht die Gefahr, dass sexueller Missbrauch nicht gesehen oder als unerheblich abgetan wird, weil der Täter eine wichtige Stellung einnimmt und die KollegInnen sich davon beeindrucken oder einschüchtern lassen.

Ein LehrerInnenkollegium kann handlungsunfähig werden, wenn es endlich wahrnimmt, nicht nur der Kollege ist pädophil, sondern auch der Rektor, der mit diesem Kollegen eng befreundet ist, immer freiwillig seine Vertretung übernimmt und mit ihm auf Klassenfahrt fährt.

Wie soll sich da ein Kind eröffnen, wie können KollegInnen handeln?[2] Eine solche Konstellation bietet die besten Voraussetzungen für jahrelange Missbrauchshandlungen.

Menschen mit pädosexuellen Neigungen – es gibt in diesem Bereich auch Frauen als Täterinnen, wenn auch prozentual nur wenige – suchen fast immer die berufliche Nähe zu Kindern. Quasi per Amt haben sie die Legitimation, mit Kindern zusammen zu sein. Das ist unverdächtig und lässt sich gut ausbauen.

Wo eine feste Anstellung wegen mangelnder pädagogischer Qualifikation nicht in Frage kommt, weichen Täter auf Honorartätigkeiten aus: Kurse im Freizeitbereich, Begleiter auf Ferienreisen, Mitarbeit in einem Sportverein, Nachhilfelehrer, Leiter eines Singkreises u.ä. Wer auch da nicht unterkommt, könnte einen eigenen Verein gründen, wie z.B. in Berlin die „Nerother Wandervögel", die „Hansapiraten" oder das „Kindersorgentelefon"; alles abgeurteilte Fälle.

Wenn es die Qualifikation jedoch zulässt, wird der Täter in der Institution es darauf anlegen, in einem Langzeitarbeitsverhältnis zu sein; denn eine wichtige Voraussetzung für seine Missbrauchshandlungen ist der Faktor Zeit: Zuerst muss er die KollegInnenschaft – in pädagogischen Einrichtungen sind dies in der Mehrzahl Frauen – für sich einnehmen. Er muss also daran arbeiten, seine Position auszubauen und zu festigen. Er wird vielleicht Aufgaben übernehmen, die anderen eher lästig sind, z.B. Früh- oder Spätdienste; er wird Vertretungen machen, er wird für die Sorgen seiner Kolleginnen ein offenes Ohr haben, er wird die Nähe zur Leitung suchen.

Nicht selten fängt er zum Schein eine kurze Liebesaffäre mit einzelnen Mitarbeiterinnen an; besonders begehrt sind dabei alleinerziehende Kolleginnen. Es muss sich dabei nicht unbedingt um eine pädagogische Fachkraft handeln, es könnte z.B. auch die Köchin der Einrichtung sein.

Wird später ein Verdacht aufkeimen, so wird die Mehrzahl sich empören: ‚Der doch nicht! Keiner ist so kreativ und engagiert wie gerade dieser Kollege! Er hat soviel für die Einrichtung getan. Der gibt sein letztes Hemd! Der hat sogar dafür gesorgt, dass wir über sexuelle Gewalt an Kindern reden. Also, der doch nicht!' Die Person, die einen Verdacht äußert, hat also schlechte Karten. Vielleicht wird der Beschuldigte private Dinge nutzen, die er über diese Person weiß. Er wird versuchen, sie zu diskreditieren. Täter müssen die Personen kontrollieren, die Kinder schützen wollen. Letztlich wird er es so drehen, dass er das Opfer ist, sie die Täterin.

Alle Sexualstraftäter, die längerfristig Kinder missbrauchen, können dies nur gefahrlos tun, wenn es ihnen gelingt, die Umgebung der Kinder perfekt zu manipulieren.

Sie werden dabei alle ihnen zur Verfügung stehenden Register ziehen, auch sich selbst gegenüber: Sie reden sich ein, ‚das Kind habe es gewollt', ‚es habe dem Kind nicht geschadet', ‚das Kind habe sich ja nicht gewehrt', ‚es sei also

---

[2] In einem späteren Teil dieses Beitrags wird näher auf Lösungsstrategien eingegangen

einverstanden gewesen'; ‚Kinder sind schließlich auch sexuelle Wesen und haben Wünsche'.

Mit diesem ‚Glaubenssystem' sind sie nicht allein. Gerade im Bereich der Pädosexualität gibt es eine intensive Vernetzung, auch und gerade über's Internet und in sogenannten ‚Selbsthilfegruppen' von Großstädten.[3]

Da kursieren dann detaillierte Arbeitsanweisungen, wie man vorgehen sollte, wenn man ‚mit Kindern Sex hat' – sprich, Mädchen oder Jungen sexuell missbraucht. Auch gibt es Hinweise darauf, dass es gut sei, die Umgebung des Kindes kennen zu lernen; die Eltern könnten dazu dienen, weitere Kinder zu ‚vermitteln'.

Es ist sehr wichtig zu wissen, dass der Sexualstraftäter in der Institution soviel Energie auf die Kontrolle und Manipulation seines beruflichen Umfeldes legt. Das hat natürlich mit dem Wunsch nach Befriedigung durch das Erleben von Macht zu tun. Es gibt Täter, die offen darüber reden, dass es für sie ein Hochgenuss war, die Institution zu überlisten. Und dieser Hochgenuss ist schon ein Teilaspekt der sexuellen Misshandlung.

Strategien bei den Kindern

Ist die KollegInnenschaft erst einmal kein Sicherheitsrisiko mehr, kann sich der Missbraucher den Kindern zuwenden. Er wird dabei nicht überfallartig vorgehen – er plant: Er wird genau testen, welches Kind sich eignet. Kinder, die sich in der Testphase wehren oder widerwillig reagieren, sind für ihn uninteressant, weil sie ein Sicherheitsrisiko bedeuten.

Die Planungsphase spielt für den Täter eine große Rolle. Auch sie ist schon ein Teilaspekt des Missbrauchsgeschehens; einmal, weil sie zur sexuellen Erregung in der Phantasie benutzt wird, zum anderen, weil es so bereits ein Opfer gibt, ohne dass das Opfer dies schon weiß.

Zusammenfassend lässt sich sagen:

— Täter suchen sich häufig ein Arbeitsfeld, in dem sie mit Mädchen und Jungen zu tun haben.

— Sie planen Missbrauchshandlungen lange und genau und bereiten diese in ihrer Phantasie vor.

— Sie haben ein großes Interesse daran, ihre Missbrauchshandlungen gefahrlos zu begehen.

— Sie manipulieren und kontrollieren deshalb das soziale Umfeld, indem sie eine Dynamik in Gang setzen, die es den KollegInnen erschwert, Missbrauchshandlungen zu erkennen und sie als Täter zu identifizieren.

---

[3] Hinter diesen sogenannten Selbsthilfegruppen verbergen sich Lobby- und Interessensgruppen von pädosexuellen Tätern. Sie nutzen diese Gruppen als Informationsbörse, um sexuellen Missbrauch noch gefahrloser planen zu können. Auch der Austausch von Kinderpornografie wird hier rege gepflegt.

- Sie schalten damit die KollegInnenschaft als Sicherheitsrisiko aus.
- Sie testen die Mädchen oder Jungen aus, um diejenigen auszuschließen, die für sie ein Sicherheitsrisiko darstellen.

Die Arena der Sicherheit – eine Möglichkeit, sexueller Gewalt in Institutionen vorzubeugen

Welche Möglichkeiten haben nun MitarbeiterInnen in einer Institution, die Strategien eines Täters zu durchschauen? Welche Möglichkeiten haben sie, sexuellen Missbrauch zu verhindern oder zu beenden? Welche Strukturen sind erforderlich, damit die Institution von Beginn an signalisiert:

- hier haben Kinder einen sicheren Platz,
- hier sind KollegInnen informiert,
- hier wird bei Grenzverletzungen gehandelt.

Eine Einrichtung, die für sich solche Strukturen erarbeitet hat, wird ein pädosexueller Täter eher verlassen.

In Bezug auf ‚sichere Strukturen' sieht die Realität in den Einrichtungen jedoch meist anders aus: Über die Zusammensetzung eines Teams oder Kollegiums haben die meisten Angestellten kaum Einfluss.

Neu Dazugekommene werden z.B. schnell

- über die Modalitäten der Arbeitszeiten,
- über die Befindlichkeit der Leitung oder
- über den Gebrauch von ‚illegalen Kassen'

informiert. Kaum ein Arbeitsteam im pädagogischen Bereich diskutiert dagegen grundsätzlich über Fragen

- der Intimität,
- der Grenzverletzungen und
- des Respekts vor den zu Betreuenden.

Die Gratwanderung zwischen Nähe und Distanz bleibt eine Frage der Interpretation und somit der Entscheidung jedes und jeder Einzelnen überlassen. Kommt es innerhalb der Kollegschaft zu Irritationen über Verhaltensweisen von KollegInnen oder zu Verdachtsmomenten in Bezug auf sexuellen Missbrauch, so gibt es in diesem Rahmen oft keine institutionelle Orientierungshilfe.

Ray Wyre, ein Therapeut für Sexualstraftäter[4] aus Großbritannien, der auch mit vielen pädosexuellen Straftätern aus dem Institutionsbereich gearbeitet hat,

---

4 Unter Sexualstraftäter verstehe ich den übergeordneten Begriff für aller TäterInnen im Nah- wie im Fremdbereich, die Kinder sexuell missbrauchen; auch diejenigen, die nicht ausschließlich pädosexuell orientiert sind.

schlägt vor, dass in jeder pädagogischen Einrichtung eine spezifische ‚**Arena der Sicherheit'** geschaffen werden müsse. Das setzt allerdings voraus, dass – wie er es nennt – eine ‚**Kultur des Bewusstseins'** vorhanden sein muss. Die MitarbeiterInnen sollten dafür Sorge tragen, dass diese Kultur des Bewusstseins im Team entwickelt werden kann.

Aus meiner Praxiserfahrung weiß ich jedoch, wie schwierig es für einzelne KollegInnen ist, ohne einen aktuellen Anlass eine Diskussion zu diesem Bewusstsein einzufordern, weil viele annehmen, dieses Bewusstsein bereits zu haben: Jedem ist klar, dass Kinder nicht geschlagen, gedemütigt oder sexuell missbraucht werden dürfen; doch folgende Fragen bleiben häufig offen und unbearbeitet:

— Wie erkenne ich, dass es in meinem Team bereits Überschreitungen oder Übergriffe gibt?

— Wem vertraue ich meine Beobachtungen an?

— Werde ich mit meinen Wahrnehmungen ernst genommen oder in eine überempfindliche Ecke gestellt?

— Reagiere ich oder reagieren andere, wenn es in der Schule einen Lehrer gibt, der ‚Herr Grapschmann' genannt wird?

— Finden es Kollegen vielleicht witzig, dass ein Erzieher den Spitznamen „Markus Ständer" hat?

— Darf eine Sportbetreuerin schon Verdacht schöpfen, wenn ein kleiner Fußballer seinen Trainer mit „Du homosexuelles Arschgesicht!" beschimpft?

Hier setzen die Begriffe ‚Kultur des Bewusstseins' und ‚Arena der Sicherheit' an. Zur ‚Kultur' des Bewusstseins gehören in jeder Einrichtung das Erkennen und Benennen von Feldern und Gelegenheiten, wo sexueller Missbrauch möglich ist. Die ‚Arena der Sicherheit' schreibt fest, wo und wie dicht der/die Einzelne am Kind sein darf und wie dies aus professioneller Sicht zu begründen ist.

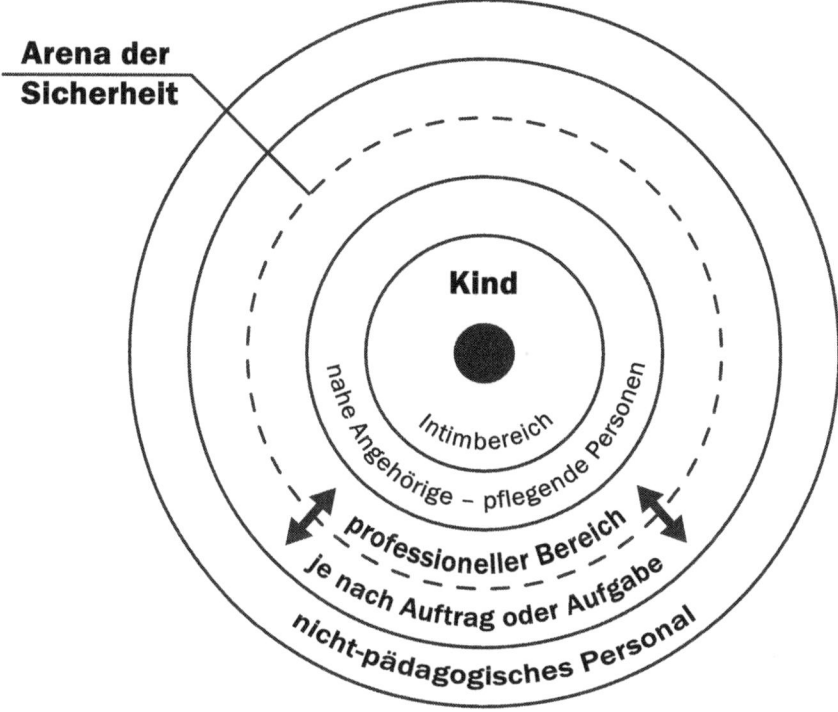

Homann: „Missbrauch in Institutionen", Quelle: Ray Wyre

Anhand der Grafik wird deutlich, was gemeint ist:

Das Kind steht in einem geschlossenen Innenkreis, man könnte dies seinen Intim-
bereich nennen. Dieser Kreis darf nur durchbrochen werden von sehr nahen Bezugspersonen oder von pflegenden Personen, die dies aus beruflichen Gründen
tun müssen (z.B. Arzt, Krankenschwester, pflegende ErzieherInnen u.a.) Für ein zu
nahes Herangehen an den Kernbereich des Kindes sollte jede Person eine nachvollziehbare Begründung geben. In den nächsten beiden Kreisen befinden sich die
professionellen Kontaktpersonen des Kindes. Die Nähe zum Kind kann hier innerhalb der beiden Kreise flexibel gestaltet werden, je nach Aufgabe und Notwendigkeit. Im äußeren Kreis steht das nichtpädagogische Personal.

Ein Missbraucher wird immer in den Kernbereich des Kindes vordringen wollen. In
einer Einrichtung, wo Grenzen besprochen und Regeln vereinbart wurden, wird
dies leichter erkennbar sein.

Wie kann nun ein Team sich die Kultur des Bewusstseins aneignen, wie kann in
einer Institution eine Arena der Sicherheit installiert werden? Welche Schwierigkeiten müssen dabei überwunden werden?

Schwierigkeiten auf der Leitungsebene

Diejenigen, die quasi per Amt die Aufgabe hätten eine Kultur des Bewusstseins als Grundlage aller pädagogischen Standards zu pflegen – also die Leitung oder der Träger –, die dafür sorgen müssten, zum Schutz der Kinder vor sexuellen Übergriffen die Arena der Sicherheit herzustellen und anzuwenden, sehen meist nicht die Notwendigkeit. In der Regel sind sie zu weit von der täglichen Praxis entfernt oder sie haben sich mit diesen spezifischen Problemkomplexen nicht genügend auseinandergesetzt.

Schwierigkeiten auf der MitarbeiterInnenebene

Aus meiner Beratungstätigkeit weiß ich, mit welchen Emotionen und Widerständen sich KollegInnen auseinandersetzen müssen, wenn sie einen Verdacht auf sexuellen Missbrauch äußern. Meist richtet sich die Sorge auf ein Kind als Opfer. Bleibt die Mitarbeiterin am Ball, wird ihr nicht selten Übereifer vorgeworfen. Die vor mehreren Jahren von mehreren Personen, Medien und Gruppierungen initiierte Kampagne ‚Missbrauch mit dem Missbrauch' hat hier eine deutliche Wirkung in der Form hinterlassen, dass wieder zunehmend weggeschaut wird. Richtet sich der Verdacht jedoch gegen einen Kollegen als Täter, kann die Kritik an der aufklärenden Pädagogin noch grundsätzlicher und verletzender werden. Es kann zur Lagerbildung kommen bis hin zur Diskreditierung und Isolierung der Person, die den Verdacht äußert.

Gibt es also kein spezifisches Regelwerk, fehlen eindeutige Beweise und bestehen kollegiale Verstrickungen, so wird es kaum Interesse an Aufklärung geben. Der hohe Imageverlust aller Beteiligten bei einem Tatverdacht kann sich zunehmend hemmend auf Klärung und Aufarbeitung auswirken.

Schwierigkeiten für die Eltern

Eltern wiederum, die einem Verdacht nachgehen wollen, stoßen innerhalb der Institution oft auf geschlossenen kollegialen Widerstand. Es wird abgewiegelt und Informationen werden aus angeblich datenschutzrechtlichen Gründen verweigert. Organisieren sich die Eltern privat, wird auch ihnen – ähnlich wie der aufklärenden Pädagogin – Übereifer vorgehalten.

Welche Anlässe bieten sich, um eine Arena der Sicherheit zu initiieren?

Ein Beispiel:

Ein sehr begabter Volleyballtrainer, der seine Kinder- und Jugendmannschaft über die Landesgrenze hinaus bekannt gemacht hatte, wird eines Tages mit einem Missbrauchsverdacht belastet. Bei Recherchen kommt heraus, dass die gesamte Mannschaft wusste, dass bei Auswärtsspielen immer ein Spieler bei ihm schlafen musste. Manchmal wurde im Bus schon getippt, wer wohl diesmal ‚dran wäre'. Den Kindern war klar, wie wichtig dieser Trainer für das Image des Vereins war.

Auf die entsetzten Fragen der Vorstandsmitglieder antworteten fast alle: „Wir dachten, Ihr hättet es gewusst, glaubten aber, die Pokale wären Euch wichtiger." Der Trainer, im Hauptberuf Lehrer – wird strafrechtlich verurteilt und aus dem Schuldienst entlassen.

Beide Institutionen – Schule wie auch Sportverein – sollten spätestens jetzt den Anlass nutzen, um das Problem grundlegend und systematisch anzugehen und Strukturen schaffen, die solche Übergriffe in Zukunft erschweren.

Nach einer solchen Krise ist die Chance größer, über eine ‚Arena der Sicherheit' zum Schutze der Kinder **und** der Erwachsenen zu reden und diese Arena gemeinsam zu entwerfen. Es gibt gewissermaßen eine Legitimation, über Verhaltensweisen, Regeln und Grenzen zu reden, weil etwas passiert ist.

Wie kann eine ‚Arena der Sicherheit' gestaltet werden?

Sind die Vorwürfe nach einer Beschuldigung im Team oder Kollegium nicht ausreichend geklärt und analysiert, kann an der ‚Arena der Sicherheit' nicht gearbeitet werden. Am Anfang steht die Krisenintervention, dann die Ursachenforschung und zum Schluss die Ausarbeitung eines neugestalteten Regelwerkes.

1. Schritt: Krisenintervention

Um die Kollegschaft und die Leitung nicht zu überfordern sollte eine kleine Gruppe gebildet werden, die die Vorgehensweise erarbeitet. Zudem ist dringend geboten, jemanden von außen, etwa aus einer Beratungsstelle, dazuzubitten. Es geht um die Klärung folgender Fragen:

— Was ist passiert?

— Wie ist der Schutz der Kinder herzustellen und zu sichern?

— Gibt es weitere noch nicht bekannte Opfer?

— Welche Möglichkeiten gibt es, gegen den Täter vorzugehen?

Zu klären ist zudem die Form der Zusammenarbeit mit den Eltern, dem Jugendamt oder der Polizei. Es ist außerordentlich schwer, in dieser Phase einen klaren Kopf zu bewahren. Darum sollte der Beschuldigte auf gar keinen Fall an der Krisenintervention teilnehmen, denn er wird – sofern er Täter ist – die ohnehin bestehende Verwirrung durch Bagatellisierung und Manipulation verstärken.

2. Schritt: Ursachenforschung

Ist der erste Schritt einigermaßen bewältigt, sind die Emotionen wieder ausreichend im Gleichgewicht, sollte die Einrichtung sich an die Ursachenforschung machen. Auch hier kann zur Vorbereitung wieder eine kleine Gruppe gebildet werden, denn es ist davon auszugehen, dass Aufarbeitung und Neuanfang ebenso mit starken Emotionen verbunden sein werden. Unterschiedliche Vorerfahrungen, individuelle Normen und geschlechtsspezifische Sichtweisen werden die Diskussion auf jeden Fall beeinflussen, erschweren oder belasten. Hinzu kann – ähnlich wie in der Familie – ein starkes Schuldgefühl kommen, nichts gemerkt, bagatellisiert oder zu spät interveniert zu haben. Um auch hier die Kollegschaft und die Leitung nicht zu überfordern, ist es sinnvoll, in der zweiten Phase einen Supervisor oder eine Mediatorin dazuzubitten. Folgende Fragen sollten u.a. erörtert werden:

— Wodurch wurde die Tat ermöglicht?

— Was hätte es den Kindern erleichtert, den Übergriff rechtzeitig zu melden?

— Haben wir Signale übersehen?

— Wie und wo könnte der Wunsch nach Sicherheit angemeldet werden?

3. Schritt: Arena der Sicherheit

Im dritten Schritt geht es schließlich um die Frage, wie eine ‚Arena der Sicherheit‘ aussehen könnte. Die Überlegungen zu diesem Schritt eignen sich auch für Einrichtungen, in denen es bisher nicht zu sexuellen Übergriffen gekommen ist, die sich aber aus Gründen der Prävention mit diesen Fragen beschäftigen wollen. In beiden Fällen muss der Ist-Zustand der Einrichtung genauestens bearbeitet werden. Es geht um strukturelle, fachliche und emotionale Belange des Teams. Das erfordert Mut von der Leitung oder dem Träger und Offenheit von der Kollegenschaft. Auch hier ist es sinnvoll, jemanden von außen dabeizuhaben.

Zu den **strukturellen Bedingungen** muss erörtert werden

— wie die Machtverhältnisse verteilt sind,

— wie die Leitung ihre Funktion wahrnimmt,

— ob es ein allgemeines Regelwerk gibt und

— wer über das Regelwerk wacht.

Unter den **fachlichen Bedingungen** sind zu klären:

— Gibt es bei den KollegInnen ein Grundwissen zur Problematik des sexuellen Missbrauchs?

— Wie wurde mit den Kindern bereits zum Thema gearbeitet?

— Auf welchem Wissensstand sind die Eltern?

Bei den **emotionalen Bedingungen** muss beachtet werden:

— Wie ist der kollegiale Umgang miteinander?

— Welche Rolle spielen geschlechtsspezifische Aspekte?

— Wer traut sich, das Thema anzusprechen?

Ein wesentlicher Teil der ‚Arena der Sicherheit‘ ist die gemeinsame Erarbeitung eines für alle verbindlichen **Regelwerks**. Dabei geht es nicht um statisch festgelegte Verhaltensnormen, auch nicht um eine von einer anderen Einrichtung entworfene Arena der Sicherheit. Es geht um die bereits erwähnte ‚Kultur des Bewusstseins‘, die nur in der gemeinsamen Auseinandersetzung mit der Thematik nach und nach geschaffen wird. Es geht um das Wissen und die Sensibilität dafür, dass jeder, der mit Abhängigen arbeitet, in einer Machtposition ist, die die Gefahr vielfältiger Missbräuche in sich birgt. Es geht um die Frage, wie die Möglichkeit zur sexuellen Gewalt in der eigenen Einrichtung minimiert werden kann. Völlig falsch wäre es allerdings, aus übertriebener Angst vor Missbrauchsverdächtigungen zu den Kindern eine künstliche Distanz zu wahren. Es wird immer Momente geben, wo aus gutem Grund gegen die Regeln verstoßen werden muss, weil es die Situation erfordert. Wichtig ist dann, die Entscheidung für das spezielle Handeln transparent zu machen oder sich in einer heiklen Situation vorher oder nachher mit KollegInnen auszutauschen. Für das Team bedeutet die Erarbeitung von Regeln Orientierung und Sensibilisierung. Grenzüberschreitungen werden leichter und schneller erkennbar.

So können z.B. in einem Sportverein die Regeln lauten:

— Der Trainer duscht nicht gemeinsam mit den Kindern.

— Bei Auswärtsspielen schlafen die Betreuer nicht bei den Kindern im Zimmer.

— Ohne Rücksprache gibt es keine Einzelförderung der Kinder in der Halle.

— Kinder werden nicht mit in den Privatbereich genommen.

Trainer mit pädosexuellen Neigungen werden solche Vereine eher meiden.

In anderen Bereichen muss der Sicherheitsring anders aussehen. Die Nähe zum Kind hängt von der Art der Betreuung oder den spezifischen pädagogischen, therapeutischen oder pflegerischen Erfordernissen ab. Manche behinderten Kinder brauchen u.U. mehr körperliche Hilfestellung – z.B. beim Toilettengang – als nicht behinderte Kinder. Emotional gestörte Kinder haben möglicherweise einen starken Nachholbedarf an körperlicher Zuwendung. Wie geht ein Heimerzieher, ein Lehrer oder ein Therapeut damit um? Welche Unterschiede gibt es zwischen den verschiedenen Professionen?

Sind die Regeln erarbeitet und festgelegt, ist es unumgänglich, diese auch bekannt zu geben

— bei den zu betreuenden Kindern,

— bei den Eltern

— und beim Träger.

Es gehört zur Transparenz, dass das Regelwerk für alle Beteiligten als Orientierungshilfe gilt. Eine klar strukturierte Einrichtung gibt zu erkennen, wo die Sicherheitszonen liegen. Es wird ausdrücklich erwünscht sein – etwa in Teamsitzungen, in der Supervision, auf dem Elternabend, im Kinder-Morgenkreis oder bei der Schülermitverwaltung – über Verhaltensweisen von KollegInnen zu reden, noch bevor es zu Grenzüberschreitungen kommt.

Ist im Team eine Offenheit erreicht, über pädagogische Standards zu sprechen und Regeln festzusetzen, ist also eine Kultur des Bewusstseins vorhanden, so wird sehr schnell erkennbar sein, dass diese Regeln auch für das nichtpädagogische

Personal zu gelten haben, z.B. für den Hausmeister, für das Küchenpersonal, den Busfahrer u.a.

Zur Erklärung zwei Beispiele:

—   Der Hausmeister einer Schule lädt einige Mädchen in den Pausen in seinen Aufenthaltsraum ein. Sie dürfen dort Kaffee trinken. Nach dem Unterricht wird dieser Hausmeister von Jugendlichen in seinen Kellerräumen besucht. Der Schulleiter hat zu einem bestimmten Raum keinen Schlüssel; fordert auch keinen Zutritt. Später wird sich herausstellen, dass in diesem Raum pornografisches Material gelagert wurde. Es gab auch eine Videokamera.

—   Ein Sozialhilfeempfänger muss über das Gartenbauamt Arbeitsstunden ableisten. Er möchte dies gerne an einer Schule tun und wird Hoffeger. In den Pausen beobachtet er kleine Mädchen und spricht einige gezielt an. In seinem Wohnmobil macht er pornographische Aufnahmen von einem dieser Mädchen. Die Mutter erfährt davon, erstattet Anzeige und berichtet der Schulleitung darüber. Er wird sofort entlassen. Das Sozialamt vermittelt ihn 3 Tage später an eine andere Grundschule. Der Kollege aus dem Amt wurde über die Entlassungsgründe nicht informiert, sah aber auch keine Veranlassung, sich sachkundig zu machen.

Diese Beispiele zeigen, dass die Arena der Sicherheit über den Kernbereich der Pädagogik hinaus erweitert werden muss. Das macht die Sache nicht leichter. Den Lehrer verbindet nicht unbedingt dasselbe kollegiale Interesse mit dem Hausmeister; die Heimerzieherin hat möglicherweise wenig pädagogische Berührungspunkte mit dem Koch ihrer Einrichtung. Spätestens hier wird klar, welche Rolle der Leitung oder dem Träger bei dieser Problematik zufällt. Alle Beteiligten einer Institution – Kinder wie Erwachsene – werden sich viel stärker mit dieser identifizieren, wenn deutlich wird:

—   Hier gibt es eine Instanz, wo man sich beschweren kann.

—   Die Erwachsenen nehmen mein Anliegen ernst.

—   Hier wird geklärt und nicht gleich sanktioniert.

—   Die Erwachsenen kümmern sich, weil ich ihnen wichtig bin.

—   Hier sind meine Kinder gut aufgehoben.

Kinder werden ihre Beschwerden davon abhängig machen, wie in der Einrichtung generell mit Konflikten umgegangen wird. Sie haben ein feines Gespür dafür, ob Erwachsene wirklich an Aufklärung interessiert sind. Sie werden beobachten, ob sich jemand Zeit nimmt, ängstlich reagiert oder signalisiert, dass ihm die Angelegenheit lästig ist. Sie werden prüfen, ob Kindern geglaubt wird oder ob sie eher belächelt oder gar blamiert werden.

In einer Institution, wo die Zusammenarbeit nicht nur von Routine, formalen Diskussionen und den Klagen über Sparzwänge bestimmt wird, wo Akzeptanz, Respekt und Klarheit die Leitlinien der Arbeit sind, haben Kinder wie Erwachsene am ehesten die Chance, in Sicherheit miteinander zu leben.

Literatur

Spoden, Christian (1996). Vorwort zur Fachtagung „Pädophilie, Verrat am Kind", Berlin Dokumentation"Sozialpädagogische Fortbildungsstätte, Haus am Ruppenhorn 14055 Berlin 1977

Wyre, Ray. Vortrag „Missbrauch in Institutionen", Fachtagung s.o.

Ulrike Moeller

Das Arbeitsfeld offene, koedukative Arbeit mit Kindern und Jugendlichen – und die Prävention von sexualisierter Gewalt

Das Thema sexualisierte Gewalt in der offenen Arbeit

Im Arbeitsfeld offene Arbeit gibt es unterschiedliche Berührungspunkte mit dem Thema sexualisierte Gewalt.[1]

— In der Regel gilt durch die Enttabuisierung des Themas in den letzten Jahren die erste Aufmerksamkeit dem sogenannten sexuellen Missbrauch. Das bedeutet, dass Besucherinnen und, in geringerem Maße, auch Besucher der Einrichtungen sexualisierter Gewalt durch Erwachsene (in der Regel Männer) in ihrer Familie oder ihrem sozialen Umfeld ausgesetzt sein könnten.

— Daneben wirkt sich die Angst vor Verschleppung und Vergewaltigung durch fremde Täter, die den Kindern oder auch jugendlichen Mädchen auflauern könnten, auf die Situation von vielen BesucherInnen aus, auch wenn in der Realität diese Gefahr sehr gering ist: Sie führt zum Teil zu Einschränkungen von Kindern oder jugendlichen Mädchen in ihren Möglichkeiten, die Einrichtungen der offenen Arbeit aufzusuchen. Zum Beispiel, indem der Einbruch von Dunkelheit als Begrenzung der Ausgehzeit angesetzt wird oder die Teilnahme am Programm nach Einbruch der Dunkelheit von Begleitung auf dem Heimweg abhängig gemacht wird. Neben dem Faktor Tageszeit wird der Faktor Dunkelheit für BesucherInnen auch in Hinblick auf die Lage der Einrichtung wichtig: liegt sie abgelegen, schlecht beleuchtet, von Büschen umgeben? In der Regel sind in jeder Einrichtung BesucherInnen, die von solchen Auswirkungen betroffen sind. Trotzdem wird relativ selten das Thema „sexualisierte Gewalt" als **deshalb** in der Einrichtung aktuell präsent wahrgenommen, auch wenn natürlich niemand die Dunkelheit selbst fürchtet, sondern nur das, was an potenziellen Gefahren mit der Dunkelheit verbunden wird ...

— Eine weitere Thematisierung von sexualisierter Gewalt ist diejenige, die am direktesten im pädagogischen Verantwortungsbereich der offenen Arbeit liegt und dementsprechend hier einen Schwerpunkt bilden wird: die sexualisierte Gewalt, die Besucherinnen und Besucher eventuell im direkten Zusammenhang mit der offenen Arbeit erfahren. Das fängt an bei verbalen Grenzverletzungen und endet bei leichten oder im Einzelfall sogar schweren körperlichen Übergriffen durch andere BesucherInnen oder aber MitarbeiterInnen in den Kinder- und Jugendtreffs oder durch Personen in deren Umfeld.

---

[1] Zur Definition des Begriffes „sexualisierte Gewalt", wie ich ihn hier benutze, vgl. Moeller – in diesem Buch

Welche Formen der Prävention stehen im Zusammenhang mit offener Arbeit zur Verfügung?

Das Arbeitsfeld der offenen, koedukativen Arbeit bietet nach meiner Einschätzung einen Rahmen zur präventiven Arbeit mit Mädchen und Jungen als potenziellen Opfern sowie zur Prävention der Entwicklung von TäterInnenverhalten.[2]

Dabei sehe ich drei verschiedene mögliche Handlungsebenen, die sich teilweise überschneiden und im Idealfall gegenseitig ergänzen.

Zum einen ist da die **Ebene der direkten thematischen Auseinandersetzung** mit präventiver Zielsetzung im Rahmen von Bildungs- oder Kulturangeboten. Damit meine ich das Anbieten von Selbstverteidigungs- und Selbstbehauptungskursen oder das Durchführen von thematischen Gruppenabenden oder Wochenendseminaren, in denen das Thema zielgruppengerecht angesprochen wird und mit den Mädchen und Jungen Möglichkeiten, sich vor sexualisierter Gewalt zu schützen, erarbeitet werden. Im Bereich von Kulturarbeit gibt es die Möglichkeit, Theaterstücke, die speziell mit dieser Zielsetzung entstanden sind, zur Aufführung zu bringen oder in einem Jugendtheater anzuschauen.

Dies sind nur einige der Möglichkeiten, wie mit spezifischen Angeboten in der offenen Kinder- und Jugendarbeit präventiv gearbeitet werden kann. Die meisten dieser Angebote werden sinnvollerweise in Zusammenarbeit mit spezialisierten Fachkräften wie z.B. Selbstverteidigungstrainerinnen oder Jugendtheatergruppen als besondere Programmangebote durchgeführt werden. Da diese Methoden der Prävention nur insofern charakteristisch für offene Arbeit sind, als offene Arbeit immer auch eine Plattform für vielfältige Angebotsmöglichkeiten und unterschiedliche Programme ist, werde ich diese Möglichkeiten hier nicht weiter vertiefen.

Dann ist da die Ebene der institutionellen Prävention. Hat der Träger der Einrichtung der offenen Kinder- und Jugendarbeit geklärt, was zum Schutz der BesucherInnen getan werden kann und werden muss, wenn gegen eine(n) seiner MitarbeiterInnen der Verdacht von sexualisierten Übergriffen gegenüber Kindern oder Jugendlichen besteht? Dies scheint ein Bereich zu sein, der trotz der fortschreitenden Enttabuisierung der Thematik der sexualisierten Gewalt noch weitgehend ausgeblendet wird.[3] Auch wenn solche Vorkommnisse Einzelfälle sind, so ist erst einmal nicht vorherzusehen, wo denn der nächste Einzelfall auftauchen wird. Es hat sich gezeigt, dass beim Auftreten eines solchen Verdachtes in der Regel sehr komplizierte Situationen entstehen. So steht zum Beispiel die Fürsorgepflicht für eine(n) erst einmal nur verdächtigte(n) MitarbeiterIn gegen die Fürsorgepflicht gegenüber den anvertrauten Kindern und Jugendlichen. Außerdem besteht ein besonders großer Öffentlichkeitsdruck, denn mit der Aufdeckung eines solchen Falles begibt sich eine Einrichtung in ein großes Dilemma: zwar beweist die

---

[2] Dabei handelt es sich um den zweiten und den fünften Ansatz von Prävention nach Härtl (Härtl 1998. vgl. Moeller – in diesem Buch)

[3] Dass allerdings auch hier das Bewusstsein für die Bedeutung dieses Themas über einen kleinen Kreis von interessierten und spezialisierten Fachleuten hinauszuwachsen scheint, zeigt zum Beispiel die Einsetzung einer Arbeitsgruppe zu diesem Thema durch den Bayerischen Jugendring im Jahr 2000.

Einrichtung ihre Kompetenz, die Interessen der Kinder und Jugendlichen zu schützen, macht aber gleichzeitig öffentlich, dass in dieser Einrichtung diese Interessen verletzt wurden.

Wenn in einem Verdachtsfall erst einmal die komplizierten Dimensionen einer solchen Situation ausgelotet werden müssen, um kompetent handeln zu können, ist mit einer aus der Unklarheit resultierenden Verschleppung der Situation zu rechnen, die zu Lasten der von der sexualisierten Gewalt betroffenen Mädchen oder Jungen ginge. Wenn dagegen die Prävention sexualisierter Gewalt z.B. im Rahmen von fach- und dienstaufsichtlicher Aufgabenverteilung geklärt ist, kann von einer doppelt präventiven Wirkung ausgegangen werden: zum einen ist eine schnelle Klärung im Interesse der Opfer möglich, zum anderen kann davon ausgegangen werden, dass ein Arbeitsplatz in einem sensibilisierten Umfeld mit geklärten Kontroll- und Sanktionsinstrumenten für TäterInnen eine abschreckende Wirkung hat.

Da diese institutionelle Präventionsebene die offene Arbeit zwar betrifft, aber nicht spezieller als alle anderen Bereiche, in denen mit Kindern und Jugendlichen gearbeitet wird, möchte ich auch auf diesen Bereich an dieser Stelle nicht weiter eingehen.

Als dritte Ebene sehe ich die Ebene der atmosphärischen und konzeptionellen Ausgestaltung der pädagogischen Alltagsarbeit. Auf dieser Ebene sehe ich zwei Ansatzpunkte für die Prävention von sexualisierter Gewalt: Das ist zum einen eine grundsätzlich geschlechtsspezifisch reflektierte Arbeit mit dem Ziel, Geschlechterhierarchie abzubauen. Zum anderen ist das ein konsequentes, sensibilisierendes und vorbildhaftes Umgehen mit sexuellen Belästigungen und sexualisierten Grenzverletzungen im pädagogischen Alltag – was im Arbeitsfeld der offenen Arbeit gar nicht so einfach ist, wie es im ersten Augenblick klingen mag.

Doch zuerst zur präventiven Bedeutung von geschlechtsspezifisch reflektierter und differenzierter Arbeit. Sexualisierte Gewalt ist eng verknüpft mit geschlechtshierarchischen Strukturen (Schaffrin 1993, S. 123). Dementsprechend ist eine Arbeit, die die Geschlechterhierarchie abzubauen hilft darauf angelegt, den gesellschaftlichen Strukturen, die sexualisierte Gewalt ermöglichen, den Boden zu entziehen.[4] Dieser Zusammenhang macht die Notwendigkeit von geschlechtsspezifisch reflektierter Arbeit als Querschnittsaufgabe der offenen Kinder- und Jugendarbeit deutlich, die sich nicht in einigen gut reflektierten mädchen- bzw. jungenspezifischen Angeboten erschöpfen kann, sondern sich durch den gesamten Arbeitsbereich ziehen muss und entsprechend auch zu einer geschlechtsspezifisch qualifizierten Ausgestaltung der koedukativen Angebote führen muss. Dabei bezieht sich eine geschlechtsspezifisch reflektierte offene Kinder- und Jugendarbeit, die zum Abbau von Geschlechterhierarchie beiträgt, sowohl auf potenzielle Opfer als auch auf potenzielle Täter, da sie mithilft, der potenziellen Täter-/Opferstruktur zwischen den Geschlechtern in einer patriarchalen Gesellschaft entgegenzuwirken.

---

4 Alberto Godenzi sieht die „Aufhebung der geschlechtlichen Diskriminierung „als die „Präventionsmaßnahme schlechthin" (Godenzi 1993, S. 328ff).

Prävention durch einen offensiven und sensibilisierten Umgang mit sexualisierter Gewalt in der offenen Kinder- und Jugendarbeit[5]

Es scheint eine banale Angelegenheit zu sein, dass Prävention von sexualisierter Gewalt in der offenen Arbeit dadurch geschieht, dass die Besucher und Besucherinnen vor sexualisierter Gewalt im Einflussbereich der Einrichtung von den PädagogInnen geschützt werden.

Eine solche Prävention hat eine doppelte Funktion: Zum einen verhindert sie genau diese sexualisierte Gewalt, die sonst eventuell ausgeübt würde. Zum anderen macht ein solches Verhalten sichtbar, dass das, was da verhindert wird, sexualisierte Gewalt ist, dass die nicht tolerierbar ist, dass sie also verhindert werden muss und die, die sie ausüben, mit Sanktionen rechnen müssen. Das sind alles Bewertungen, die keineswegs in allen Bereichen unserer Gesellschaft selbstverständlich sind und somit für die betroffenen Kinder und Jugendlichen ein wichtiges Signal darstellen. Dabei ist es gleichgültig, ob sie als Opfer oder TäterIn davon betroffen sind. Darüber hinaus hat ein in diesem Sinne eindeutiges Verhalten der PädagogInnen auch noch die Auswirkung, dass sie für Kinder oder Jugendliche, die von sexualisierter Gewalt ausserhalb der Einrichtung betroffen sind, als AnsprechpartnerInnen und potenzielle Verbündete sichtbar werden.

Insofern ist die Aufgabe der Prävention für die PädagogInnen in der offenen Arbeit klar. Die Tücke liegt, wie so oft, in den Details der Praxis und der Komplexität der Umstände:

— Die Unsicherheit, die seit der zunehmenden Diskussion der Thematik in der Gesellschaft zum Teil festzustellen wird, betrifft nicht nur die Kinder und Jugendlichen, sie macht auch vor PädagogInnen nicht halt: Wo fängt sexualisierte Gewalt an? Finde ich Unterstützung, wenn ich diese Gewalt als solche benenne oder mache ich mich damit angreifbar? Wie verwehre ich mich am sinnvollsten bzw. angemessensten gegen unterschiedliche Formen sexualisierter Gewalt, wie schütze ich BesucherInnen am besten?

— Die Freizeitstätten haben grundsätzlich alle Kinder und/oder Jugendlichen als AdressatInnen. Verhaltensweisen, die von manchen Kindern oder Jugendlichen (meist Mädchen) als belästigend empfunden werden, sind für andere Kinder oder Jugendliche (oft Jungen) nicht hinterfragter bzw. selbstverständlicher Teil von Alltags- oder Jugendkultur. Mit diesen Kindern und Jugendlichen, anknüpfend an **ihre** Situation und Lebenswelt, zu arbeiten, ist ebenfalls pädagogischer Auftrag. Und da offene Arbeit darauf angewiesen ist, sich so zu präsentieren, dass die Kinder und Jugendlichen gerne kommen, entsteht der widersprüchliche Auftrag, so zu arbeiten, dass einerseits eine Atmosphäre

---

[5] Den in diesem Abschnitt vorgestellten Einschätzungen und Beispielen liegen teils sinngemäß und teils wörtlich die Ergebnisse der Diskussionen von den Pädagoginnen im Arbeitskreis „Offene Arbeit mit Mädchen und jungen Frauen" im Kreisjugendring München-Stadt zugrunde, die dort unter dem Thema „Sexuelle Belästigung als pädagogische Herausforderung in der Arbeit in den Kinder- und Jugendtreffs des KJR" über mehrere Monate im Zeitraum 1996/97 geführt wurden (vgl. gleichnamiges Ergebnispapier)

geboten wird, die Schutz vor Gewalt bietet und das auch ausstrahlt und die andererseits nicht zu stark reglementiert wirkt oder mit der Alltagskultur der BesucherInnen nicht in Einklang zu bringen ist.

Dieses Spannungsfeld, in dem Prävention in der offenen Kinder- und Jugendarbeit stattfindet, ist wohl nicht aufzulösen. Die folgenden Aussagen und Beispiele sollen zeigen, wie innerhalb dieses Spannungsfeldes die Anforderungen von Prävention positioniert sind. Denn so schwierig es auch manchmal ist, den Interessen der Zielgruppen zu entsprechen und „kundInnenorientiert" zu arbeiten, um die Zielgruppe überhaupt zu erreichen und anzusprechen, so muss doch Folgendes klar sein: Wenn im Konfliktfall die Interessen der Präventionszielsetzung zugunsten der Interessen einer BesucherInnenzielgruppe vernachlässigt werden, so heißt das, dass sexualisierte Gewalt (mindestens potenziell) geduldet wird, und das ist nach meiner Einschätzung **in keinem Fall** mit dem Auftrag der Kinder- und Jugendhilfe in Einklang zu bringen.

Teamverantwortung bei der Prävention

Die Verhinderung von sexualisierter Gewalt ist keine Sonderaufgabe für SpezialistInnen in den Teams, sondern Aufgabe jeder Mitarbeiterin und jedes Mitarbeiters. Daraus folgt, dass sich das *ganze* Team über für alle verbindliche, **konkrete** Handlungsgrundsätze verständigen muss. **Jedes einzelne Teammitglied** trägt die Mitverantwortung für eine Atmosphäre in der Einrichtung, in der MitarbeiterInnen und BesucherInnen sich sicher bzw. im Falle eines Übergriffs unterstützt und in der Folge geschützt fühlen können. Die Teamverantwortung, tätig zu werden, damit übergriffige Situationen eben nicht stillschweigend auf dem Rücken der Betroffenen (in der Regel Mädchen) ausgetragen werden, ist nicht zu umgehen.

Nicht zu handeln bedeutet in diesem Sinne die Duldung und Unterstützung einer von Belästigung geprägten Atmosphäre.

Sexualisierte Gewalt beginnt nicht erst bei massiven, z.B. körperlichen, Übergriffen

Nur eine Atmosphäre, in der die Entschiedenheit sichtbar ist, sexualisierte Gewalt in all ihren Variationen nicht zu dulden, bietet den BesucherInnen wie den Beschäftigten einen Rahmen, der zur Prävention beiträgt bzw. Betroffenen die Sicherheit vermittelt, eine **wirksame** Unterstützung zu bekommen.

Frauen- bzw. mädchenfeindlicher oder als sexuelle Belästigung empfundener Sprachgebrauch gehört für viele Kinder und Jugendliche zum Teil zu ihrer alltäglichen Lebenswelt und ist deshalb für sie Alltagskultur.

Beispiel: Beleidigende Formulierungen, die sexuelle Belästigungen sind, werden von PädagogInnen als solche wahrgenommen und thematisiert, aber die betroffenen Kinder oder Jugendlichen sagen, sie fühlen sich nicht belästigt oder beleidigt (Das sagen doch alle! – Das macht mir aber gar nichts aus! – So reden wir halt miteinander!)

Wenn ein gewalttätiger und abwertender Umgangston als Norm akzeptiert wird, haben die Einzelnen, die belästigt werden, kaum eine Chance, sich zu wehren. Wer mit dem Ton nicht klar kommt, bleibt eher weg oder muss sich davon distanzieren, eine Belästigung als solche empfunden zu haben, um nicht weiter Angriffsfläche durch das Infragestellen der herrschenden Normen zu bieten. Diese Distanzierung gilt zumindest in der Öffentlichkeit, oft wird in einem vertraulichen Gespräch mit einer/m einzelnen MitarbeiterIn dann ganz anders über die jeweilige Situation geredet.

Auch kann das Akzeptieren oder Hinnehmen eines belästigenden Umgangstones auf die nicht direkt betroffenen Kinder und Jugendlichen genauso gewalttätig wirken – sie sind dadurch betroffen, dass ihnen durch die Akzeptanz des Verhaltens vermittelt wird, dass dieses Verhalten okay ist und auch sie selbst so behandelt werden könnten.

Darüber hinaus wird durch eine Duldung der wohl häufigsten Belästigungssituationen, nämlich denen, in denen Mädchen (Frauen) von Jungen (Männern) belästigt werden, geradezu Raum zur Verfügung gestellt für das Einüben der – in unserer Gesellschaft nach wie vor aktuellen – Geschlechterhierarchie. In diesem Fall handelt es sich um das Einüben einer männlichen Täterrolle bzw. einer weiblichen Opferrolle, also um die Bestätigung von männlichem Dominanzverhalten und der (mehr oder weniger subtilen) Erfahrung von weiblicher Zweitrangigkeit. Dies steht im Gegensatz zum pädagogischen Auftrag.

Es ist deshalb wichtig, dass durch die MitarbeiterInnen **klar und konsequent** die Grenzen (wo sexualisierte Gewalt anfängt und dass sie nicht geduldet wird) thematisiert werden, damit darin gerade auch betroffene Kinder und Jugendliche einen Schutzrahmen finden, ihre Betroffenheit zu benennen. Zum einen ist es sinnvoll, dass für die Einrichtung eine verbindliche Definition von sexualisierter Gewalt oder sexueller Belästigung vorliegt, auf die Bezug genommen wird, und die auch den BesucherInnen jederzeit zugänglich ist – zum Beispiel, indem sie neben den Hausregeln ausgehängt wird. Zum anderen kann diese Wirkung unterstützt werden, indem mit Plakaten oder ähnlichen Mitteln auf die Nicht-Duldung von sexualisierter Gewalt an zentralen Stellen hingewiesen wird. So entsteht auch ein Lernfeld, in dem die Kinder und Jugendlichen zur Auseinandersetzung angeregt und herausgefordert werden, und in dem sie eventuelle „Selbstverständlichkeiten" ihres alltäglichen Umgangs miteinander bzw. der Werte und Normen, die ihnen in ihrem Lebensumfeld begegnen, in Frage stellen und überprüfen können.

Die Tatsache, dass gelegentlich ein herabwürdigender Umgangston von (manchen) BesucherInnen als „Jugendkultur" und damit geradezu als identitätsstiftend empfunden wird, entspricht der eingangs beschriebenen Problematik der Lebenswelt mancher BesucherInnen. Dies kann aber trotz der Notwendigkeit des zielgruppengerechten Arbeitens kein Argument für die Duldung dieser Kultur sein – genau so wenig wie die Tatsache, dass z.B. rassistische oder körperlich gewalttätige oder anderweitig kriminelle Verhaltensweisen in manchen Cliquen Alltagskultur darstellen, zu einer Duldung dieser Verhaltensweisen in der offenen Arbeit führt.

Schaffung einer Sicherheit vermittelnden Atmosphäre

Grundlage der Präventionsebene der atmosphärischen Ausgestaltung der pädagogischen Alltagsarbeit ist eben die Atmosphäre in der Einrichtung. Um herauszufinden, ob die BesucherInnen sich in der Einrichtung vor sexualisierter Gewalt geschützt oder von ihr bedroht fühlen, muss man nicht abwarten, bis etwas passiert. Stattdessen sollte in regelmäßigen Abständen, auch ohne Vorkommnisse, die Atmosphäre in der Einrichtung in Hinblick auf das Thema sexualisierte Gewalt reflektiert werden.

Unterstützt werden kann diese Reflexion durch eine Aktion, in der in Einzelgesprächen und/oder in einer geschützten Atmosphäre (z.B. Gruppenarbeit), ohne direkten Anlass, abgefragt bzw. zusammengetragen wird, ob sich die BesucherInnen vor Belästigungen sicher fühlen bzw. wodurch sie sich gegebenenfalls belästigt fühlen und wie sie sich einen besseren Schutz vorstellen könnten. Eine solche Aktion ist geeignet, die Atmosphäre bzw. das Sicherheitsempfinden aus der Sicht der BesucherInnen zu erfassen, die BesucherInnen zur Reflektion dieser Thematik anzuregen (wer einzeln gefragt wird, formuliert eher einen eigenen Standpunkt ...) und die Sensibilität zu diesem Thema zu erhöhen.

Sollte bei einer solchen Befragung herauskommen, dass BesucherInnen sich nicht sicher fühlen, wird das strukturell sichtbar, die einzelnen sind von der Last des „aufdeckenden Einzelfalls" befreit. Gleichzeitig schafft es eine Grundlage, mit den BesucherInnen ins Gespräch zu kommen und ihre Verantwortung für die Gesamtatmosphäre zu wecken. Denn durch diese vorbeugende Einschätzung der Situation in der Einrichtung wird nicht ein allgemeines „moralisches Problem" an sie herangetragen, sondern sie werden zu einer konkrete Situation in ihrer Einrichtung befragt; und es werden dadurch nicht „Täter" gesucht, sondern es sollen „Opfer" – und natürlich auch „Täter"! – vermieden werden. Dieser feine Unterschied erleichtert manchmal Einsicht oder Verhaltensänderungen. Denn gerade Jugendliche stehen besonders unter Gruppendruck und Loyalitätszwängen. Wenn die Auseinandersetzung mit dem Thema sexualisierte Gewalt erst von einem konkreten Vorfall ausgelöst wird, ist das Risiko, dass die öffentliche Meinungsbildung in der Einrichtung stärker von Gruppendynamik als von sachbezogenen Einschätzungen und Wünschen der BesucherInnen geprägt ist, relativ hoch, und oft besteht eine Hemmschwelle, das Verhalten von jemandem, der/die sich gerade mit Gewalttätigkeit und „Coolness" profiliert hat, öffentlich zu kritisieren ...

Beispiel: Es kommt immer wieder vor, dass von Belästigung betroffene BesucherInnen sich einzelnen MitarbeiterInnen anvertrauen, aber sie aus Angst mit Schweigepflicht belegen, z.T. auch gegenüber dem restlichen Team. Es kann dann nicht auf die konkrete Situation reagiert werden, ohne die betroffene Person noch größerem Druck auszusetzen bzw. das Vertrauensverhältnis zu zerstören.

Solche Situationen sind ein Signal, dass die Atmosphäre in der Einrichtung möglicherweise[6] nicht die nötige Sicherheit vermittelt, und zeigt damit Handlungs- bzw.

---

[6] Möglicherweise, weil der Grund für die Angst der/des Betroffenen auch **nicht** in der Situation in der Einrichtung, sondern aus den Erfahrungen aus dem übrigen Lebensumfeld begründet sein kann. Dies muss aber erst überprüft werden (z.B. durch eine Befragungsaktion wie oben beschrieben).

Reflexionsbedarf an. Für die in das „Geheimnis" eingeweihte Mitarbeiterin bzw. den Mitarbeiter besteht die Möglichkeit, das Team zu informieren, dass sie/er von einem Vorfall Kenntnis bekommen hat, ohne Einzelheiten und Personen zu benennen.

Daraufhin muss das Team überlegen, wie es einen **besseren** Schutz für die BesucherInnen gewährleisten kann und/oder wie es die Entschiedenheit im Vorgehen gegen sexuelle Belästigung verbessern oder auch transparenter machen kann, (um dadurch das Vertrauen der Betroffenen zu erhöhen, dass sie **wirksame** Unterstützung erhalten, sich gegen Belästigung zu wehren).

Zur Rolle der PädagogInnen als Vorbilder

Eingangs habe ich bereits festgestellt, dass PädagogInnen in der offenen Arbeit auch an Meinungsbildungs- und Diskussionsprozessen teilhaben, die in der gesellschaftlichen Diskussion der letzten Jahre stattfinden. Wer ein Profi in der offenen Arbeit ist, muss deswegen noch lange kein(e) SpezialistIn in der Prävention sexueller Gewalt sein. Andererseits ist es Teil des professionellen Verhaltens in der offenen Arbeit, sexualisierte Gewalt wirksam zu verhindern.

Deshalb ist wichtig, sich klar zu machen, dass es **nicht** darum geht, eine moralische Verurteilung von sexualisierter Gewalt herauszukehren. Im Gegenteil, eine zu starke „moralische" Haltung gegen sexuelle Belästigung kann notwendige Lernprozesse verhindern. Wenn das Vorkommen von sexueller Belästigung in einer Einrichtung als Angriff auf die moralische Integrität der PädagogInnen bzw. auf ihre pädagogische Kompetenz interpretiert wird, dann ist kein Raum für notwendiges Dazulernen mehr vorhanden. Eine solche Haltung fördert eher das „Wegsehen" als das „Hinschauen". Auch PädagogInnen leben, wie bereits gesagt, in unserem gesellschaftlichen Umfeld, in dem die notwendige Sensibilität für die Thematik bzw. für Strukturen, die sexuelle Belästigung ermöglichen und decken, bei weitem noch nicht erreicht ist. Diese Aussage ist aber nicht als „Entschuldigung" für Nicht-Handeln zu verstehen, sondern als Bekräftigung der Aussage, dass hier Entwicklungs- und Handlungsbedarf besteht.

Aus dem Gesagten folgt, dass PädagogInnen natürlich als Vorbild in der Entschiedenheit bei der Verhinderung von sexualisierter Gewalt sichtbar sein sollen. Aber sie brauchen sich dabei nicht als die schon immer in jeder Situation perfekten Grenzen-RespektiererInnen präsentieren, sondern sollten sich vor allem in ihrer persönlichen Lernfähigkeit und -bereitschaft in der Auseinandersetzung mit dem Thema zeigen. Dann vermitteln sie den BesucherInnen, dass wachsende Sensibilisierung und damit verbundene Einstellungs- oder Verhaltensänderungen keinen Gesichtsverlust bedeuten.

Sanktionen[7]

Offene Arbeit ist keine „Insel der Seligen". Selbst wenn die pädagogische Arbeit in einer Einrichtung die optimale Prävention bietet, die in diesem Rahmen zu leisten ist, wird es gelegentlich vorkommen, dass leichtere oder schwere Übergriffe und sexualisierte Grenzverletzungen vorkommen. In diesem Fall besteht die pädagogische Verantwortung darin, dass das Team mit der Reaktion auf diesen Übergriff allen Beteiligten ein Signal für die Zukunft gibt, welches entweder die Sicherheit von potenziellen Opfern stärkt oder die von potenziellen TäterInnen. Es scheint nicht sinnvoll, für die in der Regel komplexen pädagogischen Situationen, in denen Übergriffe und sexualisierte Grenzverletzungen auftreten können, einen auch nur beispielhaft normierten „Sanktionskatalog" zu entwerfen. Stattdessen sollen Ziele verdeutlichen, nach welchen Kriterien man Sanktionen auf ihre Eignung und ihren präventiven Charakter überprüfen kann. Dementsprechend ist eine Sanktion auf eine Belästigung oder einen Übergriff angemessen, wenn sie

— die Entschiedenheit der „Nicht-Duldung" dieses Verhaltens deutlich macht,

— die angegriffene Würde der/des von sexualisierter Gewalt Betroffenen in der beteiligten Öffentlichkeit wiederherstellt,

— die Verantwortung der Person, von der die Belästigung ausging, deutlich macht,

— dazu geeignet ist, dafür zu sorgen, dass die belästigte Person und andere vor erneuten Belästigungen geschützt sind.

Dadurch, dass die Ziele der Sanktionen benannt sind, ist auch der implizite Auftrag zur „Zielkontrolle" gegeben: Ein Team, das aufgrund von Übergriffen zur Wahl von angemessenen Sanktionen gezwungen war, muss auch überprüfen, ob die gewählten Sanktionen wirklich wirksam waren. Am besten wird gleich mit dem Beschluss der Sanktionen der Zeitpunkt der Zielerreichungskontrolle festgelegt. Bei der Überprüfung der Wirksamkeit der erfolgten Sanktionen können dann, falls die beabsichtigte Wirkung noch nicht erfolgt ist, weitere Maßnahmen überlegt werden. Ein solches differenziertes Verfahren hat im Interesse von Prävention den Vorteil, dass es nicht so leicht Gefahr läuft, sich mit der „Bestrafung" eines Täters/einer Täterin im moralischen Sinn zufrieden zu geben, sondern stattdessen das Augenmerk wesentlich darauf gerichtet ist, die Gewalt abzustellen und in Zukunft zu vermeiden.

Auch die Konsequenzen, die für die gewalttätige Person aus ihrem Handeln entstehen, gründen auf diesem pädagogischen Ziel. Sich das immer wieder klar zu machen ist vor allem deshalb wichtig, weil in der Regel sowohl Opfer als auch TäterIn zur Zielgruppe der offenen Arbeit gehören und auch das zur Verantwortung ziehen des Täters/der Täterin eine pädagogische Intervention ist – nicht nur mit dem Ziel der Vermeidung von Opfern, sondern auch mit dem Ziel der Prävention der Entwicklung von TäterInnenverhalten.

---

[7] Mit „Sanktionen" sind im Folgenden nicht zwangsläufig „Strafen" gemeint. Gemeint ist vielmehr die **ganze** Palette eindeutiger Reaktionen, die eine belästigende Person nicht im Unklaren darüber lassen, dass ihr belästigendes Verhalten unerwünscht ist und nicht geduldet wird.

Der Zielgruppenkonflikt

In der offenen Arbeit entstehen, wie bereits skizziert, gelegentlich Situationen, in denen es unvereinbar erscheint, gleichzeitig den beiden Aufträgen gerecht zu werden, einerseits eine bestimmte Zielgruppe zu erreichen und andererseits eine Sicherheit vermittelnde, präventive Atmosphäre im Haus aufrecht zu erhalten.

In der Regel ist die Situation dadurch geprägt, dass eine BesucherInnenclique aus überwiegend männlichen, „schwierigen" Kindern oder Jugendlichen besteht, deren Auftreten und Cliquenkultur von gewalttätigem Verhalten geprägt ist, die die anderen BesucherInnen einschüchtern und vertreiben, und/oder die trotz der Einschüchterung deren Bewunderung für das „coole" Auftreten hervorrufen. Bei konsequenteren Maßnahmen zur Vermeidung von sexuellen und/oder sexistischen Belästigungen fühlt sich diese Clique mit ihrer Gruppenkultur abgelehnt, sie bleibt dann weg und es kann nicht mehr mit ihr gearbeitet werden, obwohl doch „gerade sie es nötig hätten". Oder die Gruppe reagiert aggressiv und die Übergriffe nehmen zu.

Da diese Besucher auch zur Zielgruppe der Einrichtung gehören, gleichzeitig aber im Rahmen der Aufsichtspflicht die Vermeidung von sexualisierten Übergriffen verpflichtend ist und der Auftrag zur Arbeit mit Mädchen besteht, steht das Team vor einer schwer aufzulösenden Situation. Im günstigen Fall kann sich hier eine vorher erfolgte Auseinandersetzung und Identifikation der StammbesucherInnen mit der Notwendigkeit, im Interesse aller BesucherInnen Grenzverletzungen zu verhindern, positiv auswirken. Und zwar in der Form, dass das aggressive Verhalten der schwierigen Clique keine Dominanz im Haus erhält und als „uncool" auf breiter Basis kritisiert wird. Dies kann zwar auch zu einer Ablösung der schwierigen Clique führen, aber eine solche Auseinandersetzung über Normen **zwischen den Kindern und Jugendlichen** erhöht die Chance auf Verhaltensänderung und Integration. Die Tatsache, dass ein solch günstiger Verlauf relativ selten stattfindet, ist allerdings keineswegs grundsätzlich ein Zeichen von mangelnder Präventionsarbeit durch das Team, sondern liegt meistens an den eben offenen Strukturen in der offenen Arbeit: es ist selten, dass das Auftauchen einer aggressiven und dominanten Clique in der Einrichtung auf eine BesucherInnenzusammensetzung trifft, die in sich zur Zeit so gut organisiert ist, um dieser aggressiven Dominanz genug entgegensetzen zu können.

Für die zum Handeln geforderten PädagogInnen besteht eine Lösungsmöglichkeit in einer zumindest zeitweisen **Entscheidung** für die Priorität einer Zielgruppe, aber unter Benennung der Konsequenzen für die jeweils andere. Meist bedeutet die Vermeidung dieser Entscheidung gekoppelt mit dem Versuch, in einer solch zugespitzten Situation beide Gruppen im Haus zu halten, dass der Dominanz und dem übergriffigen Verhalten der aggressiven Clique Raum geboten wird und dass das stillschweigende Abwandern der von der sexualisierten Gewalt Betroffenen, in der Regel Mädchen, hingenommen wird. So sollte **entweder** die Entscheidung gefällt werden für die Weiterarbeit mit der in der Regel männlich dominierten, „schwierigen" Clique, die im Haus ist. Das hat die Notwendigkeit zur Folge, dass im Stadtteil, in der Fachbasis, im Heimbeirat etc. offengelegt werden muss, dass die Situation für Mädchen und nicht aggressiv auftretende Jungen zur Zeit äußerst belastend ist, und beinhaltet die Verantwortung, andere Lösungen für diese Gruppen im Stadtteil zu organisieren. Oder es wird die Entscheidung gefällt, konsequent die Atmosphäre für Mädchen und nicht gewalttätige Jungen im Haus relativ „belästigungssicher" zu gestalten. Diese Entscheidung ist mit dem Risiko eines Besucherrückgangs und vielleicht auch einer Zielgruppenveränderung verbunden. Auch hier müssten wieder die Gründe und Bedingungen der Entscheidung öffentlich gemacht werden und andere Lösungen, in dem Fall für die aggressive Clique, im Stadtteil gesucht und gefunden werden. Grundsätzlich empfiehlt sich in einer solchen Situation für ein Team, Unterstützung durch Fachberatung und auf den zuständigen Ebenen (Leitungs- und Trägerebene) einzuholen, damit dieser Konflikt als struktureller sichtbar wird und nicht allein auf den Schultern des betroffenen Teams und der betroffenen BesucherInnen lasten bleibt. Die Veröffentlichung der Problematik und der gefällten Entscheidung ist aber auch wichtig in Hinblick darauf, dass überprüft werden kann, ob die getroffenen Entscheidungen im Stadtteil nicht zu einer Benachteiligung von bestimmten Gruppen führen. So darf es im Sinne des Abbaus von Geschlechterhierarchie nicht passieren, dass die Entscheidungen in der Regel zu Gunsten der lauteren und auffälligen männlichen Problemgruppen gefällt werden und die Angebote für Mädchen nicht die Hälfte der Ressourcen der Kinder- und Jugendarbeit im Einzugsgebiet ausmachen.

Einige Überlegungen zur präventiven Arbeit im koedukativen Rahmen

Offene Arbeit findet in der Regel grundsätzlich in einem koedukativen Umfeld statt. Das hat eine Menge Auswirkungen auf die Möglichkeiten und Schwierigkeiten von Prävention, die in dem Ausgeführten schon angeklungen sind. Trotzdem möchte ich hier zum Abschluss noch einmal zwei Aspekte herausarbeiten.

1. Koedukation wird im Hinblick auf Geschlechterhierarchie oft ausschließlich problematisch wahrgenommen und dargestellt – als die Arbeitsform, in der Kinder- und Jugendarbeit den Rahmen bietet, in dem Mädchen Zweitrangigkeit erfahren und Täter-/Opferstrukturen zwischen Jungen und Mädchen aktualisiert und eingeübt werden.

   Das ist nach meiner Einschätzung leider viel zu oft auch richtig. Aber wenn das so ist, dann ist Koedukation auch die Arbeitsform, in der ein nicht hierarchischer, partnerschaftlicher Umgang von Jungen und Mädchen erlebt und geübt werden kann, in der damit ein wichtiger Beitrag zur Prävention erfolgen kann. Deshalb halte ich es auch im Interesse der Prävention von sexualisierter Gewalt für dringend erforderlich, dass die Reflexion von koedukativer Praxis mit dem Ziel der Weiterentwicklung von Konzepten geschlechtsspezifisch qualifizierter Koedukation vorangetrieben wird. Nur so kann Koedukation ihre wichtige Rolle neben der Mädchen- und der Jungenarbeit einnehmen bei der Aufgabe, Geschlechterhierarchie abzubauen.

2. Im koedukativen Umfeld kann man zur Vereinfachung der Komplexität des Themas leicht in Versuchung geraten, im Hinblick auf sexualisierte Gewalt und deren Prävention, die Kinder- und Jugendlichen einfach in potenzielle Opfer (Mädchen) und potenzielle Täter (Jungen) einzuteilen. Das ist aber in

mehrfacher Hinsicht problematisch. Zum einen, weil es die Gefahr birgt, Fälle von sexualisierter Gewalt einfach nicht wahrzunehmen, wenn Jungen die Opfer sind oder Mädchen die Täterinnen. Und das wäre, selbst wenn es statistisch noch so selten wäre, als bewusste Vernachlässigung eines in der Häufigkeit nachrangigen Phänomens unverantwortbar. Sexualisierte Gewalt bleibt zu verhindernde Gewalt, deren Opfer Schutz und Hilfe brauchen, und wer sie ausübt, muss zur Verantwortung gezogen werden – unabhängig vom Geschlecht der Beteiligten. Zum anderen ist eine solche Haltung problematisch, weil sie durch diese Rollenzuweisung die Geschlechterhierarchie festschreibt, anstatt sie abzubauen, und damit der Zielrichtung von Prävention entgegenläuft.[8] Die Situation ist um so komplizierter, als der größte Teil der sexualisierten Übergriffe, mit denen offene Arbeit konfrontiert wird, entsprechend der Realität in der gesamten Gesellschaft natürlich ein direkter Ausdruck der immer noch existierenden Geschlechterhierarchie mit der Struktur weibliches Opfer und männlicher Täter *ist*. Und die Aufdeckung und das Sichtbar-Machen dieser Struktur gehört zu den präventiven Aufgaben der PädagogInnen im Rahmen ihrer geschlechtsspezifisch reflektierten Arbeit. Auch das aus diesem Widerspruch resultierende Spannungsverhältnis lässt sich nicht konzeptionell auflösen. Ein professioneller Umgang damit besteht nach meiner Einschätzung darin, diese Gleichzeitigkeit wahrzunehmen und reflektierend und prozessorientiert in dem Spannungsfeld zu arbeiten, anstatt den einen oder anderen dieser Pole auszublenden.

Literatur

Arbeitskreis „Offene Arbeit mit Mädchen und jungen Frauen" des Kreisjugendrings München-Stadt (1997). Das Thema sexuelle Belästigung als pädagogische Herausforderung in der Arbeit in den Kinder- und Jugendtreffs des KJR (Ergebnisse der inhaltlichen Diskussion im AK in Abstimmung mit dem AK formuliert von U. Moeller). München[*]

Arbeitskreis „Offene Arbeit mit Mädchen und jungen Frauen" des Kreisjugendrings München-Stadt (2000). Mädchen und Gewalt als Thema in den Freizeitstätten – unter dem Aspekt (körperliche) Gewalttätigkeit von Mädchen (Ergebnisse des AK in Abstimmung mit dem AK formuliert von U. Moeller). München[*]

Braun, Gisela (1998). Der Alltag ist sexueller Gewalt zuträglich – Prävention als Antwort auf alltägliche Gefährdungen von Mädchen und Jungen. In: Heusohn, Lothar/Klemm, Ulrich (Hg.). Sexuelle Gewalt gegen Kinder. Ulm

Godenzi, Alberto (1993). Gewalt im sozialen Nahraum. Basel

---

[8] Vgl. zu dem gesamten Punkt 2. AK „Offene Arbeit mit Mädchen und jungen Frauen" im KJR München-Stadt, 2000

[*] Die Ergebnispapiere des AK im Kreisjugendring sind bei Einsendung eines ausreichend frankierten und adressierten Rückumschlages zu erhalten beim KJR München-Stadt, Mädchenbeauftragte, Mädchen- und Jungentreff Oberföhring, Muspillistr. 27, 81925 München

Härtl, Sibylle (1998). Schule und Prävention – ein Widerspruch? – Ansatzpunkte und Ziele präventiver Arbeit. In: Heusohn, Lothar/Klemm, Ulrich (Hg.). Sexuelle Gewalt gegen Kinder. Ulm

Heusohn, Lothar/Klemm, Ulrich (Hg.) (1998). Sexuelle Gewalt gegen Kinder. Ulm

Schaffrin, Irmgard (1993). Ein Mädchen sagt nein ... und dann? – Selbstbestimmung, Sexualität und sexuelle Gewalt. In: Lappe, Konrad (Hg.). Prävention von sexuellem Mißbrauch: Handbuch für die pädagogische Praxis. Ruhnmark

Nivedita Prasad

„Präventionsmodelle für Migrantinnen und Schwarze Mädchen"

Bisherige Präventionsmodelle zu sexuellem Missbrauch unterschieden nicht zwischen deutschen und migrierten Mädchen. Es entsteht der Eindruck, als würde die ethnische Herkunft bei Themen wie sexuellem Missbrauch keine vordergründige Rolle spielen. Für diesen Artikel habe ich einiges zu Prävention gelesen und bin noch immer sehr verwundert darüber, dass sich dort fast gar nichts zu Migrantinnen oder Schwarzen Mädchen findet. Bereits 1993 stellte zwar Dirk Bange (vgl. Bange 1993, S. 30) fest, dass es keinerlei Materialien für ausländische Kinder gibt, aber diese Anregung hat weder er selbst, noch jemand anderes bislang ernsthaft aufgegriffen.

Darüber hinaus gibt es derzeit (Stand 2001) im deutschsprachigen Raum zwei Texte, beide verfasst von Strohhalm e.V. in Berlin. Diese Texte bieten meines Erachtens keine Lösungen an; vielmehr vermitteln sie den Eindruck, als wäre Prävention mit migrierten Kindern ein hoffnungsloses und zum Scheitern verurteiltes Unterfangen. Zwar betonen die Autorinnen immer wieder, dass sie nicht pauschal urteilen wollen und sich durchaus über die Diversität unter MigrantInnen bewusst sind, aber in ihren Texten zu interkulturellen Herausforderungen an die Präventionsarbeit (vgl. Strohhalm 2000 und 2001) entsteht der Eindruck, als seien alle Eltern mit Migrationshintergrund ein absolutes Problem bzw. ein Hindernis in der Präventionsarbeit. Der erste Text besteht lediglich aus Klagen über die Arbeit mit Eltern mit Migrationshintergrund und beinhaltet keinerlei Reflexion darüber, warum sich diese Arbeit für die Mitarbeiterinnen von Strohhalm als so schwierig erweist. Er ist eine Aufzählung von Problemen mit Einzelnen, die auf alle MigrantInnen übertragen und somit ethnisiert wird:

> „**Eine** arabische Mutter beteuert, dass die Kinder in der Großfamilie geschützt seien, weil dort Fremde auf sie keinen Zugriff haben, und dass **in** der Familie nichts passieren kann, weil man nie alleine ist. Die starke Tabuisierung des Themas wird auch deutlich, wenn **eine** türkische Mutter, die sonst die Elternabende freundlicherweise für andere türkische Eltern dolmetscht, beim STROHHALM-Elternabend ihre Dienste verweigert. **Eine** andere türkische Mutter macht die sexuelle Freizügigkeit des Westens für sexuellen Missbrauch verantwortlich und lehnt aus diesem Grunde jegliche Sexualerziehung – ein unverzichtbarer Bestandteil unseres Präventionskonzepts – durch die Schule ab." (Strohhalm 2000, Hervorhebungen durch N. Prasad)

Eine Herangehensweise, die das Verhalten Einzelner auf alle MigrantInnen überträgt, um diese Gruppe zusätzlich zu stigmatisieren, ist meines Erachtens eher kontraproduktiv und trägt keineswegs dazu bei, einen konstruktiven Umgang mit Menschen mit Migrationshintergrund in der Präventionsarbeit zu finden.

Dass Eltern in solchen Situationen nicht nur kooperativ sind, müsste eine Erfahrung sein, die Mitarbeiterinnen von Strohhalm auch mit weißen deutschen Eltern gemacht haben dürften. Vieles von dem was sie beschreiben, ist zugegebenermaßen ein Problem der Elternarbeit – allerdings der Arbeit mit Eltern jeglicher Herkunft. Sie schreiben selbst, dass sie solche Schwierigkeiten auch mit deutschen Eltern haben (vgl. Strohhalm 2001). Aber im Umgang mit migrierten Eltern werden diese Probleme ethniziert. Es entsteht der Eindruck, als würden diese Eltern die Prävention verhindern, weil sie MigrantInnen sind und nicht etwa weil sie Eltern sind, die Angst davor haben, sexuelle Gewalt zu thematisieren.

Auch wird, um das Verhalten migrierter Eltern zu erklären, ständig der Koran zitiert. Es entsteht der Eindruck, als sei jeder Migrant arabisch oder türkischer Herkunft ein gläubiger Moslem, der seine Erziehungs- und Alltagsvorstellungen direkt aus dem Koran ableitet. Ich frage mich, ob die Strohhalmmitarbeiterinnen jemals darauf kommen würden die Bibel zu zitieren, wenn deutsche Eltern sich als präventionshindernd präsentieren.

Aber all diese Kritikpunkte sind nicht neu, denn auch diese Vorgehensweisen und der Versuch, jegliches Fehlverhalten von MigrantInnen zu ethnisieren, sind nicht neu. Sie sind hinreichend bekannt aus der sog. Ausländerpädagogik der 70er und 80er Jahre. Aber seit mindestens 15 Jahren äußern sich MigrantInnen kritisch hierzu und vieles von unserer Kritik ist angenommen worden. Ich bedaure es sehr, dass diese Auseinandersetzung bei dem Verfassen dieser Texte nicht berücksichtigt worden ist.

Außer dem Text von Strohhalm ist der einzige Hinweis darauf, dass dieser Bereich auch Migrantinnen betreffen könnte, der des „Schwarzen Mannes", vor dem fälschlicherweise alle Angst haben. Und damit sind wir bereits mitten im Problem. Denn, so scheint es, migrierte oder Schwarze Menschen existieren hier – zwar als Stereotyp – aber dennoch lediglich auf Täterseite. Ein Hinweis auf MigrantInnen als Opfer sexueller Gewalt fehlt in der Fachliteratur bislang fast völlig.[1] Dass dies keineswegs damit zu tun hat, dass migrierte Kinder sexuelle Gewalt nicht erleben, belegen die Erfahrungen und Praxisberichte der meisten Mädchenzufluchtsstätten.

Viele Präventionsprojekte sind an der Schule angesiedelt; es wundert mich sehr, dass die ebenfalls schulpflichtigen, migrierten, afro-deutschen und binationalen Kinder nicht wahrgenommen oder zumindest nicht erwähnt werden. Für einige Schulklassen – beispielsweise in Berlin – bedeutet dies, dass lediglich eine Minderheit der Kinder überhaupt wahrgenommen wird. Selbst das rassistische Stereotyp, wonach Missbrauch in migrierten Familien häufiger vorkommen soll als in deutschen Familien, müsste doch PädagogInnen dazu verleiten, spezielle Programme für die Opfer zu entwickeln, aber auch dies blieb bislang aus.

Das Einzige was festzustehen scheint ist, dass natürlich auch MigrantInnen sexuelle Gewalt erleben, dass es aber bislang keine Präventionsmodelle gibt, die ihrer Realität gerecht werden.

---

[1] Die einzige mir bekannte Ausnahme: Frauke Homann 1993

Wie sieht konventionelle Prävention aus? Von welchen Grundgedanken geht sie aus?

Ich beziehe mich im Folgenden auf Aussagen von Dirk Bange (vgl. Bange 1993) und Ursula Enders (vgl. Enders 1993), weil sie gewissermaßen zu den „Klassikern" aus diesem Bereich zählen. In Anlehnung an ihre Thesen stelle ich zunächst einige Postulate zusammen, die meiner Ansicht nach die wichtigsten Grundgedanken der Prävention wiedergeben:

1. Mädchen und Jungen mit einem hohen Selbstwertgefühl können eher nein sagen, daher muss eine Lebenswelt geschaffen werden, in der ihr Selbstbewusstsein wachsen kann.
2. Ein Kind wird nichts über sexuelle Übergriffe erzählen können, wenn es in einer Umgebung aufwächst, in der Sexualität kein Thema ist.
3. Kinder brauchen von klein auf Identifikationsfiguren für ein anderes Mädchen- und Jungen-/Frauen- und Männerbild.
4. Blinder Gehorsam, unbedingte Höflichkeit und geschlechtsspezifisches Rollenverhalten sind Risikofaktoren.
5. Mädchen und Jungen aus Familien mit rigiden Sexualnormen sind in besonderem Maß gefährdet, Opfer sexueller Gewalt zu werden.
6. Körperliche Nähe zu den Kindern im pflegerischen Bereich fehlt den meisten Männern, d.h. sie lernen u.U. nicht, körperliche Nähe zu einem Kind herzustellen, ohne diese zu sexualisieren.
7. Soziale Isolation der Familie bringt mangelnde Kontrolle durch Außenstehende mit sich, was es den Tätern innerhalb der Familie erleichtert, nicht erwischt zu werden (vgl. Bange, ebd.).

Sind diese Postulate auf MigrantInnen übertragbar?

Da Präventionsarbeit zum einen als Arbeit mit den Kindern und Jugendlichen selbst gesehen wird und zum anderen als Arbeit mit den Eltern verstanden wird, werde ich versuchen beide Gruppen zu berücksichtigen.

Dass Kinder mit einem **hohen Selbstwertgefühl** eher nein sagen können, ist einleuchtend. Daher muss ein Teil von Präventionsarbeit mit Kindern und Jugendlichen darauf abzielen, ihr Selbstbewusstsein zu stärken. Dies bedeutet für Migrantinnen und Schwarze Mädchen, dass nicht nur ihre Diskriminierungen auf Grund ihres Geschlechts, sondern auch auf Grund ihres ethnischen Hintergrundes thematisiert werden müssen. Zweifelsfrei sind sexistische Erlebnisse für Mädchen sehr verunsichernd und sie können dazu beitragen, ihr Selbstwertgefühl zu schwächen. Dasselbe gilt aber auch für rassistische Erlebnisse, die in hohem Maße zur Schwächung des Selbstbewusstseins beitragen können. Eine Stärkung des Selbstwertgefühls für MigrantInnen oder Schwarze Deutsche kann nur erfolgreich sein, wenn die alltägliche Konfrontation mit Rassismus thematisiert wird. Diese Thematisierung kann meiner Ansicht nach nicht in einer Gruppe stattfinden, in der auch VertreterInnen der Dominanzkultur sind. In Schulklassen beispielsweise, sollten Mädchen und Jungen, die von Rassismus betroffen sind, die Möglichkeit bekommen, ungestört und unter sich dieses Thema zu bearbeiten. Angeleitet werden sollten diese Gruppen von Frauen oder Männern, die sich bereits ausführlich mit Rassismus beschäftigt haben oder besser noch selbst MigrantInnen sind.

Dass ein Kind nur dann über sexuelle Übergriffe spricht, wenn es in einem Klima lebt, wo **Sexualität thematisiert** wird und werden darf, ist zunächst schwierig nachvollziehbar, vor allen Dingen dann, wenn wir davon ausgehen, dass es bei sexueller Gewalt eher um Machtausübung als um das Ausleben von Sexualität geht. Wenn wir aber davon ausgehen, dass in der allgemeinen Wahrnehmung sexuelle Gewalt und Sexualität immer miteinander verknüpft werden, erscheint es sinnvoll, in der Schule und im Elternhaus ein Klima zu ermöglichen, in dem Sexualität offen thematisiert werden kann.

Viele migrierte Eltern haben die Sorge, dass die Thematisierung von Sexualität in der Schule ihren Kindern einen eurozentristischen Blick auf das Thema vermittelt. Ihnen ist es wichtig, dass auch ihre Normen und Wertvorstellungen hier eingebettet werden. Auch haben sie die Erfahrung gemacht, dass ihre Normen häufig als rückständig, patriarchal etc. gelten, was sie wiederum als diskriminierend empfinden. Daher erscheint es mir hier sehr sinnvoll, wenn diese Aufgabe eine Migrantin oder ein Migrant übernimmt. Dies hätte zudem den Vorteil, dass die Präsenz einer Migrantin oder eines Migranten es den Eltern unmöglich macht, das Schweigen über Sexualität als kulturelle Eigenart zu definieren.

Dass Kinder – unabhängig vom Präventionsgedanken – neue **Identifikationsfiguren** brauchen, die ein anderes Frauen- und Männerbild transportieren, ist sicherlich eine sehr gültige Aussage. Es bedeutet hier aber, dass den Mädchen und Jungen Identifikationsmöglichkeiten geboten werden müssen, die nicht nur weiße deutsche sind. Die eigentliche Herausforderung besteht hier meiner Ansicht nach darin, sowohl Menschen zu nehmen, die im Alltag oder in der Phantasie der Kinder und Jugendlichen eine große Rolle einnehmen, als auch tatsächliche Berühmtheiten. Dies bedeutet aber, dass die Pädagogin, die dies thematisiert, hier ein fundiertes Wissen haben muss. Erst wenn sie beispielsweise türkische Musikerinnen, afrodeutsche Dichterinnen etc. kennt, kann ihre Kompetenz in diesem Bereich angenommen werde. Es ist meiner Ansicht nach nicht von Bedeutung, dass die Pädagogin notwendigerweise von jedem Land, aus dem MigrantInnen stammen, etwas wissen muss; es geht vielmehr darum, durch das Interesse für positive Identifikationsfiguren, die nicht VertreterInnen der Dominanzkultur sind, die Wertschätzung des Anderen zu symbolisieren.

Blinder Gehorsam, unbedingte Höflichkeit und geschlechtsspezifisches Rollenverhalten sind Verhaltensmuster die stereotyperweise MigrantInnen zugesprochen werden. Auch die Strohhalmmitarbeiterinnen gehen in ihrem Text hierauf ein. Sie schreiben:

> „Auf ähnliches Unverständnis stoßen wir manchmal, wenn wir die unbegrenzte Autorität Erwachsener problematisieren und auf die Bedeutung des demokratischen Erziehungsstils hinweisen. Oft gelingt es uns nicht zu vermitteln, wie wichtig diese Erziehungshaltung ist, um Kindern die Chance zu geben, bei sexuellen Übergriffen Nein zu sagen ... Auf noch weniger Verständnis treffen

wir mit unserer Kritik an der traditionellen Mädchen- und Jungenerziehung. Dass sie als Risikofaktor für sexuellen Missbrauch von uns bezeichnet wird, ruft häufig offene Ablehnung hervor, ist doch für viele türkische und arabische Eltern die traditionelle Geschlechtererziehung der Kernbereich von Erziehung." (Strohhalm 2000)

Strohhalm spricht aus, was viele denken. Allerdings erstaunt mich schon sehr, mit welcher Direktheit hier beispielsweise davon ausgegangen wird, dass migrierten Eltern ein demokratischer Erziehungsstil fremd sei – beinahe so, als sei dies bei deutschen Eltern selbstverständlich anders. Unabhängig vom Wahrheitsgehalt dieser Aussagen, sind sich viele MigrantInnen dieser Zuschreibung aber bewusst. Sobald also die Verknüpfung zwischen einem Verhalten, das MigrantInnen zugeschrieben wird, mit einem Verhalten, das sexuelle Übergriffe begünstigt, hergestellt wird, kommen wir in eine sehr schwierige Situation, vor allen Dingen dann, wenn eine deutsche Person MigrantInnen dies zu erklären versucht.

Ich denke, der einzig gangbare Weg hier ist, dies im Vorfeld zu thematisieren, indem beispielsweise ein Gespräch über Klischees zum Erziehungsstil angeregt wird.

Dasselbe gilt für den meiner Meinung nach berechtigten Ansatz, wonach Kinder aus Familien mit **rigiden Sexualnormen** in besonderem Maße gefährdet sind, Opfer sexueller Gewalt zu werden. Erschwerend kommt hinzu, dass einige MigrantInnen diese Verhaltensweisen legitimieren als Abgrenzung zu der Dominanzgesellschaft. Es ist sicherlich vorteilhaft hierbei im Auge zu haben, dass viele MigrantInnen in der Migration, als Folge von tagtäglich erlebter rassistischer Diskriminierung beginnen, sich traditionell zu orientieren. Ein Gespräch hierüber, geleitet von einer Pädagogin mit Migrationshintergrund, die Beispiele freizügigen Umgangs mit Sexualität in der Türkei o.ä. einbringt, kann ein interessantes Gespräch anregen – und möglicherweise einige Eltern zum Nachdenken ermuntern. Wir müssen im Auge behalten, dass viele MigrantInnen ein veraltetes Bild aus ihrem Herkunftsland haben und häufig überrascht sind, wenn etwas an diesem Bild gerüttelt wird.

Um Eltern zu erklären, dass die Beteiligung des Vaters im **pflegerischen Bereich** auch ein Schritt sein kann, der die Wahrscheinlichkeit von sexuellen Übergriffen minimieren kann, muss ein grundsätzliches Gespräch über den Alltag der Familien stattfinden. Hierbei ist es sehr wichtig, migrationsrelevante Alltäglichkeiten zu berücksichtigen und mit ein zu beziehen, ebenso wie es wichtig ist, die Wertschätzung der selben zu signalisieren.

Soziale Isolation der Familie als ein Faktor, der sexuelle Übergriffe innerhalb der Familie begünstigt, wäre meiner Ansicht nach ein guter Anknüpfungspunkt für MigrantInnen. Denn Isolation innerhalb der Familien ist etwas, was MigrantInnen, zum Beispiel aus der Türkei, in Deutschland seltener erleben als die vergleichbare deutsche Gruppe. Rassismus und die Angst vor kultureller Isolation haben zur Folge, dass soziale Kontrolle in MigrantInnencommunities funktioniert. Ein guter Anknüpfungspunkt wäre zum Beispiel, mit Mädchen oder ihren Müttern zu thematisieren, welche positive aber auch negative Seite eine solche Kontrolle hat.

Material zur Präventionsarbeit

Neben der verbalen Thematisierung ist ein wichtiger Teil von Prävention die Herstellung und der Vertrieb von Puppen, Spielen und vor allen Dingen Büchern. Da Bücher das Medium sind, von dem es mittlerweile eine große Fülle gibt und über das am häufigsten reflektiert wird, werde ich meine Kritik bzw. meine Anregungen exemplarisch am Beispiel von Büchern äußern und verdeutlichen. Ich gehe davon aus, dass Ähnliches für Spielmaterial, insbesondere für Puppen, gilt.

Bei Präventionsbüchern gibt es fundierte Erfahrungen, die sich immer wieder auch als Verbesserungen in den Neuauflagen finden. Es wurde hier versucht, Kinder von alleinerziehenden Eltern, neben denen von arbeitslosen Eltern, neben denen von Akademiker-Eltern darzustellen, in der Hoffnung möglichst vielen Kindern eine Möglichkeit der Identifikation zu bieten. Ich finde diesen Anspruch grundsätzlich sehr gut und löblich, erstaunt bin ich allerdings darüber, dass bislang lediglich in zwei Büchern je ein migriertes Mädchen (Enders/Wolters 1996) und ein Schwarzes Mädchen (Mebes/Landrock 1991) erscheinen, aber darüber hinaus habe ich kein Buch gefunden, in dem ein dunkelhäutiges oder migriertes Kind oder Elternteil in einer Haupt- oder Nebenrolle erscheint. Wie soll sich eine Fadime oder eine Gülsen ständig mit Mädchen identifizieren, die Lisa, Sara oder Hanna heißen, die allesamt blond oder braunhaarig sind, deren Familien ebenfalls nur deutsch sprechen und Sonntags Schweinebraten essen. Die Fatalität dieser Abwesenheit für migrierte Kinder ist offensichtlich, aber mir erscheint diese reine weiße Darstellung auch sehr realitätsfremd für weiße deutsche Kinder. Ich kann mir nicht vorstellen, dass beispielsweise ein Berliner oder Münchener Kind seine Realität reflektiert sieht, in einer Umgebung, in der nur weiße deutsche Kinder leben.

Dasselbe gilt für Szenerien, in denen die Geschichten eingebettet sind. Es ist zwingend notwendig, dass migrationsspezifische Elemente wie die Mehrsprachigkeit, eine Reise in das Herkunftsland der Eltern oder aber das Umgehen mit Rassismus hier dargestellt werden. Auch die ZeichnerInnen dieser Bücher stehen vor einer Herausforderung, denn es geht darum, Szenerien darzustellen, in denen Kinder aus migrierten Familien sich wieder finden, ohne dass ihre Realität stereotyp dargestellt wird. Und spätestens hier stehen wir vor einem größeren Problem. Die ZeichnerIn kennt im besten Fall einige Migrantinnen, die sie vielleicht sogar als untypisch abtut; jedes andere Bild was sie hat, hat sie von den Massenmedien, was, wie wir wissen, sehr vorurteilsbehaftet ist. Und nur dieses Bild kann sie wieder geben – und das ist fatal und kontraproduktiv. Daher kommen wir hier nicht darum herum, Frauen zu beauftragen, die sich zum einen mit dem komplexen Thema sexueller Missbrauch beschäftigt haben, und zum anderen sich ausführlich mit ihren eigenen rassistischen Anteilen beschäftigt haben. Sie müssen gegebenenfalls zugeben, dass sie hier überfordert sind, und andere ans Werk lassen.

Dadurch, dass Präventionsbücher immer auch Bücher sind, in denen missbrauchte Jugendliche Identifikationsmöglichkeiten suchen, ist die Abwesenheit von migrierten Figuren doppelt fatal. Es verstärkt das Gefühl der Isolation für die Opfer. Sie bekommen den Eindruck, dass sie die einzigen MigrantInnen sind, denen so etwas passiert. Und gerade dies ist etwas, was sie häufig von den Missbrauchern gehört haben. Die Täter – aber auch große Teile der MigrantInnencommunities –

versuchen zu vermitteln, dass sexueller Missbrauch nur ein Übel der deutschen Gesellschaft sei. Das Fehlen von Identifikationsfiguren in diesen Büchern kann dieses Gefühl bei den Opfern verstärken.

Nonverbale Signale

Auch wenn sich aus den nonverbalen Signalen in der Regel nicht direkt auf sexuellen Missbrauch schließen lässt, macht es doch Sinn, die nicht-sprachlichen Botschaften der Mädchen verstehen zu lernen, weil sie Anlass und Anstoß sein können, ins Gespräch zu kommen und nachzufragen.

Während Vokabeln erlernbar sind, sind nonverbale Signale etwas, was sehr schwer, wenn überhaupt kognitiv erlernbar ist. Daher können Menschen, die sich durchaus gut auf deutsch verbal ausdrücken können, hierzu nicht mehr in der Lage sein, sobald sie sich nonverbal äußern. Wie sollen aber Frauen mit einer westeuropäischen Sozialisation die nonverbalen Signale eines Mädchens erkennen, die in einer türkischen, indischen oder arabischen Familie sozialisiert worden ist?

Ein Gespräch über interkulturelle Missverständnisse auf Grund der Schwierigkeit nonverbale Signale zu übertragen, kann beispielsweise in einer Unterrichtseinheit sehr informativ aber auch auflockernd und amüsant sein. Gerüstet mit Beispielen aus der Gruppe könnten die Beraterinnen dann das Gespräch zum eigentlichen Thema bringen.

Wer kann Präventionsarbeit mit MigrantInnen machen?

Bevor ich zur Präventionsarbeit komme, möchte ich erst einmal von einem Vorfall erzählen, der nichts mit dem Thema sexueller Missbrauch zu tun hat, aber sehr deutlich macht, wer was machen kann. Ich war während des Studiums in einem Verein für Migrantinnen Schwimmlehrerin. Als ich in Urlaub fahren wollte und eine Vertreterin für mich gesucht wurde, teilten die Frauen mir mit, das es ihnen letztendlich egal sei, wer mich vertritt, solange es sich dabei um eine ebenfalls migrierte Frau handelt. Begründet wurde dies damit, dass sie keine Lust hätten, sich immer wieder von Deutschen sagen zu lassen, was sie machen sollen bzw. sie wollen sich nichts mehr von Deutschen beibringen lassen. Bei den Schülerinnen handelte es sich ausschließlich um türkische und arabische Frauen; da ich kein Wort arabisch oder türkisch spreche, kann es also nicht um die so häufig zitierten Sprachschwierigkeiten gegangen sein. Es ging hier meiner Meinung nach um die verbindende gemeinsame Erfahrung der Migration, auch wenn keine von ihnen das so formuliert hat.

Übertragen auf das Feld der Prävention gewinnt dieses Beispiel an großer Bedeutung. Denn im Vergleich ist das bloße Erlernen des Schwimmens beinahe banal, wenn es darum geht, zumindest theoretisch den Gedanken zuzulassen, dass Missbrauch im eigenen Umfeld stattfinden könnte (vgl. Enders 1993), dass möglicherweise der eigene Ehemann, Bruder, Sohn, Vater etc. die eigene Tochter missbrauchen könnte. Diesen Gedanken erstmalig zuzulassen ist schwierig genug, ihn aber gleichzeitig von einer weißen deutschen Frau anzunehmen, macht die Situation noch schwieriger. Fast automatisch muss sich die migrierte Frau gegen diesen Gedanken wehren. Denn ihn anzunehmen hieße, vor einer weißen deutschen Frau – die immerhin Vertreterin der Dominanzkultur ist – zuzugeben, dass auch MigrantInnen sexuelle Gewalt ausüben. Und dass solche Aussagen häufig zur Legitimation von rassistischen Gedanken genommen werden, ist eine häufige Erfahrung von MigrantInnen. Eben aus dieser Angst heraus, ziehen es manche Migrantinnen vor, erlebte sexuelle Gewalt nicht öffentlich zu machen bzw. ihr Schweigen darüber fortzusetzen.

Diese These enthält verständlicherweise viel Konfliktpotenzial in Teams und wird häufig von Seiten der deutschen Pädagoginnen nicht gern gehört, denn schließlich müssen sie sich eingestehen, dass ihre Präsenz möglicherweise zum weiteren Schweigen über sexuelle Gewalt beiträgt. Eine tatsächlich sehr bittere Erkenntnis. Dennoch bin ich von ihrer Richtigkeit überzeugt. Dies belegt u.a. die englische Version des Buches „Trotz Allem" (vgl. Bass/Davis 1990). Hier finden sich im Anhang Interviews mit Frauen, die als Kinder sexuell missbraucht wurden. Unter anderem werden einige migrierte, afroamerikanische und indigene Frauen interviewt. Einige von ihnen äußern zu Beginn des Interviews ihr Unbehagen darüber, dass sie weißen Frauen ihre Geschichten erzählen, obwohl sie wissen, dass ihre Geschichte auch Rassismus schüren könnte. Aber auch andere englischsprachige Literatur untermauert diese These, so zum Beispiel eine der ersten Sammlungen von Erlebnisberichten von schwarzen Frauen, die sexuelle Gewalt erlebt haben. Hier berichten mehrere Frauen darüber, dass sie jahrelang über die erlebte Gewalt geschwiegen haben, einzig und allein, weil der Täter ebenfalls ein schwarzer Mann war. Keine von ihnen wollte durch ihre Geschichte Rassismus schüren (vgl. Pierce-Baker 1998).

Es gibt keinen Grund zur Annahme, dass dies in Deutschland anders sei. Der einzige Unterschied in Deutschland ist, dass es keine gesicherten Hinweise hierzu gibt. Daher denke ich, sollten wir dies berücksichtigen, wenn es darum geht zu entscheiden, wer Präventionsarbeit mit MigrantInnen künftig machen soll.

Was muss Prävention bei MigrantInnen zusätzlich vermitteln?

Neben den allgemeingültigen Postulaten muss in der Präventionsarbeit mit MigrantInnen sehr viel mehr geleistet werden. Es muss hier verdeutlicht werden, dass sexueller Missbrauch nichts mit Hautfarbe, Herkunft oder gar Kultur zu tun hat. Es muss unbedingt überzeugend dargestellt werden, dass sexueller Missbrauch in allen Ländern der Welt unter reichen und Armen etc. stattfinden kann.

Ebenso überzeugend muss vermittelt werden, dass die Angst Rassismus zu schüren, sehr ernst genommen wird, dass es beispielsweise kein Anliegen sei zu sehen, ob Missbrauch in MigrantInnen-Familien häufiger vorkommt oder nicht, sondern dass es darum geht, die Kinder vor möglicher Viktimisierung zu schützen. Es sollte auf gar keinen Fall der Eindruck entstehen, als würde die gesamte Kultur in Frage gestellt werden.

Viele MigrantInnen sind der Meinung, sexuelle Gewalt käme nur in der westlichen Welt vor. Auch wenn dies auf den ersten Blick absurd erscheint, so muss es ernst genommen werden, um beispielsweise bei einem Elternabend thematisiert zu werden, bevor es von den Eltern in den Raum gestellt wird, wie beispielsweise Strohhalm berichtet. Und dies kann nur eine Migrantin/ein Migrant thematisieren. Dass, diese absurde Vorstellung in der MigrantInnencommunity so oft wiederholt wird, ist zum einen sicherlich eine Reaktion auf rassistische Vorurteile, wonach der Eindruck entsteht, dass Missbrauch in Migrantenfamilien häufiger vorkommt. Zum anderen aber hat dies sehr viel damit zu tun, „dass das Bild der ‚unberührten' Heimat' bzw. Community in der Migration eine wichtige Identitätsstütze sein kann" (vgl. Prasad 1996). Bezogen auf sexuelle Gewalt bedeutet dies, dass sexueller Missbrauch zunächst nur als ein Übel der westlichen Welt erscheint.

Es muss vor allen Dingen bei Kindern explizit betont werden, dass der erlebte Missbrauch nicht identisch mit der Herkunftskultur ist. Gerade Kinder neigen zu dieser fatalen Verknüpfung, die zur Folge hat, dass sie verinnerlichen, ihnen wäre all dies nicht passiert, wenn sie Deutsche gewesen wären. Diese Sichtweise führt wiederum dazu, dass sie versuchen, alles was mit ihrer Herkunftskultur zu tun hat, zu verstecken oder gar zu leugnen. Junge Menschen, die rassistische Strukturen, die sich gegen sie richten, verinnerlicht haben, sind das Ergebnis. Sie sprechen über den Missbrauch und versuchen ihn für sich zu erklären, indem sie ihrer Herkunft die Schuld für das Erlebte geben. Sie sind sicher, all dies wäre ihnen nicht passiert, wenn sie Deutsche wären. Sie können dem Missbrauch nur begegnen, indem sie sich total von ihrer Herkunft abgrenzen, diese teilweise sogar leugnen. Sie haben Vorurteile der Dominanzgesellschaft verinnerlicht und richten sie gegen sich selbst.

Ziel gelungener Arbeit muss es sein, diese Art des Umgangs mit sexueller Gewalt bei Migrantinnen zu verhindern. Daher bietet es sich an, solches bereits in der Prävention zu thematisieren, um zu signalisieren, dass ein Bewusstsein über die unterschiedliche Art des Umgangs mit sexueller Gewalt herrscht.

Literatur

Bange, Dirk (1993) „Nein zu sexuellen Übergriffen – Ja zur selbstbestimmten Sexualität: Eine kritische Auseinandersetzung mit Präventionsansätzen". In: Bange u.a. Nein ist Nein. Neue Ansätze in der Präventionsarbeit. Köln

Bass, Ellen/Davis, Laura (1990). Trotz allem. Berlin

Enders, Ursula (1993). „Über Selbstvertrauen und Überlebenskraft. Ein Elternabend im Kindergarten und in der Schule". In: Bange u.a. Nein ist Nein. Neue Ansätze in der Präventionsarbeit. Köln

Enders, Ursula (1993a): „Schöne und blöde Gefühle – oder: Wie Schön und blöd entstand". In: Bange u.a. Nein ist Nein. Neue Ansätze in der Präventionsarbeit. Köln

Enders, Ursula (1993b): „Der siebte Sinn ist Eigensinn – oder: wie LiLoLe Eigensinn entstand" in: Bange u.a. Nein ist Nein. Neue Ansätze in der Präventionsarbeit. Köln

Enders, Ursula/Wolters, Dorothee (1996). Wir können was, was ihr nicht könnt! Weinheim

Homann, Frauke (1993). „Gewalt gegen Mädchen in der Schule – Erfahrungen mit geschlechtsspezifischer Arbeit". In: Senatsverwaltung für Arbeit und Frauen. Gewalt gegen Mädchen in Schulen. Berlin

Mebes, Marion/Landrock, Lydia (1991). Kein Küßchen auf Kommando. Berlin

Pierce-Baker, Charlotte (1998). Surviving the silence. New York/London

Prasad, Nivedita (1996). „Schwarze/migrierte Frauen und sexuelle Gewalt". In: Hentschel, Gitti (Hg.). Skandal und Alltag. Berlin

Strohalm e.V. „Interkulturelle Herausforderungen an die Präventionsarbeit". Mitteilungen September 2000 und Januar 2001. Downgeloaded: www.snafu.de/~strohhalm

Bärbel Mickler

Anforderungen an Präventionsarbeit für Mädchen mit Behinderung

Um parteiliche Präventionsarbeit gegen sexualisierte Gewalt für und mit Mädchen mit Behinderung leisten zu können ist es erforderlich, in Konzepten und sonstigen Überlegungen Aspekte der Sozialisation behinderter Mädchen sowie deren gesamte Lebenssituation zu berücksichtigen.

Daher soll im Folgenden die Sozialisation sowie sonstige Gewalt fördernde Strukturen, die das Leben vieler Mädchen mit Behinderung bestimmen, aufgezeigt werden. Auf dieser Grundlage werden Anforderungen an parteiliche Präventionsarbeit gegen sexualisierte Gewalt im Sinne eines selbstbestimmten Lebens für Mädchen mit Behinderung aufgezeigt. Hierbei wird deutlich, dass die Präventionsarbeit für Mädchen mit Behinderung sich nicht in den Grundzügen, aber doch im Detail und in der Umsetzung von der Präventionsarbeit mit nicht behinderten Mädchen unterscheidet.

Sozialisation und gesellschaftliche Voraussetzungen

Vom Mädchen mit Beeinträchtigung zur behinderten Frau

Die zunehmenden Möglichkeiten, eine Behinderung bereits vorgeburtlich zu diagnostizieren (pränatale Diagnostik), lassen Behinderungen in unserer Gesellschaft immer mehr als vermeidbares Übel erscheinen.

Vielen Frauen, die heute schwanger sind, wird suggeriert, dass sie eine Behinderung ihres Kindes ausschließen könnten, wenn sie „verantwortungsbewusst" alle möglichen Untersuchungen in Anspruch nähmen. Frauen, die heutzutage ein behindertes Kind zur Welt bringen, müssen sich daher immer häufiger fragen lassen, ob „das" denn nicht vermeidbar gewesen wäre. Es geht also faktisch darum, die Behinderung zu vermeiden, indem das behinderte Kind durch Abtreibung vermieden wird. Verhindert wird nicht die Behinderung, sondern das behinderte Kind. Für die Kinder, die mit einer Behinderung leben, und ihre Eltern bedeutet diese Denkweise, dass die Behinderung „als Leid der Familie" in den Vordergrund rückt (vgl. Jonas 1990). Das Kind wird nicht als vollständiger Mensch, sondern als „Sorgenkind" wahrgenommen. Die sonst übliche Freude über die Geburt eines Kindes wandelt sich in Trauer. Eltern suchen in ihrer Verzweiflung nach Heilungs- bzw. Therapiemöglichkeiten als „Schadensbegrenzung". Das heißt: Der Defekt des Kindes soll so weit wie möglich beseitigt werden, damit das Kind so gut wie möglich der Norm entspricht. Den Eltern fällt es schwer, die Behinderung nicht als Defizit, sondern als zum Kind gehörenden Teil zu akzeptieren. Sie entwickeln oft extreme Schuldgefühle gegenüber ihrem Kind, weil sie immer wieder mit der Frage konfrontiert werden, ob sie alles getan haben, um die Behinderung zu vermeiden oder sie zumindest weitest gehend einzuschränken. Zudem werden sie in der

Regel völlig unzureichend über ihre bzw. die Rechte ihres Kindes informiert. Zunehmend wird die Verantwortung von der Gesellschaft in den Privatbereich verlagert. So wird von Müttern behinderter Kinder wie selbstverständlich erwartet, dass sie ihre Interessen und Bedürfnisse zurückstellen, zum Beispiel eine Berufstätigkeit aufgeben und sich um alles kümmern, was ihr behindertes Kind an Unterstützung braucht. Die Eltern fühlen sich aufgrund dieser Umstände durch die Behinderung „belastet".

Dieses Gefühl der Überlastung und der Trauerprozess der Eltern wirken sich auf das Lebensgefühl der Kinder mit Behinderung aus. Auch wenn Jungen die gleichen Erfahrungen machen, neigen Mädchen wegen ihrer spezifischen Sozialisation eher zur Ausprägung von Schuldgefühlen. Somit ist das Leben vieler behinderter Mädchen von dem Gefühl geprägt, ihren Eltern Trauer zu bereiten und nicht ihren Wünschen und Vorstellungen zu entsprechen. Die Mädchen selbst erleben dadurch ihre Behinderung als ein „Defizit", das wegtherapiert oder beseitigt werden muss. Häufige Untersuchungen und Behandlungen sowie Krankenhausaufenthalte bestimmen die Kindheit (vgl. Zemp 1996). Der Aufbau eines positiven Körpergefühls wird so fast unmöglich.

Die Erfahrung der Mädchen, sich als defizitär zu erleben, hat häufig zur Folge, dass sie ihren Körper als wertlosen Gegenstand betrachten, der nicht zu ihrer Person gehört, also abgespalten ist. Auf diese Weise können sie leichter die Schmerzen durch die Therapien und Untersuchungen und die damit einhergehende Entfremdung aushalten, die ihrem Körper angetan werden. Natürlich ist es ihnen durch diese Faktoren kaum möglich, ein positives Selbstwertgefühl zu entwickeln.

Das durch diese Faktoren „behinderte" Selbstwertgefühl hat Auswirkungen auf den Umgang mit Sexualität und mit den eigenen sexuellen Gefühlen.

Ver-hinderte Sexualität

Die Tatsache, dass die Sexualität behinderter Mädchen oft unterdrückt wird, ist eine der wesentlichen Ursachen dafür, dass Mädchen mit Behinderung in besonderem Maße von sexualisierter Gewalt bedroht sind:

— Behinderte Mädchen werden häufig wie geschlechtsneutrale Menschen behandelt. Oft wird ihnen Sexualität gänzlich abgesprochen, folglich werden sie kaum aufgeklärt.

— Eine Partnerschaft mit einer behinderten Frau, in der Sexualität gelebt wird, ist für viele Menschen kaum vorstellbar. Die Möglichkeit der Mutterschaft wird ihnen erst recht abgesprochen.

— Insbesondere bei Mädchen mit geistiger Behinderung wird Sexualität häufig mystifiziert. So wird immer wieder geäußert, sie seien triebhaft oder distanzlos. Deshalb müssten sie eingesperrt oder „zu ihrer eigenen Sicherheit" sterilisiert werden. Andererseits werden ihnen jegliche Geschlechtlichkeit und sexuellen Bedürfnisse abgesprochen und damit das Recht auf eine Intimsphäre.

Sie gelten im Vergleich zu nicht behinderten Mädchen nicht als adäquate Partnerinnen. Dies kann dazu führen, dass sie sich bei sexualisierter Gewalt zunächst nicht ausschließlich als von Gewalt Betroffene, sondern auch als Sexualpartnerin bestätigt fühlen.

Strukturen in Institutionen für Menschen mit Behinderung – Strukturelle Gewalt

Behinderte Menschen, unabhängig davon, wann ihre Behinderung eintritt, machen ständig die Erfahrung, dass nicht behinderte „ExpertInnen" aufgrund ihrer Ausbildung angeblich besser wissen als sie selbst, was für sie gut und richtig ist und was nicht. Institutionen für behinderte Menschen (Schulen, Heime, Werkstätten) sind in einem hohen Maße von struktureller Gewalt geprägt:

— Die BewohnerInnen von Institutionen dürfen nicht entscheiden, wer sie weckt und ihnen bei der Intimpflege hilft; Essenszeiten sind vorgegeben; sie dürfen oft nicht entscheiden, mit wem sie das Zimmer teilen und wer es betritt; Freizeitaktivitäten müssen ständig abgesprochen werden und sind oft fremdbestimmt.

— Behinderte Menschen, die in einer Werkstatt für Behinderte arbeiten (wollen oder müssen), müssen in der Regel die Werkstatt besuchen, die ihrem Wohnort am nächsten liegt. Dies gilt insbesondere dann, wenn sie für den Arbeitsweg auf einen Fahrdienst angewiesen sind.

Die BewohnerInnen von Institutionen müssen sich also ständig den fremdbestimmten Gegebenheiten dieser Institutionen anpassen und sich arrangieren und sind oft gezwungen, eigene Interessen und Bedürfnisse in den Hintergrund zu stellen. Da sie diese Erfahrung jedoch schon sehr früh machen, meinen sie unbewusst, dass Grenzüberschreitungen in einem untrennbaren Zusammenhang mit ihrer Behinderung stehen (müssen). Sie erleben sexualisierte Gewalt oft „nur" als eine weitere Grenzüberschreitung, gegen die sie sich nicht wehren können. Wenn sie ein Bewusstsein dafür entwickeln, dass das, was ihnen angetan wird, nicht in Ordnung ist, ist es aufgrund fehlender Unterstützungsangebote sowie der Strukturen, in denen sie leben, für sie sehr schwierig, sich Hilfe zu holen. Dieser Aspekt soll hier jedoch nicht näher ausgeführt werden.

In den meisten Institutionen für Menschen mit Behinderung wird aufgrund der Strukturen sexualisierte Gewalt begünstigt. Hier gibt es meist weder Orte noch Freiräume für gelebte Sexualität als natürlicher und selbstverständlicher Bestandteil des Lebens.

Da das Leben in den Institutionen von Fremdbestimmung geprägt ist, ist es den Bewohnerinnen fast unmöglich, für den Bereich Sexualität ein Recht auf Selbstbestimmung zu erkennen und einzufordern.

Prävention

Prinzipien der Prävention

Es gibt einige Grundsätze, die u.a. für die Arbeit in Schulen entwickelt wurden (Vgl. Enders 2001). Diese können prinzipiell auf die Arbeit mit Mädchen mit Behinderung übertragen werden. Einige Aspekte haben wegen der im vorangegangenen Text ausführlich dargestellten, besonderen Lebenssituation von Mädchen mit Behinderung eine besondere Bedeutung.

Dein Körper gehört dir! Er ist liebens- und schützenswert! Niemand darf ihn gegen deinen Willen berühren oder anfassen!

Aus den vorangegangenen Ausführungen wird deutlich, dass das genannte Prinzip in der Arbeit mit Mädchen mit Behinderung eine besondere Herausforderung darstellt, da hier für die Mädchen ein Widerspruch zu ihren sonst gemachten Erfahrungen entsteht. Ihre Umwelt suggeriert den Mädchen, ihre Behinderung sei ein „Defekt" und ihr Körper deshalb nicht liebens- und schützenswert. Um also für Mädchen präventiv arbeiten zu können, muss an der gesellschaftlich verbreiteten, defektorientierten Sichtweise von Behinderung angesetzt werden.

Dafür ist es wichtig, die Bezugspersonen von Mädchen mit Behinderungen für die Lebenssituation, die von vielfältigen Diskriminierungen geprägt ist, zu sensibilisieren. Es bedarf der Aufklärung, dass für die Mädchen nicht ihre Behinderung, sondern die Strukturen der Gesellschaft die meisten Probleme verursachen.

Für sinnvolle Präventionsarbeit ist es daher notwendig, Bezugspersonen darin zu unterstützen, die umfassenden und vielfältigen Fähigkeiten und Stärken der Mädchen wahrzunehmen und zu fördern, statt die Mädchen auf ihre Behinderung und damit assoziierte Defizite zu reduzieren. Vor allem Eltern brauchen Unterstützung darin, ihre behinderten Töchter als Mädchen mit Stärken und Fähigkeiten zu erkennen.

Präventionsarbeit beinhaltet in diesem Zusammenhang auch, sich sehr kritisch mit dem gesellschaftlich verbreiteten Ideal eines vermeintlich perfekten Körpers auseinander zu setzen und diesem durch Öffentlichkeitsarbeit entsprechend entgegenzuwirken.

Hier sind z.B. die über Donna Vita erhältlichen Puppen mit verschiedenen Behinderungen (Puppe mit den sichtbaren Merkmalen des Down-Syndroms, Puppe mit Rollstuhl, Führhund, Blindenstock, Gehhilfe, Hörgerät) eine große Unterstützung.[1]

Die Arbeit mit den Puppen kann Mädchen darin unterstützen, ein positives Selbstwertgefühl zu entwickeln und ihren Körper als liebens- und schützenswert anzusehen.

Hilfreich für die Mädchen, jedoch auch für die Umwelt, sind z.B. Plakate oder Postkarten, die Mädchen oder Frauen mit Behinderung zeigen.[2] Auf einigen Karten und

---

[1] Donna Vita, pädagogisch- therapeutischer Fachhandel, www.donnavita.de

[2] Postkarten sind erhältlich bei: Monika Strahl, Beim Paulsklostr. 22, 28203 Bremen

Plakaten werden auf humorvolle Art auch diskriminierende Situationen aus dem Alltag behinderter Frauen thematisiert.[3] So wird ein Anlass geschaffen, Diskriminierung von Mädchen und Frauen mit Behinderung zum Thema zu machen.

In den letzten Jahren wurden immer mehr Fotoausstellungen und Filme zum Thema „Mädchen und Frauen mit Behinderung" produziert, die bundesweit ausgeliehen werden können.[4]

Diese Materialien sind für Öffentlichkeitsarbeit hilfreich und haben für die Mädchen mit Behinderung eine wichtige Vorbildfunktion.

Dem Prinzip, dass der eigene Körper liebens- und schützenswert ist und nicht gegen den Willen angefasst werden darf, muss vor allem dann besondere Aufmerksamkeit gewidmet werden, wenn ein Mädchen mit Behinderung auf Assistenz im körperpflegerischen Bereich angewiesen ist. Dieses Prinzip ernst zu nehmen bedeutet, dass assistenzabhängige Menschen in jedem Fall die Entscheidungskompetenz dafür übertragen bekommen müssen, wer ihnen assistiert. Davon sind wir leider noch weit entfernt.

Dieser Grundsatz bedeutet auch, Mädchen darin zu unterstützen, ein positives Körpergefühl zu entwickeln. Nur so können sie positive und liebevolle Gefühle zu ihrem Körper entwickeln.

Nein sagen ist erlaubt!

Wenn Angehörige oder MitarbeiterInnen in Institutionen Nein sagen fördern, bedeutet dies für sie, sich von dem für sie bequemen Ablauf des Alltags zu verabschieden. Es ist nicht machbar, im Bereich Sexualität das Nein sagen zu erlauben und zu fördern, wenn ansonsten gefordert ist, sich im Alltag mit allen Vorgaben zu arrangieren – also ständig „Ja" zu sagen.

Vertraue deinem Gefühl

Hierbei muss berücksichtigt werden, dass Mädchen mit Behinderung oft die Erfahrung gemacht haben, fremdbestimmt zu sein und ihrem Gefühl nicht folgen zu dürfen, wenn ihnen z.B. von Ärzten gesagt wurde: „Das tut zwar jetzt weh, aber du wirst später begreifen, dass es nur zu deinem Besten ist."

Mit mir kannst Du über sexualisierte Gewalt reden, ich weiß, dass es Menschen gibt, die davon betroffen sind. Für mich ist das Thema kein Tabu.

In vielen Einrichtungen für Menschen mit Behinderung sind wir von der Umsetzung dieses Prinzips aber noch weit entfernt. Denn: Viele MitarbeiterInnen fühlen sich selbst im Umgang mit dem Thema „Sexualität von Mädchen mit Behinderung" völlig hilflos. Es gibt kaum Aufklärungsmaterial, das für die Arbeit mit behinderten Mädchen gut nutzbar ist. Für viele Bezugspersonen der Mädchen bedeutet es eine

---

[3] Entsprechende Postkarten und Plakate sind erhältlich bei: EntARTungen, Buntentorsteinweg 463, 28201 Bremen.

[4] Auskunft über aktuelles Material erteilt das hessische Koordinationsbüro für behinderte Frauen, Kölnische Str. 99, 34119 Kassel.

große Herausforderung, mit den Mädchen über Themen wie Partnerschaft, gelebte Sexualität oder Kinderwunsch zu sprechen. Folglich fällt es ihnen schwer, den Mädchen ein offenes Gespräch über das Thema „Sexualität" anzubieten. Das Thema „Sexualisierte Gewalt" stellt für viele Bezugspersonen eine noch größere Herausforderung dar. Fragen oder Aspekte, die bei ihnen zu Unsicherheit führen, sind: Was mache ich, wenn ein Mädchen tatsächlich von sexualisierter Gewalt erzählt? Stimmt das, was sie da erzählt, auch wirklich? Was mache ich, wenn ich erfahre, dass die Gewalt von einem Bewohner oder gar von einem Kollegen aus-geübt wird? Muss ich sofort handeln? Für mich ist es ein Problem, in meinem Team über dieses Thema zu sprechen. Wie kann ich das Mädchen unterstützen? Wie kann ich sie schützen? Welche Hilfeangebote kann ich dem Mädchen aufzei-gen? Ich möchte zwar das Reden über das Thema eigentlich ermöglichen, fühle mich aber selbst total überfordert.

Diese genannten Faktoren erschweren es den Bezugspersonen erheblich, mit den Mädchen über sexualisierte Gewalt zu sprechen. Hier ist erfahrungsgemäß die Gefahr sehr groß, unbewusst und sicher auch ungewollt doppeldeutige Botschaf-ten auszusenden: „Du kannst mit mir über das Thema ‚Sexualisierte Gewalt' re-den. Aber wenn du so etwas erlebt hast, wird mich das total überfordern." Für die Mädchen, die diese doppelte Botschaft spüren, ist es deshalb sehr oft nicht mög-lich, sich mit diesem Thema an eine Bezugsperson aus der Einrichtung zu wenden. Sie können sich der Loyalität der Mitarbeiterin nicht sicher sein. Konsequenzen, die sich durch das Schildern eines solchen Erlebnisses ergeben, sind für sie nicht einschätzbar.

Um wirklich Gesprächsbereitschaft zu signalisieren, benötigen die Menschen, die mit Mädchen mit Behinderung zu tun haben, Unterstützung in Form von Fortbil-dung, Supervision, Austausch mit MitarbeiterInnen aus vergleichbaren Arbeitszu-sammenhängen oder anderen geschützten Rahmen. Diese Unterstützung würde es ihnen ermöglichen, sich mit ihren Unsicherheiten, Fragen, Ängsten oder sonsti-gen Gefühlen im Zusammenhang mit diesem Themenkomplex auseinander zu setzen. Hier bietet es sich an, die Ressourcen der bestehenden Anlaufstellen zum Themenkomplex „Sexualität/sexualisierte Gewalt" zu nutzen. Damit die bestehen-den Anlaufstellen qualifizierte Unterstützung für die Bezugspersonen sowie für betroffene Mädchen leisten können, müssen die MitarbeiterInnen dieser Bera-tungsstellen sich jedoch mit der generellen Lebenssituation von Mädchen und Frauen mit Behinderung auseinander setzen sowie umfassend über die Strukturen und Bedingungen der Institutionen für Menschen mit Behinderung, in denen viele Mädchen und Frauen leben, informiert werden.

In den Institutionen muss es außerdem klare und verbindliche Regeln dafür geben, was z.B. bei Gewalt innerhalb der Institution zu tun ist.

Nur, wenn die Auseinandersetzung mit den Themen „Sexualität" und „Sexualisier-te Gewalt" für die MitarbeiterInnen an Bedrohlichkeit verliert und es für sie ohne Ängste und Unsicherheiten möglich ist, über diese Themen zu sprechen, können sie eine wirkliche Gesprächsbereitschaft signalisieren. So würde der Sprachlosig-keit vieler von Gewalt betroffener Mädchen etwas entgegengesetzt.

Es ist nötig zu thematisieren, dass es einen Unterschied zwischen guten und schlechten Geheimnissen gibt. „Geheimnisse, die schön sind, kannst du natürlich für dich behalten. Über Geheimnisse, die dir z.B. Bauchschmerzen machen, solltest du mit einer Person deiner Wahl sprechen."

Hierbei muss berücksichtigt werden, dass Mädchen mit Behinderung noch leichter zu verunsichern sind als nicht behinderte Mädchen. Ihnen wird oft gesagt: „Du musst froh und dankbar sein, dass ich trotz deiner Behinderung so etwas Schönes mit dir mache. Das ist jetzt unser Geheimnis."

Es ist wichtig, den Unterschied zwischen angenehmen und unangenehmen Berührungen zu thematisieren.

Mädchen mit Behinderung werden sehr häufig im Zusammenhang mit Hilfeleistungen berührt. Für diese Hilfeleistungen wird von ihnen Dankbarkeit erwartet. Darüber hinaus sind einige Berührungen für die eigentliche Hilfeleistung nicht erforderlich und stellen Übergriffe dar. Eine Berührung kann aber auch dann unangenehm sein, wenn sie von einer Person ausgeübt wird, die dem Mädchen unsympatisch ist.

Das Äußern negativer Gefühle bzw. von Kritik ist in der Regel nicht wirklich gewünscht. Denn hierdurch wird der Ablauf der alltäglichen Arbeit für die MitarbeiterInnen unbequemer. Auch wenn von der Institution der Anspruch formuliert wird, die Kritikfähigkeit der Bewohnerinnen zu fördern, stellt die tatsächliche Umsetzung dieses Anspruches für die MitarbeiterInnen einen massiven Konflikt dar: Denn sie stoßen hier häufig an die Grenzen ihrer eigenen Handlungs- und Entscheidungskompetenz sowie an die Grenzen der Selbstbestimmung der BewohnerInnen in ihrer Einrichtung. Wenn sie respektieren, dass eine Bewohnerin andere MitarbeiterInnen nicht mag, und deshalb die Hilfe von ihnen nicht in Anspruch nehmen möchte, entsteht für die MitarbeiterInnen ein Loyalitätskonflikt dem Team gegenüber. Hier ist ein Rahmen notwendig, der den MitarbeiterInnen ermöglicht, eigene Ansprüche an ein selbstbestimmtes Leben und die daraus resultierenden Ansprüche an ihre Tätigkeit zu thematisieren. Hierbei müssen die Möglichkeiten und Grenzen der Umsetzung der eigenen Ansprüche den notwendigen Raum bekommen. Dies ist für die MitarbeiterInnen eine entscheidende Voraussetzung, Kritik zuzulassen und konstruktiv damit umzugehen.

Die Mädchen benötigen Unterstützung und Ermutigung darin, die Art und Weise der erforderlichen Hilfeleistung selbst zu bestimmen und anderen Menschen Berührungen, die ihnen unangenehm sind, zu verbieten. Dies könnte z.B. in Hausrichtlinien und Dienstanweisungen, die den Bewohnerinnen bekannt sein müssen, geregelt werden.

Umfassende Aufklärung im Bereich Sexualität ist eine notwendige Voraussetzung dafür, sexuellen Handlungen informiert und selbstbestimmt zuzustimmen oder nicht gewollte ablehnen zu können. Viele Mädchen mit Behinderung sind vollkommen unzureichend aufgeklärt. Häufig fehlen ihnen Begriffe, um über das Thema „Sexualität" zu sprechen. Die Aufklärung in der Schule erfolgt in der Regel sehr medizinisch und technisch. Es steht kaum geeignetes Aufklärungsmaterial für Mädchen mit unterschiedlichen Behinderungen zur Verfügung.

Prävention in Institutionen – strukturelle Rahmenbedingungen

Der Bereich Prävention muss insbesondere in den Institutionen für Menschen mit Behinderung berücksichtigt werden. Dies muss nicht nur durch spezielle Angebote z.B. von Selbstverteidigungskursen erfolgen sondern selbstverständlicher Bestandteil des Alltags sein. Das kann nur durch strukturelle Voraussetzungen der Träger und persönliche Auseinandersetzung und Qualifikation der MitarbeiterInnen gewährleistet werden.

Die Strukturen in den Einrichtungen für behinderte Menschen müssen dringend sehr kritisch dahingehend überprüft werden, ob sie Gewalt fördern oder ermöglichen. Das bedeutet konkret:

— Es muss anerkannt werden, dass die Einschränkung bzw. das Absprechen selbstbestimmter Sexualität, Bevormundung in der Lebensplanung und im Alltag sowie die Strukturen von Sondereinrichtungen sexualisierte Gewalt fördern und fahrlässig erleichtern. Als Konsequenz müssen entsprechende Veränderungen der Strukturen in den Einrichtungen vorgenommen werden.

— Mädchen mit Behinderung müssen selbst bestimmen können, ob sie von Frauen oder Männern Hilfe und Unterstützung bekommen. Dies gilt insbesondere für Mädchen, die Hilfeleistungen bei der Körperpflege benötigen.

— Es muss sichergestellt werden, dass MitarbeiterInnen regelmäßig Supervision und Fortbildung angeboten wird.

— Es muss gewährleistet sein, dass Personalschlüssel, Einstellungskriterien, Inhalt und Form der Einarbeitung etc. so gestaltet sind, dass behinderte Menschen als gleichwertige, autonome Menschen wahrgenommen werden. Dies beinhaltet auch, sie als MitarbeiterInnen, auch in leitenden Positionen, einzustellen.

Präventionsarbeit im Alltag – persönliche Voraussetzungen

Die meisten MitarbeiterInnen in Anlaufstellen und Einrichtungen für Menschen mit Behinderung sind nicht behindert. Die Sensibilisierung für ihre Rolle als unbehinderte Menschen in der Arbeit mit Menschen mit Behinderung ist eine zwingende Voraussetzung für die qualifizierte, professionelle Arbeit in diesem Bereich, also auch für die Präventionsarbeit. Es gibt daher eine Reihe von persönlichen Qualifikationen, die nicht behinderte Professionelle entwickeln oder mitbringen müssen:

— Es ist notwendig, dass die MitarbeiterInnen ihre Werte und Normen in Bezug auf Menschen mit Behinderung infrage stellen.

— Die Arbeit mit hilfeabhängigen Menschen beinhaltet ein Machtgefälle. Dieses Machtgefälle, eigene Privilegien und die persönliche Motivation diese Tätigkeit auszuüben, bedürfen einer kritischen Auseinandersetzung.

— Die Auseinandersetzung mit den eigenen Normen und Werten von Sexualität, Treue etc. ist erforderlich. Der reflektierte Umgang mit den eigenen Wertvorstellungen ist nötig um zu vermeiden, diese unbewusst als allgemein gültigen Maßstab zu vermitteln.

— Es ist zwingend notwendig, eigene Grenzen zu erkennen und zu setzen, sowie die Grenzen der Mädchen mit Behinderung zu respektieren.

— Auch wenn nicht behinderte Professionelle sich entsprechend qualifiziert haben, müssen sie sich darüber bewusst sein, dass sie lediglich UnterstützerInnen der Mädchen mit Behinderung sein können. Sie können zwar Anregungen geben, aber letztlich sind sie keine ExpertInnen für das Leben mit Behinderung.

— Auch MitarbeiterInnen in Einrichtungen für Mädchen mit Behinderungen müssen sich immer wieder kritisch mit ihren eigenen Vorurteilen gegenüber Menschen mit Behinderung auseinandersetzen. Fragen, die sie sich stellen sollten, sind u.a.: Wo spreche ich dem Mädchen Selbständigkeit ab, nicht weil das Mädchen nicht dazu fähig wäre, sondern weil es bequemer für mich ist? Was habe ich für ein Bild von Sexualität von Jungen/Mädchen mit Behinderung? Denke ich, ein Junge mit Behinderung kann seine Sexualität nicht kontrollieren? Finde ich, dass ein Mädchen mit Behinderung überhaupt Sexualität leben kann? Wie fände ich es, in der Institution zu leben? Wie geht es mir bei dem Gedanken, selbst eine Behinderung zu haben?

Selbstbehauptung und Selbstverteidigung

Als präventive Maßnahme muss Mädchen und Frauen mit Behinderung die Teilnahme an Selbstverteidigungs- und Selbstbehauptungskursen ermöglicht werden wenn sie dies wollen. Bis jetzt kann sich nur ein kleiner Teil der Mädchen und Frauen mit Behinderung vorstellen, dass die Teilnahme an Selbstverteidigungs- und Selbstbehauptungskursen auch für sie möglich ist. Sie haben Angst, auch hier wieder die Erfahrung machen zu müssen, dass sie etwas nicht können, dass sie an Grenzen stoßen. Hier sind Bestätigung, Ermutigung und gezielte Informationen notwendig. [5]

Prävention als Aufgabe aller Beteiligten

Abschließend noch einige zusammenfassende Anforderungen für den Bereich Prävention:

— Prävention ist Aufgabe aller, die mit Mädchen mit Behinderung zu tun haben. Daher ist es erforderlich, dass alle diejenigen, die mit behinderten Menschen arbeiten, sich die dafür notwendigen Kompetenzen aneignen und dazu beitragen, dass die entsprechenden strukturellen und personellen Voraussetzungen geschaffen werden.

— Alle diejenigen, die mit behinderten Mädchen zu tun haben, können und sollten einen Beitrag zur Präventionsarbeit leisten. So kann z.B. eine präventive Maßnahme gegen sexualisierte Gewalt sein, in Situationen unguten Gefühlen nachzugehen und sie ernst zu nehmen, statt sie zu ignorieren. Die Annahme,

---

[5] U.a. werden von Autonom Leben in Kooperation mit Hamburger WenDo-Trainerinnen gelegentlich Kurse in Selbstverteidigung und Selbstbehauptung angeboten. Informationen bei: Autonom Leben e.V., Langenfelder Str. 35, 22769 Hamburg.

Menschen mit Behinderungen hätten eine andere Vorstellung von Lebensqualität und würden Situationen anders erleben als Nichtbehinderte, ist unzutreffend.

— Es müssen dringend mehr Materialien für die Präventionsarbeit erstellt werden, die so aufbereitet sind, dass sie den Anforderungen unterschiedlich behinderter Mädchen gerecht werden. So muß es z.B. für Mädchen mit geistiger Behinderung verständliches Bildmaterial geben oder für sehgeschädigte Mädchen Material in Punktschrift und Großdruck.

— Mädchen mit Behinderung muss genauso wie nicht behinderten Mädchen die Teilnahme an Selbstverteidigungs- und Selbstbehauptungskursen ermöglicht werden.

Präventionsarbeit für Mädchen mit Behinderung könnte also unter Berücksichtigung der genannten Aspekte zumindest in einem begrenzten Rahmen geleistet werden, ohne dass hierfür umfassende spezielle Konzepte entwickelt werden müssen.

Um für Mädchen mit Behinderung Präventionsarbeit zu leisten, die mit den Ansprüchen und der Qualität der Arbeit für nicht behinderte Mädchen vergleichbar ist, bedarf es jedoch der Entwicklung und Erstellung geeigneter Materialien und Konzepte. Hiervon sind wir leider noch weit entfernt.

Literatur

Enders, Ursula (Hg.) (2001). „Zart war ich, bitter war's". Handbuch gegen sexuellen Missbrauch. Köln

Jonas, Monika (1990): „Behinderte Töchter, behinderte Mütter". Die Unzumutbarkeit einer sozial arrangierten Abhängigkeit. Frankfurt

Zemp, Aiha (1996): „Sexuelle Gewalt gegen Mädchen und Frauen mit Behinderung", In: Hentschel, Gitti (Hg.): „Skandal und Alltag – Sexueller Missbrauch und Gegenstrategien". Berlin

Dorothea Zimmermann und Agnes Reuter

Parteiliche Arbeit mit jugendlichen Täterinnen in der stationären Jugendhilfe?

Als Frauen aus der Praxis werden wir zunächst unsere Annäherung an das Thema vom jeweiligen Blickwinkel unserer unterschiedlichen Arbeitshintergründe aufzeigen. Nach einer Darstellung unseres Verständnisses sexualisierter Gewalt durch Mädchen verbunden mit den Auswirkungen der individuellen Biografie beschreiben wir Beispiele aus der Praxis mit den Interventionsmöglichkeiten der stationären Jugendhilfe. Als Fazit kommen wir zu dem Punkt, warum dieses Frage zum Diskurs über Prävention führt

Unser Titel stellt die ersten scheinbaren Gegensatzpaare direkt in den Mittelpunkt:

— Jugendliche Täterinnen in Opferschutzeinrichtungen?!

— Parteiliche Arbeit mit jugendlichen Täterinnen?!

Hinter diesen Fragen verbirgt sich die ganze Widersprüchlichkeit zu diesem Thema. Bei der Konfrontation hiermit stand zunächst Abwehr und emotionaler Widerstand im Vordergrund. Zugleich konnten aber die unübersehbaren Zeichen der Täterinnenschaft von Mädchen nicht mehr verdrängt werden. Vor allem in der stationären Arbeit entstand – verbunden mit zunächst scheinbar konzeptioneller Unvereinbarkeit – die deutliche Notwendigkeit zu handeln.

Aus diesem aus der Praxis entstandenen Handlungsdruck fingen wir an, unsere Ansätze zu hinterfragen, zum Teil zu verändern, neue Erfahrungen zu machen, aber vor allem auch Diskussionen zu unserem politischen und sozialpädagogischen Selbstverständnis zu führen, die wir mit diesem Artikel einem breiteren Diskussionsrahmen zugänglich machen wollen. Dabei geben wir weder fertige Handlungskonzepte, noch einen abschließenden Exkurs zur feministischen Theoriebildung zu diesem Thema vor. Wir wollen das Thema weiter öffnen. Wir werden von unseren unterschiedlichen subjektiven Sichtweisen auf die Probleme sprechen. Wir wollen Anregungen und Ideen geben, sensibilisieren und weitere offene Fragen formulieren. Denn eines ist jetzt schon deutlich: Dieses Thema lässt sich nicht mit einem einzelnen Auseinandersetzungsprozess erschöpfend behandeln. Dazu gehören eingehender Erfahrungsaustausch sowohl im eigenen Team als auch mit Mitarbeiterinnen und Mitarbeitern anderer Projekte, Selbsterfahrungsprozesse zur möglichen Veränderung der persönlichen und professionellen Haltung, wiederholte Konfrontation mit der Realität der Mädchen sowie das Ausprobieren neuer Interventionsstrategien, deren Auswertung und die Wiederholung aller genannten Prozesse.

Als Mitarbeiterinnen in einem gemischtgeschlechtlichen Team der sozialtherapeutischen Wohngruppe *Myrrha* für sexuell missbrauchte Mädchen und junge Frauen des Evangelischen Jugend- und Fürsorgewerks und der Mädchenzufluchtswohnung von Frauenteam *Wildwasser* näherten wir uns dieser Diskussion von unterschiedlichen Arbeitsansätzen und gesellschaftspolitischen Fragestellungen.

Annäherung an das Thema (Wildwasser)[1]

Die Arbeit in der Zufluchtswohnung von Wildwasser war und ist von Angriffen verschiedenster Richtungen geprägt. Mal mehr, mal weniger ist frau immer wieder damit beschäftigt, den eigenen Arbeitsansatz zu verteidigen, mehr oder weniger differenziert die parteiliche Mädchenarbeit zu erklären. Was in einem professionsübergreifenden theoretischen Diskurs interessant und anregend sein kann, wirkt sich in der alltäglichen Arbeit oft lähmend und motivationshemmend aus. Immer wieder stehe ich als Person dem jeweiligen ideologischen Background des Gegenübers als Projektionsfläche zur Verfügung. Wenn meine Arbeit anerkannt wird, ich etwas für oder gemeinsam mit dem Mädchen durchsetzen kann, dann immer weil – oder obwohl – ich eine „Wildwasserfrau" bin. Es gibt also ausgesprochene wie auch unausgesprochene Erwartungen aus diffusen Richtungen an uns, federführend vorzugeben, was in diesem Arbeitskontext feministisch „political correct" ist. Das korrespondiert z.T. aber auch mit unserem eigenen hohen Anspruch an uns, die Arbeit in einen gesellschaftspolitischen Zusammenhang zu stellen und sichtbar zu machen. Mit dieser unbequemen und kritischen Haltung bieten wir einem gegen diesen „Feind" zusammengekommenen Bündnis von konservativen „Familienfreunden" und „VerteidigerInnen einer repressionsfreien Sexualität" politische Angriffsfläche. Dabei wird Professionalität in der konkreten Arbeit gegen eine vermutete Priorität einer negativ besetzten Ideologie ausgespielt.

Vor diesem Hintergrund ist es verständlich, dass die Beschäftigung mit dem Thema „Frauen als Täterinnen sexualisierter Gewalt" in einer Zeit, in der die Arbeitskraft durch die Auseinandersetzung mit der „Missbrauch mit dem Missbrauch"-Mafia viel zu sehr gebunden wurde, nicht gerade mit Begeisterung aufgenommen wurde. Unser Zögern hatte aber auch damit zu tun, dass Täterinnenschaft so gar nicht in das Bild von Mädchen- und Frausein passt. Es torpediert ein gesellschaftliches Selbstverständnis als Frau und widerspricht den Rollenerwatungen an Frauen und Mädchen, die „sozial verträglich" und aufopfernd für die Familie sozialisiert werden sollen. Es passt aber auch nicht zu der verkürzten feministischen Haltung, die Frauen per se als bessere Menschen beschreiben möchte und das Benennen von Täterinnenschaft als hinderlich für die politischen Ziele von Frauen begreift. Nur im engsten Rahmen fingen wir an, die einzelnen Fälle genauer zu analysieren, waren dann aber froh, dass die LAG Autonome Mädchenhäuser[2] 1993 und 1996

---

[1] Wildwasser Berlin wurde 1982 von betroffenen Frauen als Arbeitsgemeinschaft gegen sexuellen Missbrauch an Frauen und Mädchen gegründet und arbeitet auf der Grundlage eines feministisch-parteilichen Ansatzes in verschiedenen Bereichen der Jugendhilfe und in der Unterstützung der Selbsthilfearbeit.

[2] Dokumentationen der Tagungen zum Thema „sexuelle Gewalt durch Frauen und Mädchen" 1993 und 1996 in Bielefeld, veranstaltet von der Landesarbeitsgemeinschaft Autonome Mädchenhäuser NRW e.V., erstellt von Barbara Kavemann

in Bielefeld eine Tagung zu diesem Thema ausrichtete. Dort trafen wir auf Frauen, die mit ähnlichen Unsicherheiten und Fragestellungen zu kämpfen hatten:

— Was ist überhaupt Gewalt durch Frauen?

— Was bedeutet die Erkenntnis, dass es Gewalt durch Frauen gibt für unsere feministischen Gewissheiten?

— Spielen wir mit der Offenlegung dieser Gewalt dem Patriarchat in die Hände?

— Was bedroht mich an der Tatsache, dass Frauen Gewalt gegen Frauen/Mädchen und Jungen ausüben?

— Wer soll mit diesen Frauen arbeiten?

— Habe ich eigene Gewaltanteile?

— Was bedeutet das für die Frage der „täterfreien Räume", die wir zur Verfügung stellen wollen?

— Müssen wir dann nicht auch unseren Kolleginnen und uns selbst gegenüber misstrauisch sein, so wie wir das in gemischten Einrichtungen fordern?

Mit diesen Fragen sahen wir uns konfrontiert und stellten bei der zweiten Tagung 1996 fest, dass es im Grunde keine große Fortentwicklung in diesem Diskurs gegeben hatte. Die Tendenz, dieses Thema lieber zur Seite zu schieben, sich lieber nicht damit zu beschäftigen solange es keinen aktuellen Fall gibt, war in fast allen Städten verbreitet. Genauso logisch war es natürlich, dass jeder neue Fall sexualisierter Gewalt durch eine Frau das betroffene Projekt völlig überforderte und deutlich machte, dass es noch keine angemessenen konzeptionellen Weiterentwicklungen gegeben hat.

Im Diskurs der feministischen Wissenschaftlerinnen ist deutlich herausgearbeitet worden, dass das strukturelle Gewaltverhältnis nicht nur zwischen den Geschlechtern sondern auch zwischen den Generationen wirksam ist. Frauen suchen in einer von Männergewalt geprägten Gesellschaft ebenfalls einen Platz, der ihnen ein Mindestmaß an Macht sichert. Besonders im Zusammenhang mit rassistischer Gewalt wurden die Mechanismen deutlich aufgezeigt.

> „Das strukturelle Gewaltverhältnis zwischen Frauen und Kindern ist von der Frauenbewegung nicht vergleichbar (mit der Analyse der Männergewalt) politisch-strukturell verstanden und benannt worden. Es ist jedoch als Element der strukturellen Gewalt dieser Gesellschaft zu werten und bringt ein Übermaß an konkreter Gewalt hervor." (Kavemann 1995)

Die ungenaue Analyse dieses Gewaltverhältnisses hat zur Folge, dass es für die sexualisierte Gewalt durch Mädchen nur erste Ansätze von Erklärungen gibt. In dieser patriarchalen Gesellschaft wird immer eine noch machtlosere Person gesucht, an der die eigene Ohnmacht durch sexualisierte Ausübung von Macht kompensiert wird. In Bezug auf Mädchen bedeutet das, dass sie Macht und sexualisierte Gewalt derart miteinander verkoppelt haben, dass sie in ihrem Bewusstsein nur so ihre Selbstbehauptung gewährleisten können.

Leider hat der Transfer zwischen den Wissenschaftlerinnen und den Praktikerinnen der Frauen- und Mädchenprojekte kaum Tradition. Wissenschaftlerinnen werden eher als Frauen in Elfenbeintürmen gesehen, deren Erkenntnisse für die Konzeptionierung der alltäglichen Arbeit kaum zu verwenden sind. Wissenschaftlerinnen wiederum scheinen manchmal Schwierigkeiten zu haben, aus der Sprache der Praktikerinnen die Essentiels herauszufiltern und in ihre Theorieentwicklung mit einzubeziehen. Nur so ist es zu erklären, dass der ganze Diskurs der (Mit-)Täterschaft (Vgl. Thürmer-Rohr 1990) von Frauen so wenig Eingang in die Konzepte und in das Selbstverständnis der Frauen- und Mädchenprojekte gefunden hat.

In der Arbeitsgruppe der Mitarbeiterinnen der Zufluchten, also des stationären Angebotes der Mädchenhäuser, trat die Problematik der Mädchen, die sexuelle Grenzüberschreitungen begehen, offen zu Tage. Ein Ergebnis der ersten Tagung war, sensibler auf die täglichen Grenzverletzungen der Mädchen untereinander zu gucken und auch zu reagieren. Dadurch wurde deutlich, wie viele Mädchen sich öffnen konnten, wenn sie merkten, dass sie auch in dieser Hinsicht ernst genommen werden und ihnen geglaubt wird. Viele Mädchen kommen zunächst mit dem Bild, sie können uns nur Gewalt durch Männer und Jungen berichten und sind schon erstaunt über unsere Eingangsfrage nach Gewalt durch Frauen und Mädchen. Interessant ist aber auch immer wieder festzustellen, was für ein gutes Gespür die Mädchen dafür haben, ob real eine Offenheit besteht zu diesem Thema auch etwas hören zu können, oder ob die Frage zwar gestellt wird, aber eine etwaige Offenlegung im Grunde die Beraterin oder das Team zu diesem Zeitpunkt überfordern würde.

Als wesentlicher Punkt warum es uns so schwer fällt, Mädchen als Täterinnen zu sehen, stellte sich heraus, dass wir ihnen jahrelang nur als „Opfer" begegnet sind. Obwohl der Begriff von Anfang an kritisch diskutiert wurde, hat uns dieses Herangehen doch ein hohes Maß an moralischer Integrität garantiert. Wer mit den Opfern arbeitet, scheint auf eine Art sauberer, moralisch höher stehend und hat eine besser vertretbare Motivation für die Arbeit. Das „Helfen" hat in Bezug auf Opfer gerade unter Frauen eine klare Legitimation und rettet über oft im Grunde unzumutbare Arbeitsbedingungen hinweg. Wenn unser Klientel plötzlich ähnlich verwerfliche Taten wie Jungen und Männer begeht sind wir versucht, entweder wegzusehen oder es am liebsten gar nicht wahrhaben zu wollen, d.h. zu ähnlichen Mechanismen zu greifen, wie wir sie aus der Missbrauchsarbeit so gut kennen: bagatellisieren, uminterpretieren, nicht zuhören, nicht glauben, sich nicht zuständig fühlen, – kurz die ganze Palette der Abwehr aufzufahren.

Einem Menschen gleichzeitig als Opfer und Täter(in) zu begegnen heißt sich selbst Vieles ständig sehr bewusst machen zu müssen:

— Bei welchem Thema setze ich die Priorität?

— Wie transportiere ich meine Haltung?

— Wie zeige ich Empathie ohne zu entschuldigen?

— Wie schütze ich andere (vielleicht auch zukünftige Opfer), ohne den Kontakt abbrechen zu müssen?

Es kostet große Anstrengung wirklich hinzugucken und sich diesen Mädchen und der Arbeit mit ihnen zu stellen. Wir denken es ist notwendig, sich dies bewusst zu machen und auch zuzugestehen. Damit meinen wir, dass jede Mitarbeiterin sich für diese Arbeit bewusst entscheiden sollte und im Zweifelsfall lieber eine andere Frau aus dem Team fragt, ob sie näher in diesen Fall mit einsteigt.

Annäherung an das Thema (Myrrha)

Die sozialtherapeutische Wohngruppe *Myrrha* ist eine gemischtgeschlechtlich arbeitende spezialisierte Langzeiteinrichtung für Mädchen und junge Frauen mit sexualisierter Gewalterfahrung unter der Trägerschaft des Evangelischen Jugend- und Fürsorgewerkes. Kennzeichnend sind:

— ein Träger, dessen über 100-jährige Wurzeln dem Gebot zur Christlichen Nächstenliebe entsprungen sind und der sich heute insbesondere dem Leitsatz „Die Würde des Menschen ist unantastbar" verbunden fühlt.

— eine sozialtherapeutische Wohngruppe, in der sexuell missbrauchte jugendliche Frauen über den Zeitraum von mehreren Jahren Schutz und am Einzelfall orientierte sozialtherapeutische Betreuung und Begleitung finden können.

— eine Jugendhilfeeinrichtung, die sich dem im KJHG festgeschriebenen Ansatz der Beteiligung der Eltern auch konzeptionell verpflichtet fühlt, indem sie die an dem Bedarf der Mädchen orientierte Elternarbeit als einen zentralen Bestandteil ihres Hilfeangebotes beschreibt.

Von unserem Hintergrund und den in unserer MitarbeiterInnenschaft sehr unterschiedlichen Beweggründen in einer Opferschutzeinrichtung wie der *Myrrha* zu arbeiten, unterschieden wir uns von einem aus dem Selbsthilfekontext entstandenen Projekt wie der Mädchenzuflucht von Wildwasser natürlich deutlich. Es beginnt bei der Frage nach dem „wir". Wer sind wir? Gibt es überhaupt ein „wir" und wie sieht das aus? Eine Frage, die uns im Laufe der Jahre immer wieder beschäftigt hat. Stärker vermutlich als bei den Mitarbeiterinnen der Zufluchtswohnung von *Wildwasser*, die sich wahrscheinlich bereits vor Arbeitsbeginn in der Einrichtung dem feministischen Diskurs zum Thema „sexualisierte Gewalt" verpflichtet fühlen, stellte sich in der *Myrrha* in den vergangenen Jahren in regelmäßigen Abständen die Frage nach der gemeinsamen professionellen Identität. Was wollen wir erreichen? Wir begreifen uns als ein heterogenes MitarbeiterInnenteam. Das findet auch im gemischtgeschlechtlichen Ansatz seinen Ausdruck. Manche MitarbeiterIn fühlt sich den feministischen Grundsätzen zum Thema verbunden, bei anderen steht der persönliche oder ein anderer ideologisch-weltanschaulicher Zugang im Vordergrund. Alle arbeiten wir in einer Opferschutzeinrichtung für jugendliche Frauen und der Wunsch, am Opferschutz mitwirken zu wollen, ist ein gemeinsamer Bezugspunkt. „Der Ohnmacht eine Grenze setzen" zu wollen, diesem Leitbild fühlen wir uns alle, unabhängig von den unterschiedlichen Zugängen zum Thema, verpflichtet. Professionalität bedeutet für uns in diesem Zusammenhang, dies **selbst**bewusst gemeinsam zu reflektieren.

Parteiliche Arbeit mit jugendlichen Frauen, die in ihrer Vergangenheit sexualisierter Gewalt ausgesetzt waren – damit konnten und wollten wir uns alle leicht und gerne identifizieren. Hier ging es uns ähnlich, wie den „Wildwasserfrauen" (s.o.). Für die alltägliche Arbeit mit den Mädchen war ein hoher Grad an Identifikation oft sehr hilfreich und streckenweise geradezu erforderlich. Junge Frauen, die seit frühester Kindheit schwersten Grenzverletzungen durch Vertrauenspersonen über Jahre hinweg schutzlos ausgeliefert waren, bringen, bedingt durch die Traumatisierungen, in der Regel eine Vielzahl an Defiziten im sozialen Miteinander mit, die einen zugewandten, sozialpädagogischen Umgang nicht immer leicht machen. Das heftige Ausagieren selbstzerstörerischer Impulse, verdeckte oder öffentliche Zerstörung von Einrichtungsmobiliar sowie die (massive) verbale Übergriffigkeit gegenüber KollegInnen und Mitbewohnerinnen oder die gesamte Entwertung der Einrichtung sind nur einige davon. Zu diesen Fragestellungen, die unseres Erachtens gemeinsam erarbeiteter pädagogischer/sozialtherapeutischer Antworten bedürfen, haben wir uns im Laufe der Jahre zunehmend deutlichere Haltungen erarbeitet.

Eine Frage, die uns möglicherweise jedoch stärker als oben genannte Themen aufgewühlt und in Folge dessen lange und wiederholt beschäftigt hat, ist die Frage nach dem „richtigen" Umgang mit Mädchen, die über einen längeren Zeitraum, während sie bereits in der Einrichtung leben, den alten Missbrauchskontext nunmehr selbst aktiv aufsuchen und sich immer wieder neu sexualisierter Gewalt aussetzen. Es mag verständlich sein, dass wir uns in der Begleitung von Jugendlichen, die uns eine deutliche Positionierung zu dieser Fragestellung abverlangten, in besonderer Weise auf die Probe gestellt fühlten.

Ähnlich erging es uns mit dem Thema des selbst gelebten Täterinnenverhaltens. Dem „Schock", den es zunächst auch in unserem Team auslöste, folgte das Gefühl, dass es unumgänglich sei, sich dem Thema zuzuwenden, um Stellung beziehen zu können und die Handlungsfähigkeit im pädagogisch-sozialtherapeutischen Alltag zu bewahren bzw. wiederzuerlangen. Hierbei mag es für uns vielleicht „einfacher" als für die Frauen von Wildwasser gewesen sein, sich dem Thema direkt zuzuwenden. Es stand kein ideologischer Kontext im Raum, in dem die Realität unvereinbar mit dem politischen Erklärungsmodell schien. Aber natürlich mussten auch wir uns die Frage beantworten, ob und wie loyal wir an der Seite einer Täterin stehen sollen (oder wollen). Und auch für uns war und ist es wieder ein neuer Themenkreis, der unsere individuellen Weltbilder ins Wanken geraten lässt.

Vielleicht ist der Prozess, den wir aus unterschiedlichen Ausgangspositionen in den Einrichtungen durchliefen vergleichbar mit dem gesamtgesellschaftlichen Aufdeckungsprozess des Themas „sexualisierter Gewalt". Auch hier haben wir aus der jahrzehntelangen Beschäftigung erfahren müssen, dass wir nicht von Beginn an alles sehen können. Erwachsene Frauen öffneten sich mit ihren sexualisierten Gewalterfahrungen im Kindesalter vor rund 20 Jahren in Selbsthilfegruppen. Je mehr das Thema öffentlich wurde, desto mehr konnten auch jugendliche Mädchen aufdecken, weil ihnen zugehört und geglaubt wurde. Über die Beschäftigung mit dem Thema, das die Betroffenen selbst eröffnet hatten, wurde die Fachöffentlichkeit sensibler für mögliche Folgen und konnte den Blick dafür öffnen, dass auch kleine Kinder und Säuglinge Opfer sexualisierter Gewalt werden. Es schloss sich die Erkenntnis an, dass auch Jungen von sexualisierter Gewalt betroffen sind. Durch die Beschäftigung mit den Opfern und die Entwicklung spezialisierter Hilfen wuchs die Erkenntnis, dass erfolgreiche Prävention nicht nur an den Opfern selber ansetzen kann. Es wurden Konzepte entwickelt, wie mit erwachsenen männlichen Tätern sexueller Gewalt gearbeitet werden kann. Im Zuge dessen rückten die jugendlichen männlichen Täter ins Blickfeld.

Je intensiver wir in die Thematik einstiegen, umso mehr sahen wir. Wir sahen sexuell misshandelnde Frauen. Wir hörten von Sexringen und rituellem Missbrauch. Heute stehen wir vor der Situation, uns mit Mädchen und jungen Frauen zu beschäftigen, die als Opfer sexualisierter Gewalt selber sexuell übergriffig oder gewalttätig waren und/oder sind. Zu schnell formuliert sich dabei die Frage, ob diese jungen Frauen in unseren Opferschutzeinrichtungen ein Anrecht auf Unterstützung und Hilfe haben. Wenn wir die lange schrittweise Aufdeckung der komplexen Zusammenhänge und der verschiedenen Ausprägungsformen sexualisierter Gewalt vor Augen haben, stellt sich doch zunächst die Aufgabe, wieder ein Thema aus dem Tabu zu heben und gegen die Verleugnungstendenzen, sowohl innerhalb unserer Einrichtungen als auch gesamtgesellschaftlich zu wirken. Wir werden genau hinsehen und hinhören müssen. Wir werden dafür eine Sprache finden müssen. Und wer, wenn nicht wir, spricht mit den Mädchen und jungen Frauen und begleitet sie?

Wie sah der „Aufdeckungsprozess" konkret in unserer Einrichtung aus? Wir nahmen als Team 1997 am Kongress „Wege aus dem Labyrinth" von KiZ (Kind im Zentrum, familienorientierte Beratungsstelle gegen sexuelle Gewalt, EJF) teil und hörten dort Hilary Eldrigde und Jacqui Saradjian mit Vorträgen über ihre Forschungsergebnisse und Therapieerfahrungen mit Frauen, die Kinder sexuell misshandeln. Den Prozess des Aufrüttelns brauche ich nicht nochmals zu beschreiben. Was folgte, ist interessant: Offensichtlich waren wir durch den Kongress sensibilisiert und konnten Hinweise annehmen und verstehen. Ein Mädchen, A., eröffnete die sexualisierten Übergriffe an der jüngeren Schwester. A. wurde dazu durch die Eltern unter Androhung von Gewalt angeleitet. War A. Täterin? Wo und wie positionierten wir Professionellen uns gegenüber der Klientin? Im weiteren Verlaufe vermuteten wir sexualisierte Übergriffe zwischen den Bewohnerinnen. Probierten die Jugendlichen im geschützten Rahmen Sexualität miteinander aus oder gab es ein Machtgefälle? Missbrauchte eine Jugendliche mehrere andere Mitbewohnerinnen? Es gab Andeutungen, Geheimnisse; wie offensiv konnten wir mit der Gruppe arbeiten? Das Thema bekam Präsenz in der Wohngruppe. Im Nachhinein glauben wir, dass sich durch die Sensibilisierung des Teams zwei weitere Mädchen mit sexualisierten Gewaltimpulsen eröffnen konnten. B. hatte körperliche Kontakte zu ihrem jüngeren Bruder und wusste nicht, wie sie diese einschätzen und beurteilen sollte. Wo liegt die Grenze zwischen angemessenem Körperkontakt und sexualisierter Übergriffigkeit? C. berichtete von eigenem ausgeprägten Täterinnenverhalten. Sie hatte an einer Gruppenvergewaltigung mitgemacht und wurde immer wieder von massiven Gewaltphantasien überflutet. Wer sollte mit C. im Detail über ihr Täterinnenverhalten sprechen und ihre Gefährdung mit einschätzen? Wie sollten wir uns C. weiter empathisch zuwenden?

Bevor wir uns diesen Fragen genauer zuwenden und Interventionsmöglichkeiten beschreiben, wollen wir zunächst die Erscheinungsformen sexualisierter Gewalt durch Mädchen detaillierter betrachten und erste Überlegungen zu möglichen Ursachen vorstellen.

Was verstehen wir unter sexualisierter Gewalt durch Mädchen?

Das Zusammentragen der einzelnen Taten von Mädchen erschlägt uns immer wieder und macht deutlich, dass bei allem „Kopfwissen" zu diesem Thema doch noch ein Rest von „nein, diese Handlung nicht auch noch!" bleibt:

— Mädchen empfinden Lust an sexualisierten Gewaltphantasien.

— Mädchen haben sexualisierte Kontakte zu ihren unterlegenen Geschwistern.

— Mädchen missbrauchen ihnen unterlegene Mädchen und Jungen.

— Mädchen üben zur Durchsetzung der sexualisierten Gewalt z.T. massive körperliche und psychische Gewalt aus.

— Mädchen sind an sexualisierten Gewalttaten durch Gruppen beteiligt.

— Mädchen führen andere Mädchen Männern und Jungen zu, sie liefern sie ihnen aus.

Die Gewalttaten selber umfassen alles, was wir auch von den Gewalttaten der Männer und Jungen wissen, von kleineren Grenzverletzungen bis zur massiven Penetration mit Gegenständen. Es gibt zu diesem Bereich kaum Statistik. Es ist nur möglich, aus den Statistiken zu sexualisierter Gewalt durch Frauen Daten über Mädchen herauszufiltern. Dabei lohnt sich z.B. ein Blick auf die Forschung von Hilary Eldridge/Birmingham (1995): **Der Anteil der Frauen an sexualisierter Gewalt beträgt insgesamt 10%.** Sie beschreibt, dass bei ihrer Untersuchung 44% der Frauen zur Zeit des Beginns ihrer aktiven sexualisierten Misshandlung unter 15 Jahren waren, im Gegensatz zu 14% der Männer. Ein Ergebnis der gleichen Studie ist, dass der Altersunterschied zu den Opfern bei Frauen viel geringer ist (bei 56% waren es weniger als fünf Jahre im Gegensatz zu 17% bei Männern). Es scheint also, dass Frauen besonders im jugendlichen Alter eher fast Gleichaltrige sexuell misshandeln. Das entspricht auch unserer Erfahrung. In diesem Bereich gibt es einen großen Bedarf an intensiver detaillierter Forschung. In unserem Artikel beziehen wir uns hauptsächlich auf Aussagen von Mädchen, mit denen wir im Rahmen unserer Arbeit konfrontiert wurden.

Auswirkungen der individuellen Biographie auf das Täterinnenverhalten

Zunächst berichten Mädchen/Frauen in einem sehr viel größerem Ausmaß als Jungen/Männer von einer eigenen Betroffenheit von sexualisierter Gewalt. Dies bestätigt die Forschung von H. Eldridge (1995) eklatant (bis zu 96% der befragten Täterinnen berichteten von eigenen sexualisierten Gewalterfahrungen).[3] Alle jugendlichen Täterinnen, auf die wir im Rahmen unserer Arbeit trafen, waren selber Opfer sexualisierter Gewalt. Auf die vorherrschenden Empfindungen, die J.K. Matthews bei ihren KlientInnen beschreibt, trafen wir auch im Kontakt mit den Mädchen in unseren Einrichtungen:

- „Scham
- Wut und die beiden Komponenten, die der Wut zu Grunde liegen: Schmerz und Angst
- geringes Selbstwertgefühl
- Empathiestörungen
- Fehlinterpretationen der Bedürfnisse der Opfer
- Fehlinterpretationen dessen, was das Opfer mitteilt" (Vgl. Kinder Matthews 1995)

Durch ihre Erfahrungen haben diese Mädchen gelernt, dass sexualisierte Gewalt eine Möglichkeit sein kann, Kontrolle auszuüben und der absoluten Hilflosigkeit ein Gefühl von Macht entgegenzusetzen. In einer Gemengelage aus Schamgefühlen und Wut, Trauer und der Überzeugung, im Grunde nichts wert zu sein, scheint der Rückgriff auf das vertraute Muster der Missbrauchsdynamik, diesmal mit entgegengesetzten Rollen, vordergründig ein Gefühl der Sicherheit und Stabilisierung zu vermitteln. Die Fehlinterpretationen der Bedürfnisse der Opfer können aber auch von einer fest etablierten Abwehr in Bezug auf die Wahrnehmung ihrer eigenen Schmerzen, Verletzungen und Ängste zeugen. Die Mädchen dürfen ihr Leiden nicht zu sehr an sich herankommen lassen. Sie müssen sich und vor allen Dingen auch die Täter dadurch schützen und schaffen sich eine annehmbare Interpretation des Missbrauchs als Ausgangspunkt ihres Handelns. Kernpunkt ist dabei häufig die Vorstellung, dass der Körper im Grunde nicht schützenswert ist und als abgespaltener Teil des Selbst ruhig als Mittel der emotionalen und materiellen Bereicherung eingesetzt werden konnte.

Nur in einem vertrauteren Kontakt schimmert im stationären Zusammenhang manchmal auch ein besonders heikler Bereich der emotionalen Verwirrung als Basis für sexualisierte Grenzüberschreitungen durch. Mädchen fühlen sich auch zum Teil von ihrem Körper verraten, weil sie bei der sexualisierten Gewalt

---

[3] In diesem Zusammenhang ist es interessant zu erwähnen, dass die höchste Korrelation bei männlichen Tätern zwischen ihrer Biographie und eigener Täterschaft in dieser Studie die Erfahrung war, dass ihre Mutter Opfer häuslicher Gewalt war (75% der Täter berichteten von häuslicher Gewalt gegenüber der Mutter durch einen Partner). Dieser Aspekt sollte im Zusammenhang mit der strukturellen Verankerung von Gewalt in dieser Gesellschaft gerade im Hinblick auf Prävention genauer diskutiert werden.

erregende Gefühle spürten. Sich diesem Bereich zu nähern, ist meist erst in einer langjährigen Therapie möglich. In der Folge müssen diese Gefühle mit Macht verdrängt werden, bleiben aber als Körpererinnerung hängen. Scham und Ekel müssen in Schach gehalten werden. Sexualität und Gewalt bleiben vorerst untrennbar verbunden.

Auswirkungen auf die Gruppe

Geschehen unter den Mädchen sexualisierte Grenzverletzungen in einer stationären Gruppe, sind die Auswirkungen auf verschiedenen Ebenen wahrnehmbar. Zunächst ist oft nur ein diffuses Gefühl von „hier stimmt etwas nicht" spürbar. Dies korrespondiert mit dem Gefühl des betroffenen Mädchens „hier geschieht etwas, was über meine Grenzen geht, aber ich kann es nicht benennen, es gefällt mir nicht, aber mir wird gesagt, das ist normal." Wie wir es aus der Missbrauchsforschung kennen, beginnt auch die sexualisierte Gewalt durch Mädchen in diesem Rahmen in der Regel erst als kleinere Grenzverletzung. Auch hier wird häufig das schwächste Mädchen der Gruppe ausgesucht bzw. das Mädchen, bei der die meisten Kommunikationswünsche zu spüren sind. Es bedarf großer Professionalität im Team, schon zu diesem Zeitpunkt die Botschaften aufnehmen zu können und nicht der gleichzeitigen Botschaft aus der Gruppe „misch dich da bloß nicht ein, uns geht es total gut miteinander" zu folgen.

Für einzelne Bewohnerinnen mit sexualisierten Gewalterfahrungen kann in spezialisierten Einrichtungen das Miterleben dieser sich steigernden Missbrauchsdynamik mit einem immer höheren Geheimhaltungsdruck fatale Folgen haben. Allein die Atmosphäre, aber auch das Miterleben von sexualisierten Grenzüberschreitungen kann eigene Erfahrungen wieder aktualisieren und eine Retraumatisierung bedeuten. In dem therapeutischen Milieu der Einrichtung können schon Abwehrmechanismen „aufgeweicht" worden sein, d.h. die Mädchen sind den anstürmenden Gefühlen einer sexualisierten Atmosphäre schutzloser ausgeliefert. Ihnen steht aber zu diesem Zeitpunkt auch noch keine andere, reifere Verarbeitungsmöglichkeit zur Verfügung. In der allgemeinen Stimmung der Geheimhaltung, des Bagatellisierens und des Umdeutens kann es zu verstärktem selbstverletzendem Verhalten, zu einer erhöhten Aggressivität und zur Aktualisierung anderer Symptomatiken kommen. Der Schutzraum, den das Mädchen in der Einrichtung gefunden hatte, erweist sich für sie erneut als trügerisch. Eine extreme Verunsicherung kann die Folge sein, die die Annahme von Hilfeangeboten erschwert bis unmöglich macht.

In der Gegenübertragung kann das Team leicht in diese Dynamik, die sich als Missbrauchsdynamik aufbaut, hineingezogen werden. So kann es zu Spaltungen, aber auch zu unangemessenen Koalitionen kommen. Vieles scheint nicht richtig fassbar zu sein, frau stochert wie im Nebel. Dies zu durchschauen und der Manifestierung entgegenzusteuern, ist unserer Erfahrung nach nur durch eine offene Thematisierung in einer externen Supervision möglich. Es ist unsere Aufgabe, uns eine eindeutige Haltung zu erarbeiten.

Beispiele aus der Praxis

Wildwasser

Meinen Fokus möchte ich jetzt auf einen Bereich richten, bei dem Grenzen zwischen „netter Intimität zwischen den Mädchen", einvernehmlichem sexualisiertem Agieren und eindeutiger sexualisierter Gewalt besonders fließend sind. Ich nenne diesen Bereich das „Verkuppeln". Dabei geht es um das Sexualisieren von Kontakten und um die Frage, wie ein Kontakt hergestellt wird, was beides mit diesem Begriff verbunden wird. Wie sieht die Situation, die ich meine und auf die wir in jedem Bereich der Mädchenarbeit treffen, konkret aus?

Die harmlose Form, die zu fast jeder Mädchenbeziehung gehört, sieht so aus: Ein Mädchen hat Kontakt zu einer Gruppe von Jungen, hat sich vielleicht mit einem von ihnen angefreundet, es gibt noch ein paar Jungs in seinem Umkreis, sie wird gefragt, ob ihre Freundin schon einen Freund hat und wird aufgefordert Kontakt herzustellen. Vielleicht ist es ja auch dem Mädchen von sich aus lieber, sich mit der Freundin in dieser Jungencrew zu bewegen. Schon bei dieser ganz alltäglichen Situation fühlt sich die Freundin manchmal zu einer Situation, zu einem Kontakt gedrängt, bei dem es ihr schwer fallen kann, auf ihre eigenen Gefühle zu achten und einen Kontakt nicht einzugehen, wenn die Freundin das erwartet. Die Steigerung in Richtung sexualisierter Gewalt ist von diesem harmlosen Beispiel aus fließend. Es kann ein massiver Druck von einem Mädchen ausgehen, sich doch mit diesem „gutaussehenden" Freund einzulassen – nach dem Motto: sie soll sich nicht immer so zickig benehmen, es wäre ja sonst peinlich, sich mit ihr sehen zu lassen. Oder: „Meine Freunde sind dir wohl nicht gut genug, du fühlst dich wahrscheinlich als jemand Besseres!" Verknüpft wird dies in der Regel mit der Frage nach der Intensität der Freundschaft. Gab es dann einen Kontakt, kann der Druck erhöht werden: „Jetzt hast du ihn scharf gemacht, jetzt musst du dich auch auf mehr einlassen."

Wir haben Beispiele in unserer Arbeit erlebt, bei denen die Mädchen in einer aus dieser an sich zunächst harmlosen Konstellation sich entwickelnden Situation massiven Missbrauch erlebt haben. Waren die Mädchen den Jungen bzw. auch Männern zugeführt, erlebten sie z.T. massive Gewalt, von der sie nur berichten, wenn sie auch danach gefragt werden. Es muss ihnen vermittelt werden, dass wir von solchen Situationen wissen und ihnen nicht die Schuld daran geben. Sie erlebten, z.T. im Beisein der „Freundin", dass sie nicht gehen konnten, wenn sie wollten, dass ihnen das Handy weggenommen wurde und schließlich sexualisierte Gewalt in den unterschiedlichsten Formen. Ein Mädchen, das bei uns war, hatte ihre Freundinnen im Auftrag ihres Freundes, der Mitglied eines Frauenhandelringes war, dazu animiert, aus einem osteuropäischen Land nach Deutschland zu kommen.

Warum lassen sich Mädchen so benutzen, dass sie andere Mädchen in Situationen bringen, von denen sie zu einem gewissen Anteil wissen, dass sie selbst darunter leiden würden und leiden? Zunächst lässt sich feststellen, dass einige Mädchen vor dem Hintergrund eigener sexualisierter Gewalterfahrungen auch die Beziehungen zu anderen Mädchen regelhaft sexualisieren. Der Blick auf die anderen Mädchen wird mit den Augen der potenziellen Sexualpartner gesehen. So wie sie ihre eigene Wertigkeit mit sexueller Verfügbarkeit verknüpfen, so beurteilen sie in der Identifikation mit „ihrem" Täter die anderen Mädchen nach dessen Kriterien. Damit wehren sie eigene Verletzungen auf mehreren Ebenen ab. Zum einen relativiert sich dadurch ihre eigene Scham, über ihre Grenzen gegangen zu sein. „Wenn die es auch gemacht hat, muss ich mich nicht mehr so sehr dafür schämen". Zum anderen sind einige Mädchen nicht in der Lage, die eigenen Grenzen in diesem Zusammenhang überhaupt wahrzunehmen und spüren im Umgang des anderen Mädchens mit Sexualität eine Bestätigung. Außerdem gibt es ihnen, wenn sie sich in dieser Situation auf die Seite der Täter stellen, ein Gefühl der Macht über andere, und sie sind nicht mehr das Opfer. Da sie sich Beziehungen außerhalb des Rasters Opfer-Täter(in) nicht vorstellen können, bedeutet es für sie einen Erfolg, die andere Rolle einnehmen zu können. Gleichzeitig kann es, wie bei dem Mädchen in unserer Einrichtung, eine Entlastung bedeuten, wenn die sexuellen Anforderungen nicht mehr nur an sie, sondern auch an andere Mädchen gestellt werden. Die Bestätigung, die sie dadurch von den Jungen/Männern erhalten, wertet sie auf und hat wiederum eine weitere Verhaftung im patriarchalen Denkmuster und Wertesystem zur Folge.

In der Auseinandersetzung mit den Mädchen über ihr Verhalten zeigten diese zum Teil erstaunlich wenig Schuldgefühle, selbst wenn der Freundin gegenüber massive Gewalt angewendet wurde. Die Schuldzuweisung erfolgt in klassischer Weise auf das Opfer bezogen, „die es ja im Grunde selbst wollte, die die Jungs scharf gemacht hat, die ihr ‚Nein' nicht deutlich genug gezeigt hat." Empathie für das Opfer kann erst in einem längeren Prozess hergestellt werden.

Myrrha

Anita (Name geändert) kam mit 19 Jahren in unsere Einrichtung. Sie erinnerte sich bewusst an sexualisierte Gewalt ab dem Alter von sieben Jahren durch zwei Stiefväter. Sie litt unter Asthma, in Anforderungssituationen reagierte sie mit spontanen Ohnmachtsanfällen und Magenschmerzen. Im Alter von 10 Jahren unternahm sie drei Selbstmordversuche.

Im Aufnahmeprozess lernten wir die Herkunftsfamilie als ein geschlossenes System von Verleugnung und Abwehr kennen. Die Familie war dem Jugendamt schon länger bekannt, Stichwörter waren Alkoholsucht, häufig wechselnde Partnerschaften der Mutter, zuletzt der Ex-Freund ihrer ältesten Tochter, Verwahrlosung und körperliche Gewalt. Das Jugendamt gab uns die Information, dass eine Zusammenarbeit mit dieser Familie zum Wohle von Anita aus ihrer Einschätzung fast aussichtslos sei. Da Anita bereits volljährig war, brauchten wir die Zustimmung der Sorgeberechtigten und deren Mitwirkung innerhalb des Hilfeplanungsprozesses nicht.

Im ersten Betreuungsjahr nahm Anita in Abständen immer wieder Kontakt zu ihrer Familie auf. Wir erfuhren dies erst sehr viel später. In dieser Zeit war neben dem Kennenlernen und Schaffen von vertrauensvollen Beziehungen primäres Betreuungsziel, dass Anita ein Praktikum oder Beschäftigungsverhältnis finden sollte, das ihren Belastungsmöglichkeiten entsprach. Es war auffallend, dass Anita keine

Maßnahme durchhielt und über Somatisieren oder Verweigerung immer wieder ausstieg. Erst nach rund einem Jahr konnte Anita mit uns gemeinsam einen Zusammenhang zwischen den Besuchen in ihrer Familie und ihren psychischen Krisen herstellen. Es erhärtete sich bei uns im Team der Verdacht, dass es bei den Besuchen zu weiteren sexualisierten Übergriffen kam. Wir konfrontierten Anita mit unserem Verdacht und erarbeiteten mit ihr einen Kontrakt, der ein Kontaktverbot zwischen ihr und ihrer Familie beinhaltete. Zu diesem Zeitpunkt bestätigte Anita unseren Verdacht nicht, nahm aber den gemeinsamen Arbeitskontrakt als Orientierungshilfe an.

Wir nehmen heute an, dass dieser Arbeitskontrakt und die Eröffnung unseres Verdachtes bei Anita einerseits Druck und Angst auslöste, aber andererseits die Möglichkeit in Aussicht stellte, dass über die schrecklichen Dinge doch gesprochen werden dürfe und wir sie dennoch weiter betreuen würden. In ihrem Selbstbild war sie ja selber „schuld". Nun ist sie schon in eine Einrichtung gegen sexualisierte Gewalt gezogen und dann geht sie „freiwillig" nach Hause und „lässt sich wieder missbrauchen". Schon darüber lässt sich eigentlich nicht sprechen ...

In diesem Wechselbad von Gefühlen begann Anita in der Bezugsbetreuung[4] von Träumen zu berichten und im Rahmen unseres kunsttherapeutischen Angebotes Bilder zu den Träumen zu malen. In den Träumen sah sie sich selber als die böse Anita. Später tauchte in den Träumen ein kleiner nackter Mädchenkörper auf. In ihren Bildern malte sie Menschen mit zwei Gesichtern und beschäftigte sich mit der Frage, ob Menschen gleichzeitig gut und böse sein können. Sieht man Menschen das Böse an? Anita ging es in dieser Zeit zunehmend schlechter und wir erahnten, dass sie sich in einem weiteren inneren Aufdeckungsprozess befand. Nach intensiver Vorarbeit, d.h. mehreren internen Fallbesprechungen, Gesprächen mit ihrer externen Psychotherapeutin und vorbereitenden Gesprächen mit Anita selbst, konfrontierten wir sie mit unserem Verdacht, dass sie selbst an ihrer 14 Jahre jüngeren Schwester sexuelle Handlungen vorgenommen hat und vornimmt. Es brauchte viele Gespräche auf unterschiedlichsten Ebenen (externe Therapie, Einzelgespräche in der Einrichtung, Gespräche mit der Köchin, Tür- und Angelgespräche, Leitungsgespräche, Gruppengespräche), bis sich Anita einen Zugang erarbeiten konnte und sie selber ihre Taten als sexualisierte Gewalt erkennen konnte. Innerhalb ihrer Familie stellten sexuelle Handlungen zwischen allen Familienmitgliedern und allen Generationen einen festen „normal erscheinenden" Bestandteil des sozialen Miteinanders dar. Zuerst konnte Anita nur berichten, dass sie zu den sexuellen Handlungen vor den Augen der anderen aufgefordert wurde. Später eröffnete sie, dass es auch Situationen gab, wo sie selbst auf eigene Initiative hin die Schwester sexuell misshandelte. Dies gestaltete sie als eine ritualisierte Handlung, wenn sie alleine zusammen im Bett lagen. Mit unserer Unterstützung konnte Anita bestätigen, dass sie ihre Schwester auch aktuell noch missbrauchte, und ihre Schwester innerhalb ihrer Familie auch weiterhin sexualisierter Gewalt ausgesetzt war. Das kognitive und emotionale Anerkennen des Unrechts und die Eröffnung der aktuellen sexualisierten Gewalt, der ihre

---

4 Eine Bezugsbetreuerin bietet sich als vorrangige Ansprechpartnerin für ihr Bezugsmädchen an und ist speziell für sie zuständig und verantwortlich.

Schwester in ihrer Familie immer noch ausgesetzt war, führte bei Anita zu einer Art Schockzustand und löste massive Schuldgefühle aus.

Auf die Aufdeckung innerhalb unserer Einrichtung folgten Interventionen außerhalb. Wir nahmen Kontakt mit dem Jugendamt auf und informierten sie über die weiterlaufende sexualisierte Gewalt an der Schwester und über den Missbrauch durch Anita. Unsere Informationen und ein Brief, in dem Anita die Fakten beschrieb, ermöglichten die Inobhutnahme der kleineren Schwester. Auf HelferInnenebene machten wir ein Übergabegespräch mit der aufnehmenden Einrichtung. Die Einrichtung wurde Anita gegenüber, aufgrund deren eigener Täterinnenschaft, anonym gehalten. Die Zusammenarbeit mit der externen Psychotherapeutin blieb parallel intensiv, um Anitas Krisen unterstützend zu begleiten. Im Anschluss suchten wir für Anita eine geeignete Klinik, in der sie in geschütztem Rahmen die vorangegangenen Ereignisse bearbeiten und sich weiterhin mit ihrer Täterinnenschaft auseinandersetzen konnte. Voraussetzung war ebenfalls ein transparenter Umgang auf HelferInnenebene. Während der gesamten Zeit ihres Aufenthalts gab es kontinuierlich Gespräche zwischen der behandelnden Therapeutin dort und uns.

Im Anschluss an den Klinikaufenthalt versuchten wir einen Klärungsprozess zwischen Anita und ihrer Familie zu begleiten, der es ihr letztlich ermöglichte, schmerzlich die Grenzen ihrer Familie anzuerkennen und langsam eine innere Distanz aufzubauen. Vor Anitas Auszug aus unserer Einrichtung fand ein Gespräch zwischen Anita und der Sozialarbeiterin ihrer Schwester statt, in dem sie hörte, dass ihre Schwester gut versorgt sei. Noch in unserer Einrichtung schrieb Anita einen Brief an ihre Schwester, in dem sie von den Taten berichtete, die Verantwortung dafür übernahm und sich entschuldigte. Dieser Brief wurde beim Jugendamt deponiert und kann zu einem geeigneten Zeitpunkt von den für die Schwester zuständigen MitarbeiterInnen angefordert werden. Für einen deutlich späteren Zeitpunkt ist ein Täter-Opfer-Gespräch zwischen Anita und ihrer Schwester angedacht. Es ist schriftlich in den Protokollen festgehalten, dass sich das Jugendamt, obwohl es nicht mehr für Anita zuständig sein wird, für die Durchführung dieses Gespräches verantwortlich zeigen wird.

Interventionsmöglichkeiten in der stationären Jugendhilfe

In den Beispielen aus unserer Praxis ist deutlich geworden, dass bestimmte Merkmale, wie z.B. Transparenz und professionelle Haltung in unserer Arbeit von zentraler Bedeutung sind. Für uns ist es heute eine Tatsache, die wir sehen und akzeptieren, dass unsere zu betreuenden Mädchen und jugendlichen Frauen als eine mögliche Folge sexueller Gewalterfahrungen selbst sexualisierte Gewalt ausüben. In dem langen und immer noch andauernden Prozess der Auseinandersetzung konnten wir uns auf einzelne Grundhaltungen verständigen. Für uns ist dies der kleinste gemeinsame Nenner; der Boden, auf dem wir handeln:

— Wir stellen zu keinem Zeitpunkt in Frage, dass die sexualisierten Gewalttaten unrecht sind.

— Das Verstehen als Zugang ist nötig, entbindet aber die Täterinnen und uns nicht von der Verantwortung zu handeln. D.h. der Opferschutz bleibt weiterhin oberstes Ziel.

— Wir begegnen den Mädchen und jungen Frauen als Ganzes, mit ihren Opfer- und Täterinnenanteilen.

— Ziel der Arbeit mit den Mädchen ist die Verantwortungsübernahme für ihre Taten.

Was hat dies für Auswirkungen auf den Arbeitsalltag in der Wohngruppe? Im Aufnahmeverfahren wird bereits nach sexualisierter Gewalt durch Frauen gefragt. Wir fragen jetzt zusätzlich neben der Einschätzung des eigenen Aggressionspotenzials auch gezielt nach aktiven sexualisierten Grenzüberschreitungen. Damit signalisieren wir, dass wir wissen, dass es „das" gibt. Auch wenn sich im Aufnahmeverfahren die Mädchen (noch) nicht äußern können, der Geheimhaltungsdruck zu stark ist, haben die Mädchen dennoch erfahren, dass wir solche Eingeständnisse hören können und dass das Thema bei uns kein Tabu ist. Damit ist die erste Schwelle genommen. Die Jugendlichen hören, dass wir Worte für aktive sexualisierte Grenzverletzungen finden und dass wir sie in den Zusammenhang ihrer Lebensgeschichte stellen. Wir verurteilen die Gewalttaten, aber wir verurteilen nicht sie als Menschen. Sie werden für uns nicht zu kleinen Monstern, als die sie sich selber definieren. Sie hören und spüren, dass wir an Veränderung glauben, aber dass daran bestimmte Anforderungen geknüpft sind. Im Bereich der aktiven Gewalttätigkeit geht es nicht um Vertrauen, sondern um Offenlegung, genaues Angucken im Detail, Verantwortungsübernahme und Kontrolle.

Spätestens hier stellt sich die Frage, welche Bedingungen erfüllt sein müssen, um mit sexuell übergriffigen Mädchen in einer Opferschutzeinrichtung zu arbeiten. Es besteht eine Übereinstimmung darüber, dass es nicht möglich ist, aktive Täterinnen zu betreuen, die keinerlei Bereitschaft zeigen, ihr Verhalten zu verändern. Aber die Skala zwischen Schwarz und Weiß hat auch Grautöne. Den aktiven Täterinnen stehen nicht nur die Jugendlichen gegenüber, die an dem Ausstieg aus der eigenen Gewalttätigkeit arbeiten wollen. Es gibt Mädchen, die sich noch nicht eröffnet haben, bei denen wir vielleicht etwas erahnen. Und es ist eine Tatsache, dass sich Verhalten nicht von heute auf morgen verändern lässt. Es kann zu „Rückfällen" kommen. Hier wird deutlich, dass sich bei dieser Problematik der Umgang von unserem sonstigen Umgang mit den Folgen sexualisierter Gewalt unterscheiden muss. Mit selbstverletzendem Verhalten oder Essstörungen, selbst mit Aggressionsdurchbrüchen (die verbaler Natur sind oder sich gegen Gegenstände richten) können wir in ganz anderer Weise akzeptierend arbeiten. Wir kalkulieren den „Rückfall" mit ein. Wir wissen, dass Verhaltensänderung Zeit braucht. Aber wie viel Zeit haben wir, wenn es um Opferschutz geht? Eines bleibt unbestritten: wenn wir unsere Hilfe nur an die Wenigen richten, die sich aktiv mit ihrer Täterinnenschaft auseinandersetzen wollen, dann arbeiten wir an der Realität vorbei und enthalten den Jugendlichen unsere spezialisierte Hilfe vor, bei denen sich ohne adäquate Hilfe die aktive Gewalttätigkeit immer mehr manifestiert.

Wenn wir in Opferschutzeinrichtungen arbeiten, haben wir auch einen Präventionsauftrag. Gerade in unseren spezialisierten Hilfen kann es besonders gut gelingen, die aktive sexualisierte Gewalttätigkeit in den Zusammenhang mit der eigenen Lebensgeschichte zu stellen und somit einen möglichen Zugang zu Verhaltensänderung zu schaffen.

Ein weiteres wichtiges Interventionsfeld ist die Gruppe und die Gruppenregeln. Wie aus dem Text über das „Verkuppeln" deutlich wird, geht es bei unserem Thema nicht nur um Mädchen, die gezielt sexualisierte Gewalt ausüben, sondern es geht auch um andere grenzverletzende Handlungen in den Bereichen Nähe und Sexualität. Das kann bedeuten, dass die Mädchen kein bewusstes Gespür für Grenzüberschreitungen und Machtmissbrauch haben. In diesem Zusammenhang ist es wichtig, dass wir mit Regeln und Gesprächsangeboten als Orientierungshilfe der ganzen Gruppe zur Verfügung stehen. Ein praktisches Beispiel aus der Wohngruppe *Myrrha*:

Wir haben die Hausregel, dass Sexualität zwischen den Bewohnerinnen verboten ist. Dennoch sind wir im Betreuungsalltag immer wieder damit konfrontiert, dass Mädchen diese Grenze der Einrichtung übertreten. Es ist uns wichtig, dass wir die Regel nicht nur als reines Verbot verstehen und gegenüber den Jugendlichen vertreten. Die Regel dient dazu, mit den Mädchen ins Gespräch zu kommen, die jeweilige Situation zu problematisieren und in den Kontext der eigenen Lebensgeschichte zu setzen, z.B. bezogen auf Wiederholungen oder Übertragungen. Die Annahmen, die dieser Haltung zugrunde liegen, besprechen wir mit den Mädchen: Als oberster Grundsatz soll unsere Einrichtung Schutz vor weiterer sexualisierter Gewalt gewährleisten. Unsere Mädchen und jungen Frauen sind in aller Regel nicht in der Lage, in sexuellen Kontakten verantwortlich miteinander umzugehen. Es kann zu Überforderungsgefühlen untereinander kommen, gerade auch aufgrund der Abhängigkeiten, die untereinander bestehen. Die Verantwortung gegenüber einer Mitbewohnerin, die selbst sexualisierter Gewalt ausgesetzt war, ist zu groß und ein angemessen verantwortlicher Umgang auf dem sensiblen Feld der Sexualität kann nicht vorausgesetzt werden. Die Jugendlichen wissen nicht, was sie an Folgen bei der anderen auslösen können, wie z.B. dissoziative Zustände oder Wiedererleben traumatisierender Erfahrungen. In spezialisierten Einrichtungen ist Sexualität untereinander besonders brisant aufgrund der thematischen Nähe zum Thema Missbrauch. Hier kann sich eine destruktive Verknüpfung aufbauen, vom Miteinander-Wohnen über Bezugsgeschwister zu inzestuösen Beziehungen. Die Mädchen sollen bei uns lernen, ihre Gefühle und Bedürfnisse wahrzunehmen und zu unterscheiden, z.B. ein Kuschelbedürfnis von sexuellen Gefühlen zu trennen. Auch hier sind die Interventionsmöglichkeiten wieder so banal wie anspruchsvoll. Jede Gelegenheit sollte genutzt werden, um Haltung zu vermitteln und Gespräche auch in der Gruppe anzuregen.

Exkurs: Jugendalter und Therapie

An dieser Stelle möchten wir einige Gedanken zum Thema Jugendalter und Therapie einfließen lassen: Es ist allgemein bekannt, dass gerade Jugendliche schwer Zugang zu therapeutischen Prozessen finden. In dieser Entwicklungsphase geht es vorrangig um Loslösung und Individuation. Jugendliche befinden sich in einem Wechselbad von Autonomiebestrebungen, Allmachtsphantasien, Orientierungslosigkeit und Unsicherheit und versuchen ihre Konflikte eher mit Altersgleichen zu lösen als mit Erwachsenen. Erschwerend kommt hinzu, dass traumatisierte Jugendliche oft massive Ängste vor einer möglichen Traumabearbeitung haben. Auch unsere Erfahrungen bestätigen, dass die Mädchen und jungen Frauen in der Regel zunächst nicht in der Lage sind, ein geschütztes therapeutisches Setting gezielt und konstruktiv zu nutzen. Dies würde die Einsicht in den eigenen Behandlungsbedarf, eine Verbindlichkeit im Einhalten von terminlichen Strukturen und ein gewisses Maß an Bindungsfähigkeit voraussetzen. Die Anbahnung zu Beratung und Therapie, zum „Hilfe-Holen" zu leisten, ist in der Regel Ziel der gesamten Unterbringungszeit. In der Praxis gibt es meist ein Zusammenspiel vom Ausprobieren der internen therapeutischen Angebote, akuter Krisenunterbringungen, vom Nutzen tagesklinischer Angebote und mittelfristig geplanter stationärer Psychotherapie. Die Mädchen durchlaufen nicht in jedem Fall alle Stationen der therapeutisch-psychiatrisch-klinischen Versorgung, aber ein Großteil unserer Jugendlichen kommt mit mehreren Hilfen in Kontakt.

Wir mussten lernen, von welch großer Bedeutung eine gute Vernetzung und multiprofessionelle Kooperation ist, damit die Mädchen nicht das HelferInnennetz spalten und die Ressourcen, die in den unterschiedlichen Settings liegen, verloren gehen. Es ist wichtig, dass die Einschätzungen der unterschiedlichen Professionen zusammenfließen können und somit ein intensives am Einzelfall orientiertes Verstehen und die Umsetzung dessen in den jeweiligen Betreuungskontext ermöglicht wird. Diese Transparenz (sie kann im Einzelfall auch eine Aufhebung des Schweigepflichtgebots nötig machen) ist umso wichtiger, wenn es um besonders brisante Themen wie aktive sexualisierte Gewalttätigkeit geht. Hier ist mit falsch verstandenen Geboten von Schutzraum und Schweigepflicht niemandem geholfen und die Erfahrung hat auch gezeigt, dass sich die Mädchen letztlich (nach viel Widerstand und der oft gestellten Vertrauensfrage) gehalten fühlen und die Orientierung annehmen, wenn sie wissen, dass wir uns austauschen.

Im Folgenden führen wir noch zwei Aspekte auf, die sicherlich genauer betrachtet werden müssen und die wir hier nur zur Diskussion stellen wollen:

— Wir merkten, dass die Möglichkeiten des Umgangs mit Mädchen mit aktiven Täterinnenanteilen auch Gefahren in sich bergen. Wir formulieren bei der Bearbeitung ihrer eigenen Täterinnenschaft die Gratwanderung, dass ein Verstehen der eigenen Handlungen nötig ist, um überhaupt einen Zugang zu der aktiven Gewalttätigkeit zu finden. Was hat dies für Auswirkungen auf die Verarbeitung der eigenen erlittenen sexualisierten Gewalt? Hier haben wir gelernt, dass es zunächst hilfreich ist, sich eindeutig zu positionieren. Es geht doch zu diesem Zeitpunkt nicht um das Verständnis für ihre emotionale

Befindlichkeit als „Opfer", sondern um Konfrontation mit der Gewalttat und ihren Folgen. An dieser Stelle ist weiteres Mitdenken und Evaluieren unseres Umgangs erforderlich.

— Eine weitere offene Frage ist die des Umgangs mit Gewaltphantasien. Sind diese erlaubt unter dem Motto „denken darfst Du alles, nur tun darfst Du nichts" oder manifestieren sie sich doch in Beziehungen? Das sind sicherlich Fragen, die nicht nur unser Arbeitsfeld berühren, sondern alle Formen von Beziehungsgestaltung. In unserem Arbeitsalltag sind wir jedoch mit Situationen konfrontiert, in denen wir genau zu diesen Fragen gegenüber Mädchen und jungen Frauen Stellung beziehen müssen, die (vielleicht) gefährdet sind, aktive Täterinnenanteile auszuagieren. Dabei meint „gefährdet" nicht, sie aus ihrer Verantwortung zu entlassen.

Im Anschluss an die Interventionsmöglichkeiten wollen wir eine Checkliste zur Verfügung stellen, in der die einzelnen Aspekte, die in einem Fall aktiver Täterinnenschaft beachtet werden sollten, noch einmal stichpunktartig aufgeführt sind:

Einzelarbeit

— Verständigung auf das zentrale Ziel, die aktive Misshandlung zu beenden
  — Klärung der Frage, an welchem Ort die weitere Bearbeitung stattfinden soll, in Abhängigkeit von:
  — Schwere der Misshandlung
  — aktiv oder zu Gewalttaten gezwungen
  — aktuell oder in der Vergangenheit
  — aktuelle Gefährdung für das Opfer
  — in welchem Ausmaß in die Persönlichkeit integriert
— Mögliche Orte für die Einzelarbeit:
  — Wohngruppe
  — Therapie
  — Selbsthilfegruppe
— Intensive Einzelgespräche:
  — Aufdeckung
  — Erkennen des Zusammenhangs mit der eigenen Opfergeschichte
  — Annahme und innerpsychische Bearbeitung der eigenen Täterinnenanteile
  — Mit den Jugendlichen daran arbeiten, dass sie zum eigenen Schutz die Erlaubnis geben, mit dem Thema öffentlich umzugehen
  — Konfrontation mit den Folgen für das Opfer
  — Präventionsarbeit

Arbeit mit der Gruppe

Offene Thematisierung durch uns und andere Professionelle im Sinne von:

- Opferschutz in der Gruppe
- Normenbildung (Unrechtsbewusstsein, Verantwortungsübernahme)

Umfeldarbeit/Vernetzung

- Gegebenenfalls Weiterleitung von Informationen an involvierte Stellen wie z.B.:
    - Jugendamt
    - Schulen und andere Institutionen
    - Familie
    - Freundeskreis
- Zusammenarbeit mit Beratungsstellen und TherapeutInnen sowie dem klinisch-psychiatrischen Versorgungssystem

Direkter Kontakt mit dem Opfer

- Verantwortungsübernahme
- Dem Opfer die Erlaubnis geben, zu sprechen
- Therapie oder Beratung des Opfers ermöglichen

Schlussbetrachtung

Was hat dieses Thema in einem Buch über Prävention zu suchen? Wir denken, dass es dabei mehrere Gesichtspunkte gibt. Zum einen war es für mich (*Wildwasser*) eine sehr beeindruckende Situation, als ich 1996 in Brighton auf einer großen internationalen Frauenkonferenz zum Thema „Gewalt, Missbrauch und weibliche Bürgerrechte" miterlebte, wie in einer Arbeitsgruppe zu diesem Thema viele Frauen das erste Mal von ihren Missbrauchserfahrungen durch Frauen berichteten und gleichzeitig ihre Heimatlosigkeit in der feministischen Bewegung gegen Männergewalt betonten. Dies wurde bildlich auch daran deutlich, dass dieser Arbeitsgruppe einer der kleinsten Räume zugewiesen worden war. Die Frauen hatten das Gefühl, mit ihren Erfahrungen nicht gehört zu werden. Viele hatten sowohl in ihrer Therapie, als auch in Selbsthilfegruppen nur über die sexualisierten Gewalterfahrungen durch Männer berichtet. Übereinstimmend berichteten sie über die extreme Verletzung durch den Missbrauch durch die Mutter, die Tante, Oma oder Babysitterin.

Die speziellen Folgen der sexualisierten Gewalt durch Frauen hier genauer zu beschreiben, würde den Rahmen des Artikels sprengen. Wir verweisen hierzu auf das Buch „Frauen als Täterinnen" von M. Elliott (1995) und auf die Bearbeitung der Thesen von Lee FitzRoy durch B. Kavemann (1996). Außer Zweifel steht, dass die Missbrauchserfahrungen durch Frauen in ihren zerstörerischen Auswirkungen denen der Missbrauchserfahrungen durch Männer in nichts nachstehen. Auch wenn sich in den verschiedenen Untersuchungen ihr Anteil bei um die 10%

einpendelt, stellen sie doch ein erhebliches Gefährdungspotenzial für Mädchen dar. Auch Frauen missbrauchen mehr Mädchen als Jungen (vgl. Elliott 1995). Wenn wir uns dazu an die Untersuchungen erinnern, die feststellten, dass Frauen in vermehrtem Maße schon als Jugendliche mit den sexualisierten Grenzverletzungen beginnen, wird die Notwendigkeit deutlich, dieses Thema im Sinne der Prävention als integralen Bestandteil in die Mädchenarbeit hereinzunehmen. Es ist notwendig, sich zu sensibilisieren, sexualisierte Gewalt gegenüber den Mädchen zu verbalisieren, eine klare Haltung im Umgang mit Täterinnenschaft zu entwickeln und die Mädchen mit ihren Übergriffen zu konfrontieren. Nur über diesen Weg ist es möglich, präventiv zu arbeiten, d.h. weitere Täterinnenschaft zu verhindern.

In der Praxis der Mädchenarbeit, nicht nur der feministischen, gibt es eine große Versuchung, dieses Thema nicht wahrhaben zu wollen, zu verharmlosen und zu bagatellisieren. Wir müssen uns bewusst machen, was es heißt, wenn wir bei dieser Haltung bleiben. Wenn Mädchen mit ihren Handlungen nicht mit einer klaren Haltung konfrontiert werden, bekommen sie die Botschaft, ...

— ... dass die Grenzüberschreitungen keine negativen Folgen für das Opfer hatten (‚denn dann hätten die Frauen ja als Schutz für das Mädchen eingegriffen).

— ... dass es eine Komplizinnenschaft mit ihr als Täterin gibt (Du bist die Starke, ich bin besser auf deiner Seite).

— ... dass es ein Verständnis für ihre Handlungen gibt (‚weil du zu mir als Opfer gekommen bist, darfst du das tun).

Damit wird zu einer Etablierung dieses Ausagierens von sexualisierter Gewalt beigetragen. Es ist wichtig, deutlich vor Augen zu haben, dass sich die Grenzüberschreitungen in zunehmendem Alter nicht „auswachsen". Auch Täterinnen missbrauchen im Laufe ihres Lebens mehrere Kinder, auch wenn in den Untersuchungen eindeutig eine größere Nähe zum Opfer festgestellt wurde. Aber diese Nähe lässt sich, wie die Frauen aus Brighton berichteten, in verschiedener Weise herstellen, ob als Mutter, als Tante, als Großmutter oder Babysitterin.

Um auf unsere eingangs gestellten Fragen noch einmal zurückzukommen:

Spielen wir dem Patriarchat mit der Diskussion dieses Themas in die Hände?

Nur wenn wir versuchen, die kritischen oder heiklen Themen zu umschiffen, sie nicht wahrhaben wollen oder durch Bagatellisieren in ihrer Bedeutung herunterspielen, eröffnen wir den Raum für eine antifeministische Besetzung dieses Themas. Wer auf diese Fragestellung trifft und in der feministischen Mädchenarbeit keine Antworten oder wenigstens Diskussionsansätze findet, wird für die antifeministischen Erklärungsmuster offen sein. Insofern war es uns ein Anliegen, sehr konkret die qualifizierte Arbeit in diesem Bereich zu beschreiben, die im Einklang mit der Gesellschaftsanalyse von patriarchalen Machtstrukturen steht.

Zu der Frage des Misstrauens gegenüber Kolleginnen verweisen wir auf die Diskussion, die Ethikrichtlinien der Therapeutinnen auf die feministische Mädchenarbeit zu übertragen, unter dem Leitgedanken, dass Mädchen sich eher über sexualisierte Grenzüberschreitungen von anderen Mädchen äußern können, wenn ihnen auch eine klare Struktur in ihrem Verhältnis zu den Betreuerinnen vorgegeben wird. Es muss ihnen erlaubt sein, ein Unbehagen in Bezug auf einen Kontakt mit einer Betreuerin ohne Angst vor Repressalien und Liebesentzug äußern zu können. Unserer Erfahrung nach kann schon die Diskussion um die Ethikrichtlinien blinde Flecken gegenüber Mitarbeiterinnen als mögliche Täterinnen deutlich machen. Konnte ein Teamkonsens zu diesen Fragen hergestellt werden, wird es möglich, den Mädchen die Erlaubnis zu geben, sich auch in unseren Projekten gegenüber möglichen Übergriffen zu schützen.

Insgesamt plädieren wir für einen offenen Blick auf alle Fragestellungen, auch wenn sie auf den ersten Blick scheinbaren Gewissheiten entgegenstehen. Nur so ist Prävention in allen Bereichen der sexualisierten Gewalt möglich.

Literatur

Elliott, Michele (1995). Frauen als Täterinnen. Sexueller Missbrauch an Mädchen und Jungen. Ruhnmark

Kavemann, Barbara (1994). Dokumentation der Tagung „Täterinnen – Frauen, die Mädchen und Jungen sexuell missbrauchen". Herausgeberin: Landesarbeitsgemeinschaft Autonome Mädchenhäuser NRW e.V. Vertrieb Donna Vita, Köln

Kavemann, Barbara (1995). „Das bringt mein Weltbild durcheinander" – Frauen als Täterinnen in der feministischen Diskussion sexueller Gewalt. In: Elliott, Michele. Frauen als Täterinnen. Sexueller Missbrauch an Mädchen und Jungen. Ruhnmark

Kinder Matthews, Jane (1995). Die Arbeit mit Sexualstraftäterinnen. In: Elliott, Michele. Frauen als Täterinnen. Sexueller Missbrauch an Mädchen und Jungen. Ruhnmark

Thürmer-Rohr, Christina (1990). Mittäterschaft und Entdeckungslust. Studienschwerpunkt Frauenforschung am Institut für Sozialpädagogik der TU Berlin (Hg.). Berlin (2. Auflage).

Ebba Ache und Heike Pich

Sexuelle Diskriminierung im Ausbildungsverhältnis

In diesem Artikel werden wir einen weiteren Bereich sexualisierter Gewalt aufzeigen, dem jugendliche Mädchen ausgesetzt sein können: sexuelle Diskriminierung (oder auch sogenannte sexuelle Belästigung) im Ausbildungs- und Arbeitsverhältnis. Obwohl Mädchen und junge Frauen schon sehr lange sexueller Diskriminierung ausgesetzt waren, wurde in Deutschland erst 1991 von Seiten der Bundesregierung eine Studie herausgegeben, die diese Thematik näher beleuchtet (Holzbecher u.a., S. 91). Diese Studie ist Grundlage für den inzwischen existierenden Artikel 10 im Beschäftigtenschutzgesetz.

Unsere Auseinandersetzung mit dieser Thematik fing schon 1988 als Mitbegründerinnen des Vereins Wildwasser Oldenburg an. Nur nannten wir zu dieser Zeit die Übergriffe von LehrerInnen, KollegInnen, Vorgesetzten etc. an Mädchen und jungen Frauen **sexuellen Missbrauch**. Das Vorgehen bei Aufdeckung von sexualisierter Gewalt war hier genauso wie bei dem des „sexuellen Missbrauchs". Mit der Auseinandersetzung zu der Thematik „sexuelle Belästigung" (wie es im Gesetz genannt wird) wurde deutlich, dass auch andere Wege beschritten werden können. Erst mit der Zeit wurde uns klar, dass sexualisierte Gewalt, die in Schule, Ausbildung und Arbeitsstellen ausgeübt wird, auch die gesamte Institution in den Blick nehmen muss. Hier muss Prävention ansetzen, wenn sie etwas bewirken will. So beantragten wir für 1999 bei der EU ein Projekt zur Prävention von sexueller Diskriminierung. Wir bekamen den Zuschlag für ein Daphne-Projekt. Daphne-Projekte beschäftigen sich alle mit sexualisierter Gewalt. Die Erfahrungen, die wir in diesem Jahr gemacht haben, bilden eine Grundlage zu diesem Artikel.

Nach einer kurzen theoretischen Einführung in die Thematik werden die Organisationen ins Blickfeld genommen. Danach werden die Denkgewohnheiten und Abwehrstrategien untersucht, mit denen sowohl Betroffene von sexueller Diskriminierung als auch HelferInnen und die Organisationen, die sich der Thematik annehmen, konfrontiert sind.

Im Anschluss daran stellen wir Möglichkeiten der Prävention vor. Dazu werden auch die einzelnen Zielgruppen, die präventiv in Ausbildungs- und Arbeitsstätten angesprochen werden, angeschaut. Es ist wichtig, nicht nur für die Auszubildenden präventive Angebote zu machen, sondern vor allem die Leitung/Vorgesetzten und die LehrerInnen zu schulen, um auch auf diesen Ebenen Handlungsstrategien für den Schutz der Auszubildenden und den Umgang mit den TäterInnen zu erarbeiten.

Zahlen, Fakten, Tatbestände

„Sexuelle Belästigung bedeutet unerwünschtes Verhalten sexueller Natur oder ein sonstiges Verhalten, das die Würde von Frauen und Männern am Arbeitsplatz beeinträchtigt. Dies kann unerwünschte körperliche, verbale oder nichtverbale Verhaltensweisen einschließen".

(Empfehlung der EG – Kommission zum Schutz der Würde von Frauen und Männern am Arbeitsplatz, 1990 in Buhr Klein-Schonnefeld 1996, S. 868)

Sexuelle Diskriminierung (sogenannte sexuelle Belästigung) am Arbeitsplatz gibt es, seit Frauen erwerbstätig sind. Öffentlich angesprochen wurde dieses Problem zum ersten Mal von Frauengruppen in den 70er-Jahren, einige Jahre später schlossen sich Gewerkschaftsfrauen der Forderung an, in Betrieben geregelte Verfahrensweisen einzurichten, um betroffenen Frauen Beschwerden bei zuständigen Stellen zu erleichtern bzw. erst zu ermöglichen.

Von Seiten der **Europäischen Union** gab es wiederholt Resolutionen und Aufforderungen an die Mitgliedsstaaten nach Aufklärung und Information über sexuelle Diskriminierung und einem geregelten Vorgehen dagegen.

1991 wurde von der Bundesregierung eine **Studie** in Auftrag gegeben (Holzbecher u.a. 1991), die einen deutlichen Handlungsbedarf aufzeigte: 72 % der befragten Frauen und 19 % der Männer gaben an, schon einmal sexueller Diskriminierung/sog. sexueller Belästigung ausgesetzt worden zu sein. Die genannten Handlungen/Situationen reichen von taxierenden Blicken, ungewollten Berührungen über Androhen beruflicher Benachteiligung bei Verweigerung sexueller Kontakte bzw. Versprechen von Vorteilen bei Zustimmung bis hin zu sexueller Nötigung und Vergewaltigung (ebd. S. 233, S. 288).

Seit 1994 existiert in der BRD das **Beschäftigtenschutzgesetz**, welches Maßnahmen gegen sog. sexuelle Belästigung in den Verantwortungsbereich der Arbeitgeberin/des Arbeitgebers legt.

„Sexuelle Belästigung am Arbeitsplatz ist jedes vorsätzliche, sexuell bestimmte Verhalten, das die Würde von Beschäftigten am Arbeitsplatz verletzt, dazu gehören

a. sexuelle Handlungen und Verhaltensweisen, die nach den strafgesetzlichen Vorschriften unter Strafe gestellt sind, sowie

b. sonstige sexuelle Handlungen und Aufforderungen zu diesen, sexuell bestimmte körperliche Berührungen sexuellen Inhalts, sowie Zeigen und sichtbares Anbringen von pornographischen Darstellungen, die von den Betroffenen sichtbar abgelehnt werden"

(Gesetz zum Schutz der Beschäftigten vor sexueller Belästigung am Arbeitsplatz, §2)

Belästigungen finden meist dort statt, wo sich entweder der Täter (die Täterin) oder die Belästigte/der Belästigte besonders häufig aufhält: Der Arbeitsraum des

Vorgesetzten/Kollegen und das eigene Arbeitszimmer werden am häufigsten von den Betroffenen angegeben.

Frauen scheinen häufiger sexueller Diskriminierung ausgesetzt zu sein, wenn sie sich auf mittlerer Hierarchieebene befinden und versuchen, sich gegen Mitstreiter zu behaupten. Sexuelle Diskriminierung wird hier als Mittel eingesetzt, um Frauen in ihrem Karrierestreben zu verunsichern, sie auf die „niederen Plätze" zu verweisen.

Besonders gravierend ist die Situation von Auszubildenden. Auch Frauen und Männer, die sich in befristeten Arbeitsverhältnissen befinden oder noch in der Probezeit sind, sind gefährdeter (ebd., S. 202) . **Tätern scheint die unsichere Position eine gewisse Gefahrenlosigkeit zu signalisieren,** wenn sie sexuell diskriminieren. Das Machtgefälle ist größer, wenn die Betroffenen in unsicheren Positionen sind. Die Möglichkeiten der Betroffenen sich zu wehren, sind durch ihre abhängige und unsichere Situation oft stark eingeschränkt.

Für die Betroffenen kann eine sexuelle Belästigung schwerwiegende Folgen haben. Ähnlich wie beim Mobbing werden i.d.R. erst wiederholte Vorfälle als belastend empfunden. Einmalige Vorfälle definieren die Betroffenen häufig erst einmal für sich selber um: „Er hat es nicht so gemeint", „Ich bin zu empfindlich" etc. Die Folgen, besonders von wiederholten sexuellen Diskriminierungen, können z.B. **Motivationsverlust, Krankheit oder auch Kündigung** sein. Darüber hinaus wird sexuelle Diskriminierung häufig noch als „Kavaliersdelikt" angesehen. Betroffene, die sich wehren, sind oft zusätzlicher Herabsetzung oder Schikane z.B. durch KollegInnen oder den/die TäterIn ausgesetzt und werden als humorlos, prüde usw. hingestellt.

Wie wehren sich Frauen – wo können sie sich Hilfe suchen?

Wenn die Betreffenden die Diskriminierung vor sich selbst nicht mehr leugnen können, versuchen sie oft durch sogenannte defensive Abwehrformen (Vermeiden von Begegnungen, Änderung der Kleidung, Versuch eines scherzhaften Umgangs mit der Situation) eine Beendigung der Übergriffe zu erreichen. Diese Verhaltensweisen führen nur zu ca. 30 % zum Erfolg (ebd., S. 300).

Versagen diese (individuellen) Strategien, dann bleibt häufig nur (will die betroffene Frau nicht durch Wechsel oder Aufgabe ihres Ausbildungs- oder Arbeitsplatzes das Problem lösen) die Möglichkeit der aktiven Abwehr, die laut Umfragen bei 2/3 der Betroffenen zum Erfolg führen (ebd.).

— Die Frau sucht das direkte Gespräch mit dem Täter. Leider sind die Täter jedoch häufig nicht einsichtig. Die Betroffenen haben deswegen oft Angst, bei einem Öffentlichmachen Sanktionen ausgesetzt zu sein.

— Durch die Bildung von Selbsthilfegruppen kann gemeinsam vorgegangen und auch eine Beschwerde, z.B. an den Vorgesetzten zusammen vorgetragen werden. Dieses gemeinsame Vorgehen führt eher zum Erfolg.

— Betroffene sprechen Stellen außerhalb der Institution an, wie z.B. (Frauen-) Beratungsstellen, Frauenbeauftragte, die Arbeiterkammer etc. und bitten diese um Hilfe. Oftmals bekommen die Betroffenen erst hier eine adäquate Unterstützung.

Von den Betroffenen, die Vertrauenspersonen wie z.B. Betriebsrat oder Vorgesetzte angesprochen haben, fühlten sich 30 % unterstützt. In mindestens 50 % der Fälle erhielten die Frauen keine Unterstützung, teilweise wurde ihre Aussage angezweifelt oder ihnen die Schuld gegeben (ebd., S. 304).

Zur Zeit gibt es wenige Beratungsstellen, die speziell zu dieser Thematik arbeiten. Frauenberatungsstellen und Einrichtungen, die speziell zu sexualisierter Gewalt arbeiten, sind aber meistens auch für diese Thematik ansprechbar.

Sexuelle Diskriminierung in Organisationen

Sexuelle Diskriminierung am Arbeits- und Ausbildungsplatz hat neben den bereits dargestellten Folgen für die Betroffenen immer auch Auswirkungen auf den Betrieb, die Institution (vgl. Rastetter 1994, S. 185). Wird in einer Organisation sexuell diskriminiert, entwickelt sich auch in diesem Kontext die für sexuelle Gewalt bekannte Dynamik von Aufdeckung, Leugnung und Abwehr.

Auswirkungen und Folgen für die Organisation

Bei der Betrachtung dieser Dynamik wird deutlich, dass es Faktoren gibt, die sich von Seiten der ArbeitgeberInnen nicht beeinflussen lassen. Hierzu zählen die **persönlichen Reaktionsweisen** und die **persönliche Verletzbarkeit** einer Betroffenen. Beides liegt in der Persönlichkeit der jeweiligen betroffenen Frau begründet, hat dadurch ihre eigene Berechtigung und entzieht sich einer Einwirkung von außen. Ebenso die **individuellen Folgen**, wobei hier die Auswirkungen auf die Arbeitszusammenhänge der Frau zwar individuell spürbar sind, aber dennoch von außen gestaltet werden (können), indem z.B. nicht die betroffene Frau, sondern der Täter den Arbeitsplatz wechseln muss.

Daneben gibt es Bereiche, in denen ArbeitgeberInnen indirekt Einfluss nehmen können. Die Reaktionen des **Umfeldes** von Betroffenen und Tätern liegen zwar wiederum in Einstellungen und Verhaltensmustern der einzelnen Personen (z.B. KollegInnen) begründet, ließen sich aber dahingehend leiten, indem beispielsweise von ArbeitgeberInnen klargestellt wird, dass Schuldzuweisungen an die Betroffene nicht geduldet werden.

Die Möglichkeiten der ArbeitgeberInnen Einfluss zu nehmen, liegen, neben dem direkten Kontakt zu den MitarbeiterInnen, in erster Linie in eher übergeordneten Zusammenhängen, dem Organisations- und Arbeitskontext (vgl. Fitzgerald 1996 zitiert in: Komitee Fem. Soziologie, S. 33):

Der **Organisationskontext** meint die Ebene, in der z. B. betriebliche Vereinbarungen verankert sind, an einer „corporate identity" gearbeitet wird oder auch Qualitätssicherung vorangetrieben wird.

Hier ist der Ansatzpunkt bei internen Vereinbarungen zu sehen, in denen die Organisation festlegt, wie im Einzelnen in einem Fall von sexueller Diskriminierung vorgegangen wird, wer, mit welchen Kompetenzen und Verantwortungen ansprechbar ist. D.h. es wird ein **offizieller Beschwerdeweg** festgelegt, der den Umgang mit sexueller Diskriminierung in dieser Organisation verbindlich regelt.

Auch Fortbildungen, Präventionsmaßnahmen oder Informationsveranstaltungen zur Problematik, Aushänge der gesetzlichen Bestimmungen und betrieblicher Verfahrensregeln, also das sinnbildlich offene Ansprechen von sexueller Diskriminierung, setzen deutliche Signale. Neben Aufklärung und Personalschulung drücken ArbeitgeberInnen damit aus, dass sexuelle Diskriminierung als Problem wahrgenommen und ernst genommen wird. Unumgänglich ist hier allerdings, auch wirklich Konsequenzen zu ziehen und auf sexuelle Diskriminierung entsprechend zu reagieren bzw. gegebenenfalls zu sanktionieren. Die besten Verfahrensregeln sind unwirksam, solange sie nur auf dem Papier stehen, de facto aber nicht auf tatsächliche sexuelle Diskriminierung reagiert wird.

Der **Arbeitskontext** umfasst die verschiedenen Arbeitszusammenhänge einer/s Institution/Betriebes. Durch o.g. Maßnahmen wird dahingehend Einfluss genommen, dass ArbeitnehmerInnen wissen, was sie in einem Fall von sexueller Diskriminierung tun, an wen sie sich wenden können usw. ArbeitnehmerInnen und auch (potenzielle) Täter wissen darüber hinaus, dass sexuelle Diskriminierung in ihrem Betrieb nicht geduldet wird. Das verhindert zwar nicht jegliches diskriminierendes Verhalten, aber ein offenes Klima in einem aufgeklärten, informierten KollegInnenkreis erschwert dieses und erleichtert es gleichzeitig, sich dagegen zu wehren.

Abwehrstrategien und Denkgewohnheiten

Fast jede Person, die zu sexueller Diskriminierung am Ausbildungsplatz eine eindeutige, für die betroffenen Frauen unterstützende Position bezieht, hat mit typischen Reaktionen zu tun, die in der wissenschaftlichen Forschung hinlänglich als Techniken bekannt sind, mit denen Veränderungsbestrebungen abgewehrt werden. Aber auch Frauen, die Unterstützung suchen, werden mit Abwehrstrategien und Denkgewohnheiten konfrontiert, die das Thema und damit auch die Frauen und HelferInnen abwehren und verurteilen.

Die nachfolgend vorgestellten Strategien sind durch Monika Holzbecher, die verschiedene Studien zu sexueller Diskriminierung an Hochschulen ausgewertet hat, in ihrem Artikel "Sexuelle Diskriminierung als Machtmechanismus" (Holzbecher 1995, S. 24ff) aufgestellt worden.

Verharmlosen und Leugnen

In Untersuchungen wurden Frauen und Männern Beispiele unter der Fragestellung vorgegeben: Ist dieses für Sie eine sexuelle Belästigung? 50 % der Befragten ordneten Vorfälle wie hinterherpfeifen, taxierende Blicke, Witze etc. als „eher nicht belästigend" ein (vgl. z.B. Holzbecher 1991). Diese Vorfälle werden von Männern oft als "normale Umgangsweise", als Flirt, Spaß und Auflockerung des Betriebs- und Studienklimas gewertet. Da diese Vorkommnisse oft als Bagatelldelikte angesehen werden, für die die Betroffenen selbst verantwortlich sind, sehen die zuständigen (Hoch)Schulangehörigen hier zumeist keinen Handlungs- und Diskussionsbedarf. Bei Vorkommnissen, die überwiegend als schwerwiegend eingestuft werden, wird eine Auseinandersetzung aus einem anderen Grund abgelehnt. Hier dient das Argument als Begründung, es wären keine entsprechenden eindeutig beweisbaren Vorfälle dieser Art bekannt. Fehlende Beschwerden werden als Indiz gewertet, dass offensichtlich kein Problem besteht.

Täterorientierte Definitionsmacht

Manche Männer stellen sich selber als mögliche Opfer von sexueller Diskriminierung dar. Indem Frauen das Recht zugesprochen wird, ihre eigenen Empfindungen als Maßstab für sexuelle Diskriminierung zu setzen, befürchten sie, aufgrund von "Überempfindlichkeiten" und Missverständnissen von Seiten mancher Frauen sanktioniert zu werden.

Diese Definitionsmacht ermöglicht es, Übergriffe beispielsweise als Auflockerung des Arbeitsklimas zu deklarieren und einer Frau, die sich wehrt vorzuwerfen, sie sei prüde und humorlos.

Schuldumkehr und Abwehr

In der Diskussion um sexuelle Diskriminierung wird von Lehrenden oftmals angeführt, dass manche Schülerinnen/Studentinnen es darauf anlegen würden, in Prüfungen mit figurbetonter Kleidung, "knappen Röcken" die Benotung positiv beeinflussen zu wollen. Diese Beispiele sollen als Beweis dafür dienen, dass es im Grunde die Professoren/Lehrer sind, die sich bedrängt und belästigt fühlen müssen.

Ausblendung der Risiken

Viele (Hoch)Schulangehörige vertreten die Meinung, dass Studierende/SchülerInnen sich ohne Bedenken gegen Diskriminierung von Statushöheren zur Wehr setzen können, ohne dass ihnen dadurch Nachteile entstünden. "Unsere Frauen sind doch selbstbewusst" heißt es oft. Die belastende, oft unlösbare Konfliktsituation, die für Studentinnen entsteht, wenn sie mit eindeutigen Angeboten und Verhaltensweisen eines Professors oder Dozenten konfrontiert sind, wird oft ausgeblendet und nicht wahrgenommen.

Das real vorhandene Machtgefälle wird nicht selten durch einen betont kameradschaftlichen Umgang mit den Studierenden verwischt, wodurch es Belästigungsopfern noch schwerer fällt, drohende Grenzüberschreitungen rechtzeitig zu erkennen und abzuwehren. Bei einer Befragung an der Bielefelder Universität gaben 66,8 % der befragten Frauen an, dass Belästigte sich oft nicht gegen sexuelle Diskriminierung wehren, weil es zunächst schwierig sei, zwischen kumpelhaftem bzw. väterlichem Verhalten und sexuellem Interesse zu unterscheiden. So existieren keine klaren Regeln, wie ein Professor die Distanz zu Studierenden wahren sollte. Für Studentinnen ist es oft nicht klar, ob z.B. das Angebot des Duzens, die Einladung zum Abendessen, das Treffen zu Hause, eine entspannte Arbeitsatmosphäre sein soll oder ein erster Schritt in Richtung sexuelle „Verführung". „Es ist unmöglich, jenen Punkt zu greifen, wann in der alltäglichen Konstellation (einerseits die begeisterte Studentin, die ihren Professor zunächst ausschließlich als den Wissenschaftler sieht, andererseits ein Professor, der alle Studierenden seines Faches zu begeistern versteht) das Geschlechtliche eine Rolle zu spielen beginnt, wann die wissenschaftliche Beziehung in eine persönliche umschlägt" (Bußmann/Lange 1995, S. 40).

Tabuisierung

Wichtig hierbei ist, die Bewertung von Liebesbeziehungen unter Statusungleichen zu betrachten. In den unterschiedlichen Ausbildungen, außer den Hochschulen, werden Liebesbeziehungen von Schülerinnen zu Ausbildern zunehmend kritisch betrachtet. Bei den Studierenden, resultiert durch die Negierung der Statusungleichheit, ist eine Reaktions- und Bewertungsunsicherheit festzustellen.

Ablenkung vom eigentlichen Problem

Viele Fälle von sexueller Diskriminierung werden dadurch "gelöst", dass vom eigentlichen Delikt abgelenkt wird; die Art der Thematisierung, d.h. der Betroffenen und ihrer HelferInnen, werden ins Kreuzfeuer der Kritik gerückt. Oftmals werden nicht diejenigen sanktioniert, die die Übergriffe begehen, sondern die, die sie aufdecken: die betroffenen Frauen, ihre Ansprechpersonen und helfende Institutionen. Ihnen wurde in der Vergangenheit zumeist ungeschicktes Vorgehen, unsachliche Argumentation und überzogene Sichtweisen unterstellt.

Nicht nur Betroffene und HelferInnen, sondern auch alle diejenigen, die zu sexueller Diskriminierung informieren oder anders präventiv tätig sind, werden mit diesen Abwehrstrategien und Denkgewohnheiten konfrontiert. Das ist mitzudenken, sollte das Thema als „Fall" oder auf der Informationsebene in Präventionsveranstaltungen etc. öffentlich gemacht bzw. öffentlich diskutiert werden.

Prävention

Prävention von sexualisierter Gewalt muss auf verschiedenen Ebenen ansetzen. Sexuelle Gewalt entwickelt sich nicht als individuelles Problem, sondern hat einen gesellschaftlichen Rahmen, der Gewalt mehr begünstigt als verhindert. Hierarchische Strukturen, unzureichende Gesetzgebung bzw. mangelnde Umsetzung von Gesetzen und vieles andere mehr schaffen den Hintergrund für jede Form von Gewalt, die sich schließlich auch auf individueller Ebene äußert.

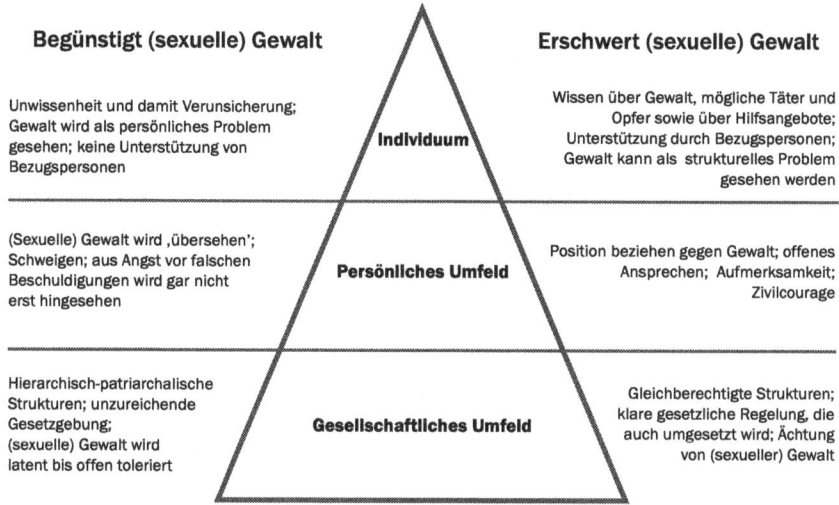

Begünstigt (sexuelle) Gewalt

Erschwert (sexuelle) Gewalt

Individuum

Unwissenheit und damit Verunsicherung; Gewalt wird als persönliches Problem gesehen; keine Unterstützung von Bezugspersonen

Wissen über Gewalt, mögliche Täter und Opfer sowie über Hilfsangebote; Unterstützung durch Bezugspersonen; Gewalt kann als strukturelles Problem gesehen werden

Persönliches Umfeld

(Sexuelle) Gewalt wird ‚übersehen'; Schweigen; aus Angst vor falschen Beschuldigungen wird gar nicht erst hingesehen

Position beziehen gegen Gewalt; offenes Ansprechen; Aufmerksamkeit; Zivilcourage

Gesellschaftliches Umfeld

Hierarchisch-patriarchalische Strukturen; unzureichende Gesetzgebung; (sexuelle) Gewalt wird latent bis offen toleriert

Gleichberechtigte Strukturen; klare gesetzliche Regelung, die auch umgesetzt wird; Ächtung von (sexueller) Gewalt

Zur nachhaltigen Prävention von sexueller Gewalt ist es daher notwendig, nicht nur bei der (potenziell) gefährdeten Gruppe – z.B. Frauen, Kinder – anzusetzen, um sie mit Aufklärung und Information zu stärken. Auch das persönliche und gesellschaftliche Umfeld muss einbezogen werden, muss Verantwortung übernehmen, sich verändern.

Aber auch die (potenziell) gefährdende Gruppe – z.B. Männer, Erwachsene, Vorgesetzte – muss über Aufklärung und Information einbezogen werden. Hier ist es notwendig, klare Grenzen zu setzen und zu sanktionieren. Besonders hier muss für das eigene Handeln Verantwortung übernommen werden.

Nur auf einer Ebene zu agieren, ist relativ wirkungslos. Angela May unterscheidet zwischen:

— **Primärprävention:** soll möglichst frühzeitig beginnen und zielt mit Hilfe von Aufklärung, Anleitung und Beratung darauf ab, eine potenziell gefährdete Gruppe (Opfer und/oder Täter) vor dem schädigenden Ereignis zu bewahren.

— **Sekundärprävention:** Mittels Fortbildungen sollen Erwachsene sensibilisiert werden und Signale und Symptome bei Betroffenen erkennen und deuten können.

— **Tertiärprävention:** ein adäquater, ggf. therapeutischer Umgang mit Betroffenen, um entstandene Traumata mit dem Ziel der Reintegration zu heilen und Reviktimisierung zu verhindern.

— **Präventive Intervention:** soll negative Einflüsse auf die Persönlichkeitsentwicklung verhindern oder mindern. Bezogen auf die Sexuelle Gewalt heißt das, sie zu verhindern oder ihre Dauer zu verkürzen. (May 1997, S. 19 ff)

Präventive Maßnahmen können allgemein ansetzen bei:

— Informationen, Fortbildungen

— Gesetzlichen Maßnahmen

— Ächtung auf gesellschaftlicher und persönlicher Ebene

— Stärkung der potenziellen Opfer

— Stärkung der Helferinnen und Helfer

— Strategieentwicklung für Betroffene (Wege, die diskriminierende Situation zu beenden)

— Arbeit mit Tätern und Täterinnen – präventive Intervention

— Sicherheitsverwahrung

Was kann eine Institution tun:

— Aufklärung zu sexueller Diskriminierung auf den verschiedenen Ebenen (z.B. Fortbildung für unterschiedliche Zielgruppen, Verbreiten von Informationsmaterial)

— Erarbeitung und Verbreitung eines Beschwerdeweges (d.h. wie geht eine Institution konkret mit Fällen von sexueller Diskriminierung um) (siehe als Beispiel dazu z.B. Ache/Pich 2000, S.85 ff und Imhoff/Karches 2000)

— Ächtung von sexueller Diskriminierung

— Klärung bei offiziellen Beschwerden

— Stärkung von potenziellen Opfern

Was kann jede/r Einzelne in der Institution tun: (innerhalb ihres/seines Rahmens oder ihrer/seiner Möglichkeiten)

— Wahrung der Grenzen anderer (MitarbeiterInnen, MitschülerInnen, Untergebene, Vorgesetze etc.)

— Eingreifen bei sexueller Diskriminierung

— den Betroffenen glauben

— Fortbildungen besuchen, sich informieren und sensibilisieren

— Informationen anbieten, verbreiten

— Gespräche für Betroffene und potenziell Betroffene anbieten

— Vorantreiben eines Beschwerdeweges

— Thematisieren von sexueller Diskriminierung und Gewalt

Was kann auf übergeordneter Ebene getan werden:

Alfredo Godenzi nennt Präventionsstrategien, die effektiv sind, aber nur langfristig wirken:

Diese Präventionsstrategien können von gesetzlicher Seite aber auch (bedingt) in Institutionen von Leiterinnen umgesetzt werden.

- Gleichstellung der Geschlechter (Macht und Führungspositionen, Arbeitsteilung, Einbindung der Männer in Reproduktionspflichten etc.)
- Ökonomischer Ausgleich (Lohn, Renten, Versicherungen)
- Auflösung von Gewaltnormen (inkl. Gesetzesvorschriften)
- Stärkung des sozialen Netzwerkes (u.a. weibliche Arbeitszusammenhänge fördern, nicht nur in schlecht bezahlten Bereichen) (vgl. Godenzi 1992, S. 46)

Godenzi fordert auch Forschungen zu der Frage: Warum und unter welchen Bedingungen diskriminieren Männer die Frauen **nicht**. Nicht nur wie so oft: Warum und unter welchen Bedingungen tun sie es (ebenda).

Konzeptionelle Überlegungen für die präventive Arbeit in Institutionen

Aus unserer langjährigen Arbeit gegen sexualisierte Gewalt ist uns deren spezielle Dynamik bekannt, die geprägt ist von dem Wunsch nach Aufdeckung einerseits und der Abwehr und Verleugnung der sexuellen Gewalt andererseits. Diese Dynamik erfordert eine sensible Herangehensweise, insbesondere im Umgang mit Abwehrstrategien und Spaltung, zumal sexuelle Diskriminierung als sexualisierte Gewalt innerhalb einer Organisation/eines Systems den gleichen Mechanismen unterliegt wie sexueller Missbrauch in der Familie.

Hier ist es sinnvoll, in erster Linie möglichst breit zu informieren und z.B. in Workshops zum Thema den Fragen, Ängsten oder auch der Abwehr genügend Raum zu lassen, um Vorurteile über sexuelle Gewalt, Opfer/Täter und Folgen aufzuklären.

Für die präventive Arbeit in Betrieben und Institutionen ergeben sich daraus folgende Konsequenzen:

- die oben beschriebene Dynamik wird TrainerInnen, ReferentInnen etc. in den Einrichtungen begegnen;
- sie muss dementsprechend thematisiert werden, damit z.B. einzelne Reaktionen richtig eingeordnet werden können;
- im Rahmen von Veranstaltungen, Workshops etc. muss genügend Raum für Gespräche und Diskussionen sein, um zu einem Konsens zu kommen;
- gleichzeitig müssen genügend Informationen gegeben werden, da das Wissen über sexuelle Diskriminierung i.d.R. noch sehr unzureichend und von Vorurteilsdenken überlagert ist.

Um ein erstes Problembewusstsein zu schaffen, kann auf zwei Bereiche näher eingegangen werden. Zum einen ist – gerade zu Beginn der Auseinandersetzung mit sexueller Diskriminierung – die Frage nach der Definition oft zentral und wird intensiv und teilweise auch kontrovers diskutiert. Daher ist es wichtig, hierzu klare Orientierungshilfen und Maßstäbe zu geben, die eine Einordnung von diskriminierenden Situationen erleichtern können.

Der zweite Bereich, der besonders im Rahmen von Einführungsveranstaltungen näher behandelt werden sollte, ist die gesetzliche Grundlage.

Zielgruppe Leitung, leitende Angestellte etc.

Da die TeilnehmerInnen in der Regel mit unterschiedlichem Wissenstand kommen, ist es grundsätzlich sinnvoll, die Einstiegsphase hauptsächlich als Vermittlung von Information zu konzipieren.

Bei der Leitung in ihrer Rolle als ArbeitgeberInnen sind im weiteren Verlauf der Workshops besonders folgende Aspekte wichtig:

— die Fürsorgepflicht gegenüber MitarbeiterInnen und Auszubildenden und die damit verbundene Verantwortung, speziell die durch das Beschäftigtenschutzgesetz festgelegte Verantwortung für den Schutz vor sexueller Diskriminierung;

— die gesetzlichen Vorgaben und ihre Umsetzungsmöglichkeiten (z.B. Verfahrensregelung), Sensibilisierung;

— die Dynamik von sexueller Gewalt, insbesondere mit Blick auf die Struktur einer Organisation;

— die jeweiligen Möglichkeiten der Verhinderung von und des Umgangs mit sexueller Diskriminierung, aber auch die Grenzen des Eingreifens und Handelns:

Zielgruppe Lehrende, LehrerInnen und Ausbildende

Auch hier sollte der erste Teil des Workshops zur Bildung einer allgemeinen Wissensgrundlage genutzt werden. Neben der Informationsvermittlung ist gerade bei dieser Gruppe die Bildung eines Problembewusstseins wichtig, da sie in der Regel erste Ansprechpersonen für betroffene SchülerInnen, Studierende oder Auszubildende sind. Darüber hinaus sind bei dieser Zielgruppe folgende Themen sinnvoll:

— Erweiterung der Handlungskompetenz im Umgang mit Betroffenen und allgemein mit der Thematik

— Anregungen für eine Umsetzung des Themas in Unterricht und Lehre

— Aufzeigen von Handlungsmöglichkeiten für Studierende, SchülerInnen und Auszubildende

— Hilfestellung für ein Gespräch mit Betroffenen

— Einfühlen in die Situation der Betroffenen

— Umgang mit Grenzen anderer und eigener Abgrenzung

Während die ersten 4 Themen im Gespräch oder auch in Form von Arbeitsblättern als Inhalte vermittelt werden können, lassen sich Sensibilität oder auch persönliche Reaktionsweisen nicht lehren oder antrainieren. Hier kann es nur darum gehen, durch Aufklärung und Information eigenes Verhalten zu reflektieren und gegebenenfalls zu ändern, was aber im Rahmen eines Workshops o.ä. sicherlich nur sehr bedingt möglich ist.

Zielgruppe Schülerinnen, Studentinnen und Auszubildende

Wie auch bei den Angeboten für Lehrende und der Leitung ist uns hier die Vermittlung von Basiswissen wichtig, um ein erstes Problembewusstsein zu schaffen und zu sensibilisieren. Besonders bei den Auszubildenden hat dies auch den Hintergrund, eventuell eigenes Erleben anders einordnen zu können und Einstellungen und falsche Mythen über sexualisierte Gewalt zu hinterfragen.

Auszubildende, Schülerinnen und Studentinnen befinden sich in einer ungleich stärkeren Abhängigkeit als andere ArbeitnehmerInnen. Davon ausgehend sollte in den Workshops über formelle Beschwerdewege informiert und Verantwortlichkeiten geklärt werden, um eigene Handlungsmöglichkeiten ausweiten und Grenzen erkennen zu können.

Anhand von Fallbeispielen, die in Kleingruppen bearbeitet werden sollten, kann die Situation von betroffenen Frauen nachvollzogen und Folgen von sexueller Diskriminierung eingeschätzt werden.

Sinnvoll sind hier Rollenspiele in Kleingruppen zu Situationen, die eventuell auch von den Schülerinnen/Studentinnen selbst eingebracht werden können. In diesem Zusammenhang halten wir es für sinnvoll, dass die Workshops für die Auszubildenden ein freiwilliges Angebot sind. Betroffenen sollte nicht zugemutet werden, sich mit sexueller Gewalt in dieser intensiven Form auseinander zu setzen, wenn sie es nicht wollen. Das würde heißen, persönliche Grenzen nicht zu akzeptieren und damit ein Präventionsprogramm gegen sexualisierte Gewalt ad absurdum zu führen.

Wir halten es für wichtig, für diesen Teil genügend Zeit einzuräumen, um den Teilnehmerinnen die Möglichkeit zu geben, in Ruhe eigene Reaktionsmöglichkeiten kennen zu lernen, zu reflektieren und ggf. andere Formen auszuprobieren. Die Arbeit in Kleingruppen erscheint uns sinnvoll, da von der Gruppe oft unterstützende Hinweise und Anregungen kommen, die in der Regel als sehr hilfreich erlebt werden.

Abschluss und Ausblick

In diesem Jahr intensiver Arbeit gegen sexuelle Diskriminierung am Ausbildungsplatz wurde deutlich, dass die Auseinandersetzung mit dieser Problematik in der Öffentlichkeit wie auch in den beteiligten Einrichtungen noch am Anfang steht. Wir erlebten während unserer Angebote in den Institutionen, aber auch während unserer öffentlichen Informationsabende, viel Abwehr, wobei wir auch massives Desinteresse als eine Form der Abwehr begreifen.

In der Arbeit in den Workshops stellten wir darüber hinaus fest, wie tief verwurzelt teilweise noch Einstellungen zu finden sind (auch bei Jugendlichen), die den

Betroffenen die Schuld an der erlittenen Diskriminierung zuweisen: („Die Frau ist doch selber Schuld, wenn sie zu ihrem Chef in's Auto steigt!").

Auffallend ist auch die verbreitete Unsicherheit in Bezug auf die Frage, was unter sexueller Diskriminierung zu verstehen ist. Sobald diese Frage im institutionellen Kontext gesehen wird bzw. sexuelle Diskriminierung im eigenen Arbeitsumfeld definiert werden soll, gab es regelmäßig kontroverse Diskussionen oder es wurden nur sehr eng gefasste Begriffsbestimmungen akzeptiert.

Es war erstaunlich, wie wenig bekannt die gesetzlichen Regelungen in den einzelnen Einrichtungen waren. Auch einigen LeiterInnen waren die Gesetze unbekannt; wir gehen davon aus, dass sich diese Unkenntnis durchaus verallgemeinern lässt! Dementsprechend werden die gesetzlichen Vorgaben von Prävention und Fortbildung nur sehr zögerlich bis gar nicht umgesetzt.

Unser Konzept wurde von den berufsbildenden Schulen gut angenommen und erwies sich für deren Strukturen und Gegebenheiten als passend. Demgegenüber fehlte es an den Universitäten an Umsetzungsmöglichkeiten. Hier müssten einerseits konzeptionelle Änderungen, sozusagen ein „niedrigschwelliges" Angebot wie z.B. Infostände, Kurzinfos bei Fachschaftssitzungen eine Annäherung an die Thematik erleichtern, zum anderen muss von Seiten der Universitäten der Schritt zu einer Auseinandersetzung mit internen hierarchischen Strukturen geleistet werden.

> „Die Hochschulen sind gefordert, sich der Problematik zu stellen und Maßnahmen zu entwickeln, die nicht nur eine Alibifunktion erfüllen, sondern mit denen sich die beschriebenen Benachteiligungen der Betroffenen wirkungsvoll abbauen und verhindern lassen. Nicht die von sexueller Diskriminierung betroffenen Opfer tragen die Verantwortung zur Lösung der Problematik, sondern die Hochschulverantwortlichen haben die Aufgabe, Lern- und Arbeitsbedingungen zu schaffen, die frei von geschlechtsspezifischen Abwertungen, Demütigungen und Ausgrenzungen sind." (Monika Holzbecher 1995, S. 34)

Als Ergebnis unserer Erfahrungen in diesem Daphne-Projekt sehen wir für eine weitere Arbeit gegen sexuelle Diskriminierung folgende Aspekte als absolut notwendig an, insbesondere in Ausbildungszusammenhängen:

— Voraussetzung für eine nachhaltige Veränderung ist eine öffentliche Thematisierung der Problematik der sexuellen Diskriminierung. In Form von breit angelegten Informationskampagnen, Projekten etc. muss über Ausmaß und Folgen sexueller Diskriminierung und die entsprechenden Gesetze aufgeklärt werden. Insbesondere fehlt es an Informationsmaterial für Jugendliche.

— Dringend erforderlich ist eine gesetzliche Absicherung von SchülerInnen und StudentInnen als eigenständige Ausbildungsgruppe (in der BRD z.B. sind weder SchülerInnen noch StudentInnen explizit durch das Gesetz vor sexueller Diskriminierung geschützt).

— Fortbildungen von ArbeitgeberInnen, Vorgesetzten, aber auch z.B. JuristInnen und anderen Fachkräften, um der Problematik adäquat begegnen zu können.

– die Aufnahme der Thematik in Curricula von Ausbildungseinrichtungen und die Entwicklung von Materialien für Unterricht und Lehre, da besonders hier ein Bedarf von Seiten der Ausbildenden, LehrerInnen und Lehrenden festzustellen ist.

– die Schaffung externer und betriebsinterner Beratungsangebote, um den Bedürfnissen der Betroffenen nach Aufdeckung und/oder anonymer Unterstützung gerecht zu werden.

– die Auseinandersetzung mit der Problematik in Betrieben – auch und besonders in Schulen und Universitäten, da hier die Gefährdung besonders groß ist, ohne dass eine entsprechende rechtliche Grundlage zum Schutz dieser Gruppe vor sexueller Diskriminierung existiert – mit dem Ziel entsprechende Richtlinien zum Umgang mit sexueller Diskriminierung zu schaffen.

Literatur

Ache, E./Pich, H. (2000). „Das kommt bei uns nicht vor!". Dokumentation über ein EU Projekt zur Prävention von sexueller Diskriminierung am Ausbildungsplatz. Oldenburg. Zu beziehen über: Wildwasser Ol Kaiserstr. 19, 26122 Oldenburg

AK der Frauenbeauftragten im Regierungsbezirk Braunschweig-Nord (1995). Sexuelle Belästigung am Arbeitsplatz. Das lass ich mir nicht bieten. Zu beziehen u.a. über: Sieglinde Müller, Landkreis Goslar, Klubgartenstraße 6, 38640 Goslar

Buhr, K./Klein-Schonnefeld (1996). Kommentierung des Beschäftigtenschutzgesetzes und ähnlicher Vorschriften in Landesgesetzen. In: Schiek, D. u.a.: Frauengleichstellungsgesetze des Bundes und der Länder. Köln

Bundesbeschäftigtenschutzgesetz. Z.B. In BMFSFJ: Sexuelle Belästigung am Arbeitsplatz s.u.

Bundesministerium für Familie, Senioren, Frauen und Jugend (Hg.): (K)ein Kavaliers-Delikt? Sexuelle Belästigung im Arbeitsleben. Zu beziehen über: BMFSFJ Postfach 201551, 53145 Bonn

Bußmann, H./Lange, K. (Hg.) (1995). Peinlich berührt. Sexuelle Belästigung von Frauen an Hochschulen. München

Dreyer, K./Toelle, C. (1994). Sexuell belästigt. Studentinnen berichten über ihre Erfahrungen mit Dozenten. Schriftenreihe der Frauenbeauftragten der Freien Universität Berlin Bd.6. Berlin

Frauenbüro an der Ruhr-Universität Bochum (Hg.) (1997). Nein heißt Nein – Sexuelle Belästigung und Gewalt an der Uni. Bochum. Zu beziehen über: Frauenbüro an der R.Uni.B. –FNO 10/12, (Ebene 01,Raum 012), 44780 Bochum

Gerhart, U./Heiliger, A./Sterr, A. (Hg.) (1992). Tatort Arbeitsplatz. Sexuelle Belästigung von Frauen. München

Godenzi, A. (1995). Männerlogik am Arbeitsplatz. In: Gerhart, U. u.a. (Hg.) (1995). München

Harms, H. (1997). Sexuelle Diskriminierung und Gewalt gegen Frauen an der Hochschule – von der Hilflosigkeit zum verantwortungsvollen Umgang. In: AG Frauen gegen sexuelle Übergriffe und Machtmissbrauch in Therapie und Beratung (Hg.) (1997). Übergriffe und Machtmissbrauch in psychosozialen Arbeitsfeldern. Tübingen

Holzbecher, M./Braszeit, A./Müller, U./Plogstedt, S. (1991). Sexuelle Belästigung am Arbeitsplatz. Schriftenreihe des Bundesministers für Jugend, Familie, Frauen und Gesundheit. Stuttgart

Holzbecher, M./Meschkutat, B./Richter, G. (1993). Strategien gegen sexuelle Belästigung am Arbeitsplatz. Köln

Holzbecher, M. (1995). Sexuelle Diskriminierung als Machtmechanismus. In: Bußmann/Lange (1995). Peinlich berührt. Sexuelle Belästigung von Frauen an Hochschulen. München

Imhoff, D./Karches, C. (2000).Keine Zeit mehr wegzuschauen – Frauen mit Behinderungen in der WfB. In: WfB – Handbuch. 8. Ergänzungslieferung 9/2000

Komitee Feministische Soziologie (Hg) (1996). Sexualität Macht Organisationen. Sexuelle Belästigung am Arbeitsplatz und an der Hochschule. Chur/Zürich

Küssing, N. (1997). Mach mich nicht an! Ein Trainingsprogramm gegen sexuelle Belästigung. Freiburg im Breisgau

May, A. (1997). Nein ist nicht genug. Ruhnmark

Niedersächsisches Frauenministerium (1994). (R)echt gleich Niedersächsisches Gleichberechtigungsgesetz (NGG). Hannover

Plogstedt, S./Degen, B.(1992). Nein heißt Nein! DGB- Ratgeber gegen sexuelle Belästigung am Arbeitsplatz. München

Rastetter, D. (1994). Sexualität und Herrschaft in Organisationen. Eine Geschlechteranalyse. Opladen

Sadrozinski, R. (Hg.) (1993). Grenzverletzungen. Sexuelle Belästigung im Arbeitsalltag. Frankfurt a.M.

Siemonsen, K./Zauke, G. (1991). Sicherheit im öffentlichen Raum. Städtebauliche und planerische Maßnahmen zur Verminderung von Gewalt. Zürich/Dortmund

Schneble, A./Domsch, M. (1990). Sexuelle Belästigung von Frauen am Arbeitsplatz. Eine Bestandsaufnahme im Hamburger Öffentlichen Dienst, im Auftrag der Leitstelle Gleichstellung der Frau. München und Mering

Ulrike Moeller

Präventive Aspekte in der Erlebnispädagogik

„.... Prävention (ist) als gesellschaftspolitische Aufgabe zu formulieren. Reduziert sie sich darauf, ein Spezialgebiet für „durchblickende Frauen (und einige Männer)" in einer besonderen Berufsgruppe zu sein, hat sie schon verloren." (Schaffrin 1993)

Was hat Erlebnispädagogik mit Prävention von sexualisierter Gewalt zu tun?

Erlebnispädagogik wird viel diskutiert und ihre Wirkungsweise und Möglichkeiten unter vielerlei verschiedenen Aspekten reflektiert. Dabei ist es nach wie vor so, dass die Berücksichtigung von geschlechtsspezifischen Unterschieden in diesem Fachgebiet eine meiner Meinung nach erschreckend geringe Beachtung findet. Das Thema sexualisierte Gewalt dagegen ist mir in der erlebnispädagogischen Fachdiskussion überhaupt nur in einem Zusammenhang begegnet, nämlich in Gestalt der Warnung, dass erlebnispädagogische Maßnahmen möglicherweise nicht geeignet sind für Mädchen mit Erfahrungen sexualisierter Gewalt (Crowther/Schröder 1992, S. 149; Rose 1993a, S. 20f).

Dass dieser Aspekt trotz dieses Hinweises, der ja beweist, dass ein Zusammenhang zwischen diesen beiden Themen früh bemerkt wurde, nicht weiter in der Fachdiskussion vertieft wurde, mag viele Gründe haben. Einer besteht sicher auch darin, dass es traditionell zwei „Fachszenen" gibt, die so gut wie keine Berührungspunkte haben: nämlich die derer, die sich mit der Thematik sexualisierter Gewalt und ihrer Prävention befassen (häufig Frauen mit feministischem Hintergrund in Beratungstätigkeit), und die derer, die sich mit Erlebnispädagogik befassen (überwiegend outdoor-orientierte Männer).

Was ist also nun der Zusammenhang, das Gemeinsame dieser beiden so wenig verflochtenen Fachthemen? Die Gemeinsamkeit sehe ich in der Beschäftigung mit und der Thematisierung von Grenzen, sowohl physischer wie psychischer Grenzen.

Im Folgenden werde ich mich bei dem Versuch, die Verbindung der beiden Fachgebiete sichtbar zu machen, lediglich auf einen Aspekt von vielen denkbaren beschränken. Ich werde mich mit der **grundsätzlichen** Wirkung erlebnispädagogischer Settings in Hinblick auf Prävention sexualisierter Gewalt beschäftigen, also mit einem Aspekt, der **alle** Pädagogen und Pädagoginnen etwas angehen sollte, die erlebnispädagogisch arbeiten. Ich werde nicht z.B. eventuell vorhandene Möglichkeiten speziell als Prävention konzipierter Maßnahmen z.B. für besonders betroffene Zielgruppen reflektieren. Außerdem werde ich meinen Fokus nach einigen grundsätzlichen Überlegungen auf die Situation von Mädchen und jungen Frauen konzentrieren und die Konsequenzen aus dem Grundsätzlichen für die Gruppe der Jungen und jungen Männer nicht näher ausleuchten.

Sexualisierte Gewalt und ihre Prävention

In Zusammenhang mit sexualisierter Gewalt gibt es eine Vielzahl von unterschiedlichen Begrifflichkeiten, die zum Teil ein unterschiedliches Verständnis von und zum Teil unterschiedliche Formen von sexualisierter Gewalt beschreiben (z.B. sexueller Missbrauch, sexuelle Übergriffe, sexuelle Belästigung etc.). Ich möchte hier auf die Begriffsdiskussion nicht näher eingehen, sondern verweise dazu auf einschlägige Artikel (Kavemann 1996). Mit dem Begriff der sexualisierten Gewalt, wie ich ihn benutze, meine ich alle sexualisierten Formen der Verletzung des Selbstbestimmungsrechtes und des Respekts, die Kindern und Jugendlichen widerfahren (können), und zwar unabhängig davon, ob sie ihnen durch Erwachsene oder anderen Kinder und Jugendliche widerfahren.

Wichtig im Zusammenhang mit sexualisierter Gewalt, vor allem in Hinblick auf Prävention, ist mir hier die Betonung der Tatsache, dass die Ursache für die Entstehung von sexualisierter Gewalt in dem bestehenden gesellschaftlichen Machtgefällen zwischen Männern und Frauen liegt, und in dem zwischen Erwachsenen und Kindern (Härtl 1998, S. 154; Braun 1998). Irmgard Schaffrin spricht davon, „dass Gewalt gegen Frauen und Mädchen – speziell sexuelle Gewalt – ... ein strukturelles Merkmal patriarchalischer Gesellschaften (ist)" (a.a.O., S. 123). Alberto Godenzi sieht die „Aufhebung der geschlechtlichen Diskriminierung" als die „Präventionsmaßnahme schlechthin" (Godenzi 1993, S. 328ff).

Und gerade wenn die Ursachen der sexualisierten Gewalt so grundsätzlich in gesellschaftlichen Hierarchiestrukturen angesiedelt werden, ist es notwendig, für die Prävention differenzierte Teilziele und Ansatzpunkte zu benennen (Kavemann a.a.O., S. 137f). Dadurch werden zum einen den Handlungswilligen Handlungsmöglichkeiten aufgezeigt, und zum anderen den Handelnden ihre Verantwortung, die mit ihren Handlungen verbunden ist, benannt.

Ich beziehe mich in diesem Aufsatz auf die fünf Ansatzpunkte von Prävention, wie sie Sibylle Härtl skizziert hat (a.a.O., S. 155f)[1]. Härtl sieht in ihrer Beschreibung und Gliederung der Möglichkeiten von Prävention als fünften Ansatzpunkt die präventive Arbeit mit Mädchen und Jungen als potenziellen Opfern. Vor allem diese Ansatzmöglichkeit sehe ich bei erlebnispädagogischen Maßnahmen gegeben. Allerdings ist dieser Ansatz genauso wichtig und sinnvoll wie seine mögliche Wirkung eingeschränkt ist: Natürlich ist es wichtig, die Mädchen und Jungen, so gut es nur geht, darin zu unterstützen, ihre persönlichen Grenzen wahrzunehmen und auch verteidigen zu können, damit sie sich bei sexuellen Übergriffen schützen oder Hilfe organisieren können. Aber man kann nicht ernsthaft davon ausgehen, dass das als Prävention ausreichend sein könnte, um sexualisierte Gewalt zu verhindern – andernfalls würde man das eingangs beschriebene Machtgefälle in Fällen sexualisierter Gewalt ignorieren und die Verantwortung für die erfahrene

---

[1] Diese fünf Ansatzpunkte nach Härtl setzen an: erstens bei den Tätern und Täterinnen; zweitens bei den potenziellen Tätern und Täterinnen (kann bereits ab dem Kleinkindalter erfolgen); drittens an den gesamtgesellschaftlichen, strukturellen Bezügen (also z. B. im Eintreten gegen sexualisierte Darstellung von Kindern in der Werbung); viertens bei der Arbeit mit Bezugspersonen und fünftens bei den Mädchen und Jungen selbst, damit sie die Chance erhalten, sexualisierte Gewalt als solche zu erkennen und sich die Möglichkeit vergrößert, dass sie sich der Gewalt entziehen können und/oder sich Hilfe suchen können.

Gewalt zumindest teilweise an das jeweilige Opfer delegieren – es hätte sich ja besser schützen können.

Möglicherweise ist diese Beschränkung ausschließlich auf die Arbeit mit Mädchen und Jungen als potenziellen Opfern zu eng gefasst, da es zu überlegen wäre, ob die erlebnispädagogische Arbeit nicht genauso auch im Sinne des zweiten Präventionsansatzes nach Härtl dazu geeignet ist, zur Vermeidung der Entwicklung von TäterInnenverhalten beizutragen. Diese Frage soll aber hier nicht Gegenstand der Erwägungen sein, sie kann an anderer Stelle diskutiert werden.

Neben der eben gemachten Einschränkung, dass es in der Erlebnispädagogik nur um den präventiven Ansatz der Arbeit mit den Mädchen und Jungen geht, mit dem Ziel, sie zu stärken und zu unterstützen, damit sie nicht Opfer sexualisierter Gewalt werden, und dass die Wirkungsmöglichkeiten dieses Präventionsansatzes sehr begrenzt sind, möchte ich noch eine weitere Einschränkung machen: Ich denke nicht, dass Erlebnispädagogik mehr als andere Methoden oder pädagogische Ansätze geeignet ist, **gezielt** als Präventionsmaßnahme eingesetzt zu werden (wie zum Beispiel Selbstverteidigungskurse). Stattdessen lautet meine These, dass erlebnispädagogische Maßnahmen **unter bestimmten Umständen** – und sozusagen als pädagogisches Seitenergebnis – **auch** eine präventive Wirkung entfalten können. Diese Einschränkung lässt die Verknüpfung der Themen Erlebnispädagogik und Prävention sexualisierter Gewalt auf den ersten Blick scheinbar in die Bedeutungslosigkeit verschwinden. Die Brisanz der Thematik wird meiner Meinung nach erst bei der Umkehrung der Verhältnisse deutlich: Wenn nämlich **nicht** für das Zustandekommen dieser eben genannten „bestimmten Umstände" in der erlebnispädagogischen Maßnahme gesorgt wird und damit die präventive Wirkung „als Seitenergebnis" ermöglicht wird, dann **werden stattdessen aktiv Strukturen bestärkt, die sexualisierte Gewalt ermöglichen und unterstützen.** Aus dieser Einschätzung heraus halte ich eine, die noch zu beschreibenden Punkte ignorierende, Erlebnispädagogik für mehr als eine vertane Chance, nämlich für verantwortungslos. Worin die Umstände, die eine präventive Wirkung ermöglichen, meiner Meinung nach bestehen, darauf werde ich wie bereits angekündigt noch kommen.

Erlebnispädagogik

Das Anliegen von Erlebnispädagogik hier kurz zusammenzufassen ist nicht einfach, weil der Begriff für ein breites Spektrum von pädagogischen Herangehensweisen benutzt wird; darüber hinaus gibt es mittlerweile eine Vielfalt von methodischen Varianten, die unterschiedliche Aspekte in den Vordergrund stellen[2]. Ein zentrales Anliegen bleibt allerdings, wie der Name schon sagt, das Ermöglichen von Erlebnissen, in der Regel in Natur und/oder Wildnis, also im Outdoor-Bereich[3].

---

[2] Einen Überblick über wesentliche Aspekte der Fachdebatte über Wirkungsweise und Grundsätze der Erlebnispädagogik bietet die Dokumentation einer Tagung des Forums Erlebnispädagogik von 1991 (Bedacht 1994).

[3] Dies gilt auch, wenn sich bereits erlebnispädagogische Ansätze entwickelt haben, die speziell für Erlebnisse im Lebensraum Stadt konzipiert sind (City-Bound)

Ein weiteres Anliegen dabei ist eine ganzheitliche Herangehensweise, das heißt, die angestrebten Erfahrungs- und Lernmöglichkeiten, die durch eine erlebnispädagogische Maßnahme angestrebt werden, betreffen den ganzen Menschen. Der Körper und die unmittelbare Erfahrung seiner individuellen Möglichkeiten und Grenzen sind ein wesentliches Element der Erlebnispädagogik. Selbsterfahrung und Sensibilität dem eigenen Körper gegenüber sind also weitere zentrale Anliegen. Und dann geht es um ein verantwortliches Handeln, das den eigenen Bedürfnissen und Möglichkeiten, denen der Gruppe und den sachlichen Erfordernissen gerecht wird.

Dass es um Erlebnisse geht, bedeutet, dass das Handeln oft in der Wahrnehmung der TeilnehmerInnen in einem Grenzbereich ihrer Erfahrungen liegt. Das heißt, dass es nicht mit den alltäglichen Strategien und Mustern bewältigt werden kann und somit eine Herausforderung darstellt, also auch viele Entwicklungs- und Lernmöglichkeiten bieten kann. Erlebnisse zeichnen sich dadurch aus, dass sie besonders intensiv und eindrucksvoll sind – diese intensive Lern- und Erfahrungsmöglichkeit ist ein Grund, warum Erlebnispädagogik als Methode so gefragt ist, ist aber auch ein Hinweis auf die hohe professionelle Verantwortung der PädagogInnen.

So weit, so schön – und wo liegt das Problem?

Worin besteht das Erlebnis im Umgang mit Grenzen? oder: **Das Nein in der praktischen Erlebnispädagogik.**

Erlebnispädagogik zielt also darauf ab, die Bedingungen zu schaffen, die den Mädchen und Jungen Erlebnisse ermöglichen. Das angestrebte Gefühl eines Erlebnisses, das die gemachten Erfahrungen intensiviert und in der Regel tiefen Eindruck hinterlässt, kommt für die TeilnehmerInnen meist durch individuelle Grenzerfahrungen, in physischer und/oder psychischer Hinsicht, zustande.

Prävention verlangt hier die Vermittlung des Rechtes auf körperliche Selbstbestimmung, die Ermutigung zur Intuition (Vertraue Deinem Gefühl) sowie die Vermittlung des Rechtes auf Widerstand (Nein sagen ist erlaubt!) (Härtl a.a.O.).

Diese beiden Anliegen sind durchaus zu verbinden, allerdings setzt das weitreichende konzeptionelle Überlegungen voraus, die nach meinen Erfahrungen leider zu oft nicht gemacht werden, so dass die Beachtung der hier gefragten und eben genannten Präventionsaspekte nur scheinbar greifen. An folgendem Beispiel möchte ich zeigen, was ich meine:

Eine großstädtische Jugendgruppe ist mit ihren PädagogInnen auf einem Ferienlager im Gebirge. Als ein Teil des Programmes sind erlebnispädagogische Aktivitäten vorgesehen. Ein Highlight ist eine geplante Raftingtour gegen Ende der Freizeit. Da die begleitenden PädagogInnen nicht die erlebnispädagogischen Kompetenzen zur Durchführung dieser Tour haben, ist ein Spezialist, ein erlebnispädagogischer Raftguide, engagiert, in dessen Verantwortung die Aktion liegt. Die Jugendlichen freuen sich auf dieses Highlight, einzelne machen sich aber auch Sorgen um ihre Grenzen („Mir macht so was keinen Spaß, ich hab's nicht so mit dem Wasser"). Die Regel, mit der die PädagogInnen, die die Freizeit begleiten, auf diese Haltung reagieren, ist: „Wenn es soweit ist, dann schau es dir genau an und entscheide dann. Niemand muss mitfahren, der oder die nicht will."

Diese Haltung scheint also beide Anliegen, die der Erlebnispädagogik und die der Prävention, zu befriedigen. Den Jugendlichen wird die Gelegenheit zu einem Erlebnis geboten, das offensichtlich eine Herausforderung zu neuen Erfahrungen für sie darstellt, der sie sich überwiegend gerne stellen wollen. Und sie werden zur Wahrnehmung der Situation und ihrer Grenzen ermutigt (Schau es dir genau an!), in ihrer Intuition bestärkt (Entscheide dann!) und auf ihr Widerspruchsrecht hingewiesen (Niemand muss mitfahren!).

Am Tag der Tour ist das Wetter schön. Die Jugendlichen, die am meisten Vorbehalte geäußert hatten, sind mittlerweile motiviert, da sie bis dahin auf der Freizeit mehrere niedrigschwellige Gelegenheiten hatten, Erfahrungen mit der Umgebung Gebirge/Gebirgsfluss und sich selbst in anderen, für sie auch aufregenden Situationen, die ihr Selbstbewusstsein bestärkt hatten, zu machen. Der engagierte Raftguide ist nett, er erklärt allen sehr gut, worum es geht, macht ein paar Übungen, geht auf alle Fragen ein, und stellt von sich aus, bevor es wirklich los geht, die Frage, ob es für jede und jeden okay ist, jetzt mit auf die Tour zu gehen. Alle versichern glaubwürdig, dass sie mit möchten. Die Raftingtour beginnt und alle erleben aufregende Situationen und viel Spaß miteinander.

Bis hierhin ist die Situation zum Teil eine glückliche Fügung. Dass der Respekt für die Grenzen der Jugendlichen konzeptionell nicht wirklich vorgesehen war und dass damit die im Vorfeld immerhin ausdrücklich formulierten Regeln zur Autonomie und Entscheidungskompetenz der Einzelnen nur Lippenbekenntnisse waren, entfaltete erst einmal keine Wirkung. Dadurch, dass hier im Vorfeld gute Arbeit geleistet wurde (die Jugendlichen hatten Gelegenheit, im niedrigschwelligen Bereich Selbstvertrauen und Neugier auf weitere Herausforderungen zu entwickeln) und dadurch, dass der für diesen Job engagierte Guide eine gute und einfühlsame Einführung gemacht hat (bei der auch Raum für Ängste und Unklarheiten war und die vorhandenen Unsicherheiten sich soweit auflösen konnten, dass Zuversicht und Freude an der Herausforderung in den Vordergrund traten), und weil der Zufall es wollte, dass nicht noch andere oder stärkere Faktoren im Spiel waren, die die potenziellen TeilnehmerInnen zu einer Absage motiviert haben, fielen folgende Tatbestände nicht auf:

— Die PädagogInnen hatten sich keine Gedanken gemacht und keine Vorkehrungen getroffen, was passiert, wenn sich Jugendliche wirklich entscheiden, die Raftingtour nicht mitmachen zu wollen.

   Wenn tatsächlich Jugendliche nach dem „sich-die-Situation-erst-einmal-Anschauen" wirklich gezögert hätten, ist die Wahrscheinlichkeit hoch, dass auf sie erst mal eher Druck ausgeübt worden wäre („Wir fahren doch alle mit!", „Es wird Dir schon Spaß machen!" und ähnliches). Die Chance, hier noch mal nachzuhaken, um zur Wahrnehmung der Grenzen zu ermuntern („Was genau lässt Dich zögern? Können wir jetzt etwas tun/regeln/klären, was es dir ermöglicht, mitzuwollen?"), und dann das Recht auf körperliche Selbstbestimmung und das Vertrauen in die eigene Einschätzung zu bestärken („Entscheide du für dich, und vertraue deinem Gefühl.") wäre dann vertan. Wenn eine Teilnehmerin oder ein Teilnehmer tatsächlich darauf bestanden hätte nicht mitzufahren, hätte improvisiert werden müssen, und vermutlich hätte er oder sie irgendwie den Tag „rumbringen" müssen. Vermutlich wäre noch ein Pädagoge oder eine Pädagogin mit dagebelieben, voller Enttäuschung, das so lange, aufwändig und erwartungsvoll vorbereitete Erlebnis der Raftingtour mit der Gruppe nun doch nicht miterleben zu dürfen.

Unter diesen Bedingungen bleibt das Nein der TeilnehmerInnen für diese sicher nicht als Ergebnis einer freien Entscheidung in Erinnerung. Statt dessen wird die verantwortliche Wahrnehmung des Rechtes auf körperliche Selbstbestimmung und das Ernstnehmen der eigenen Gefühle vermutlich von den Jugendlichen eher erfahren als der Grund für eine **unangenehme Sanktion**, nämlich einen verlorenen Ferientag in „Sonderbetreuung" durch eine bestenfalls ihre Enttäuschung gut verbergende PädagogIn, während der Rest der Gruppe tolle Erlebnisse macht, zu denen sie „nicht den Mut hatten".

Hier wird auch die im Vorfeld angesprochene Brisanz dieses Themas deutlich, nämlich dass die nicht wahrgenommene Chance zur **konsequenten** Umsetzung präventiver Grundsätze sich gerade im erlebnispädagogischen Setting sehr schnell zur Untergrabung präventiver Wertsetzungen umkehren kann: wahrgenommene körperliche Selbstbestimmung und Widerspruch werden sanktioniert.

Das Übersehen und nicht Einplanen des (potentiellen) Nein von TeilnehmerInnen an dieser Stelle hat nach meiner Einschätzung seine Ursache in einer nicht ausreichenden Reflexion des pädagogischen Zieles (das Erlebnis) und einer Fixierung auf das pädagogische Mittel (in dem Fall die Raftingtour). TeilnehmerInnen, die in einer wie der geschilderten Situation eine Entscheidung zur Nichtteilnahme an der Raftingtour fällen, haben trotzdem sehr wohl an der erlebnispädagogischen Maßnahme teilgenommen. Sie haben mit größter Wahrscheinlichkeit ein sehr intensives Erlebnis im Rahmen des erlebnispädagogischen Settings dieser Maßnahme gehabt, wenn auch in anderer als von den PädagogInnen erwarteter Form – aber das hat, wie bereits gesagt, mehr mit den nicht ausreichend reflektierten Erwartungen der PädagogInnen als mit dem Verhalten der TeilnehmerInnen zu tun. Dieses Erlebnis beinhaltet die Auseinandersetzung mit der Natur (Gebirgsfluß), mit den eigenen Grenzen (Ängsten); es beinhaltet auch, durch das ernsthafte Sich-Einlassen auf die Möglichkeit, an der Fahrt teilzunehmen – sozusagen „bis an die Bootskante" – trotz der vorhandenen Ängste, eine Erweiterung dieser Grenzen, und auch eine Erweiterung von Handlungsmöglichkeiten, wenn wirklich eine **echter** Entscheidungsspielraum vorhanden war. Denn die Erfahrung des Raumes für eine getroffene Nein-Entscheidung beinhaltet die Erfahrung einer Wahlmöglichkeit, und diese beinhaltet die Option einer Ja-Entscheidung – auch wenn das vielleicht auf den ersten Blick paradox klingen mag. Ich habe mehr als einmal in solchen Situationen erlebt, dass sich TeilnehmerInnen, wenn sie wirklich Raum und **Akzeptanz** für eine Entscheidung gegen eine persönliche Grenzüberwindung hatten, binnen kurzer Zeit von sich aus die Auseinandersetzung mit dieser Grenze erneut suchten und sich entschieden, einen Schritt über diese bisherige Grenze hinaus zu machen.)

— Die PädagogInnen haben keine Planung bzw. Absprachen getroffen, mit welchen Anforderungen die Jugendlichen konfrontiert werden und nach welchen Regeln sie begleitet werden.

So wussten die PädagogInnen, die die Raftingtour organisiert haben, nicht, welchen Anforderungen und Schwierigkeitsgraden die Jugendlichen und sie auf der Raftingtour ausgesetzt sein würden; sie haben keine Absprachen mit dem Guide getroffen, wie er arbeitet; sie haben ihm zum Beispiel nicht von den Vorabsprachen mit den Jugendlichen erzählt und sich vergewissert, dass er die Regeln, die sie den Jugendlichen zur Orientierung gegeben haben, einhalten wird. Genauso wenig hat sich der Guide erkundigt, ob seitens der Jugendlichen irgendwelche Voraussetzungen da sind, die er kennen sollte. Angesichts der Tatsache, dass nach dem Tourenbeginn die Korrekturmöglichkeiten (z.B. während einer Tour aussteigen oder abbrechen zu können) sehr gering sind und die Abhängigkeiten von den Vorgaben des Guides und der Kooperation der PädagogInnen sehr hoch, wäre eine Verständigung sicher wichtig gewesen, um herauszufinden, ob mit den vom Guide vorgesehenen Erlebnisräumen den Zielen, die die Aktivitäten planenden PädagogInnen für die Gruppe hatten, entsprochen wird. Aber, wie schon vorher gesagt, durch eine glückliche Fügung passen die Bedingungen, die der Guide schafft, mit den Erwartungen und Möglichkeiten der begleitenden PädagogInnen und vor allem auch der Jugendlichen soweit zusammen, dass alle Herausforderungen zu bewältigen sind und das Raften ein großer Erfolg wird.

Aber das ist nicht alles, was auf dieser Tour passiert. Der Guide hat ein spezielles Highlight vorbereitet: Als Überraschung möchte er der Gruppe die Gelegenheit zu einem ganz besonderen Erlebnis bieten. Als die Boote sich einer Holzbrücke nähern, die den Fluss überquert, sagt der Guide: „So, jetzt legen wir an und springen da runter." Die Boote werden ans Ufer gelenkt und der reißende Gebirgsfluss von der Brücke aus angesehen, dabei ist die Aufregung groß: Die Kommentare schwanken immer wieder zwischen „Oh, geil", „Au ja, das will ich wissen" und „Der ist wohl wahnsinnig, da spring ich doch nicht runter!" hin und her. Dazwischen gibt es vorsichtige Orientierungsversuche: „Springst Du?" „Hmm, weiß nicht, und du?".

Der Guide hat mittlerweile seine Vorkehrungen getroffen und ruft die Gruppe zusammen. Er erklärt jetzt ganz genau, warum er an dieser Stelle einen Sprung verantwortet, welche Sicherheitsvorkehrungen getroffen sind, was genau beim Springen zu beachten ist, warum das Ganze unter anderen Bedingungen lebensgefährlich ist und deshalb außerhalb dieser Situation auf gar keinen Fall zur Nachahmung empfohlen. Er spricht von sich aus an, dass das eine sehr aufregende Angelegenheit ist, und empfiehlt allen, wenn sie springen, einen lauten Schrei loszulassen, damit „sich die Angst nicht staut". Den ersten Sprung macht er vor und sein Schrei dabei klingt auch glaubwürdig. Dann betreut er alle einzeln an der Absprungstelle – seine Aufgabenstellung war, dass sich jede und jeder einmal zum Absprung dort hinstellt und dann entscheidet, ob er oder sie springt, und alle (inklusive der begleitenden PädagogInnen) haben das akzeptiert. Und dann geht es los, und alle scheinen zu springen, manche sogar zweimal, einige zu ihrer eigenen Überraschung, auch die, die am Anfang Sorgen hatten, ob sie sich überhaupt in das Boot setzen sollten. Der Adrenalinpegel ist bei allen hoch, und wer gesprungen ist, berichtet von seinen Erfahrungen (manche sind euphorisch, manche nachdenklich), wer es noch vor sich hat, hört neugierig zu, was die anderen berichten. Am Ende sind alle gesprungen bis auf eine, und alle sind aufgeputscht und voll von ihren Erfahrungen. Die Raftingtour wird fortgesetzt und findet, wie bereits gesagt, ein gutes Ende. Am Abend im Lager sind alle müde und erschöpft, trotzdem reden alle durcheinander und erzählen sich gegenseitig und den PädagogInnen immer wieder von ihren Erfahrungen. Es dauert ein bisschen, bis offensichtlich ist, dass das eine Mädchen, das nicht gesprungen ist, wirklich sehr still und bedrückt wirkt. Von der Pädagogin in einem unbeobachteten Moment darauf angesprochen, gibt sie zu, dass es ihr schlecht geht, weil sie als einzige nicht gesprungen ist, und dass sie sich jetzt als Versagerin fühlt. Die Pädagogin sagt ihr, dass sie es gut und mutig findet, sich dagegen entschieden zu haben, und dass sie keinen Grund habe, sich zu schämen. Aber das tröstet die Jugendliche nicht.

Hier, in der „Brückensprung"-Situation, kommen jetzt die vorher benannten Versäumnisse zum Tragen:

Die eine Teilnehmerin, die den auch in dieser Situation erfreulicherweise ausdrücklich in Aussicht gestellten Entscheidungsspielraum in Anspruch nimmt, macht die Erfahrung, dass es ein heimliches oder besser noch, durch das Eröffnen von Entscheidungsmöglichkeit verheimlichtes Konzept gibt, nämlich: alle sollen das „vorgesehene Erlebnis" haben, den Sprung. Der Teilnehmerin ist hier nicht der Rahmen geboten worden, um die Erfahrung zu machen, dass es gut und richtig ist, wenn sie wirklich ihre Grenzen zieht in Situationen, in denen es um sie und ihre Verantwortung für ihren Körper und ihr Wohlbefinden geht. Statt dessen hat sie gelernt, dass das Hören auf ihre eigene Grenze sie zur Außenseiterin gemacht hat (sie als Einzige kann nicht mit den anderen ihre Erfahrungen teilen, weil sie als Einzige „sich nicht getraut hat"). Zwar durfte sie eine Entscheidung fällen, aber selbst da, wo ihr dieser Raum ausdrücklich eingeräumt wurde, konnte sie keine Aufmerksamkeit, Anerkennung und Unterstützung für diese Entscheidung finden. Nein zu sagen rentiert sich nicht, und wenn es so negativ erlebt werden muss in einer solchen Situation, wie müssen sich dann erst Situationen entwickeln, in denen man gar nicht erst gefragt wird.

Übrigens war gerade für diese Teilnehmerin die Parallele zu sexualisierten Grenzverletzungen vermutlich sehr nah: Gerade bei ihr bestand die Vermutung, dass sie in ihrem Zuhause immer wieder (mindestens) Zeugin von sexuellen Grenzverletzungen war, und sie selbst war im Vorfeld dadurch aufgefallen, dass sie als weiblicher Groupie einer sehr aggressiven Jungenclique durch den Stadtteil zog. Interessanterweise hatte sie sich vor der Freizeit dadurch einen Ruf (und damit Anerkennung) erworben, dass sie als einziges Mädchen im Umfeld dieser Jungen-Gang bei deren Brückensprüngen mitgemacht hatte, die diese Clique als Mutprobe unter illegalen und sehr riskanten Bedingungen in einen Kanal im Stadtteil machten. Offensichtlich hatte diese Teilnehmerin den vermeintlich geschützten Rahmen und scheinbar respektvollen Umgang mit Grenzen in der Gruppensituation genutzt, um eine Alternative zu ihrem Alltagsverhalten zu wagen: Statt Coolness und Gruppendruck hatte sie Respekt vor ihren Ängsten und Fürsorge für sich selbst zur Grundlage ihrer Entscheidung gemacht.

Wenn man davon ausgeht, dass ihr das erlebnispädagogische Setting eine besonders intensive Erfahrung ermöglicht hat, dann muss man leider auch davon ausgehen, dass ihr nicht mehr so leicht zu vermitteln sein wird, dass sie ein Recht darauf hat und gut daran tut, ihre Grenzen wahrzunehmen und zu ziehen und dass sie sich Hilfe suchen sollte, wenn ihre Grenzen nicht respektiert werden.

Die Begeisterungsfähigkeit der ErlebnispädagogInnen – Chance und Risiko

oder: Wer „Nein" sagt, hat keine Lobby

Erlebnisse, insbesondere die, die als abenteuerlich empfunden werden, haben die Neigung, Aufmerksamkeit auf sich zu ziehen; sie entwickeln in Gruppen oft eine richtige Sogwirkung. Dagegen ist das Wahrnehmen und Setzen einer persönlichen Grenze meist eine eher nachdenkliche und stille Angelegenheit, oft begleitet von vorsichtigem Rückzug und Verunsicherung.

Wer eine erlebnispädagogische Maßnahme anbietet, hat einen engen Bezug zu **dem** Erlebnis, das darin vorgesehen ist – sei es, dass PädagogInnen selber Lust auf das Abenteuer haben, das sich dahinter verbirgt; sei es, dass gute Erfahrungen mit den Erlebnismöglichkeiten bestehen, die die jeweilige Aktivität ermöglicht. PädagogInnen, die bei einer Bergtour zuerst an Stress und Erschöpfung denken oder beim Klettern Höhenangst assoziieren sowie die Notwendigkeit, ihr Leben einem dünnen Seil anzuvertrauen und der Sicherung eines fremden Menschen, wird nicht auf die Idee kommen, den organisatorischen und finanziellen Aufwand zu betreiben, die eigene Arbeit mit erlebnispädagogischen Aktivitäten zu bereichern.

Wer gar die Qualifikation erworben hat, solche Aktivitäten selber anzuleiten, hat in der Regel in der Biographie eine lange und **grundsätzlich positive** Geschichte mit der jeweiligen Aktivität und ist davon überzeugt, dass diese Aktivität positive und wertvolle Erfahrungsmöglichkeiten für die TeilnehmerInnen bereithält. Erlebnispädagogische Aktivitäten sind grundsätzlich begrenzte Maßnahmen, die einen aufwändigen Rahmen benötigen, um bestimmte Erfahrungen zu ermöglichen – der Aufwand wird dadurch gerechtfertigt, dass im Rahmen dieser Maßnahme die TeilnehmerInnen diese Erfahrungen machen.

All diese Faktoren bedeuten Chancen und Kapital von Erlebnispädagogik, weil die daraus resultierende Begeisterungsfähigkeit und oft hohe Motivation der ErlebnispädagogInnen einen wertvollen und auch oft als Voraussetzung notwendigen Motivationsschub für die erlebnispädagogische Jugendarbeit bieten. Auch können PädagogInnen mit ihrer positiven Haltung Modell und Ansporn bei der Bewältigung von Anforderungen und der Überwindung individueller Grenzen sein.

Diese Voraussetzungen der ErlebnispädagogInnen oder der die erlebnispädagogischen Maßnahmen begleitenden PädagogInnen bedeuten aber auch ein hohes

Risiko, nämlich das Risiko, dass das Mittel, die jeweilige erlebnispädagogische Aktivität zum heimlichen Ziel wird. Dazu kommt, dass **den** PädagogInnen, die ErlebnispädagogInnen sind oder die erlebnispädagogische Aktivitäten organisieren, die Erfahrungen derer, die sich wie geplant auf die Aktivität einlassen, sei es, dass diese dabei Grenzen erfahren oder Erfolgserlebnisse haben, vertrauter, näher und nicht zuletzt erwarteter und offensichtlicher sind als die derer, die sich zu einem Nein entschließen. Und die offensichtlich Erlebenden werden auch in der Regel die pädagogische Aufmerksamkeit und Begleitung für ihr Erlebnis einfordern, denn sie sehen in den ErlebnispädagogInnen zu recht Beistand und BegleiterInnen bei ihren Erfahrungen, schließlich haben diese ihnen ja die Erlebnisse gezielt zugänglich gemacht.

Anders ergeht es den Nein-SagerInnen; sie können für ihre Entscheidung angesichts der jeweiligen Situation erst einmal keine Verbündeten erwarten. Schließlich haben die begleitenden PädagogInnen die Herausforderung, der sie sich verweigern, bewusst so gestaltet. Sie halten sie offensichtlich nicht nur für bewältigbar, sondern vielleicht auch noch für pädagogisch wertvoll. Die pädagogische Aufmerksamkeit auch für diesen Entscheidungs- und Selbstbehauptungsprozess sicherzustellen sowie eine gleichwertige und gleichwertende pädagogische Begleitung, was die Intensität und Bedeutung des Erlebens für diese TeilnehmerInnen angeht, ist aus den geschilderten Gründen eine echte Schwierigkeit. In der Regel haben TeilnehmerInnen in einer Maßnahme keine Vorbilder und Modelle dafür, eine Grenze zu ziehen, und wenn, dann aus sachlichen Gründen, nicht aus individuellen oder gar intuitiven persönlichen Gründen. Dagegen ist das Risiko der PädagogInnen, sich von der Begeisterung derer, die intensive Erfahrungen im Rahmen der Aktivität gemacht haben, die man für sie vorbereitet hat, mitreißen und absorbieren zu lassen, groß. Das Dilemma, dass die Stärke der ErlebnispädagogInnen, ihre Begeisterung für die erlebnispädagogischen Methoden, auch gleichzeitig ihre Schwäche bedeuten kann, ist nicht strukturell aufzulösen. Ihm kann nur individuell und situativ durch professionelles, reflektiertes und verantwortungsbewusstes pädagogisches Handeln begegnet werden.

Was also sollte beachtet werden?

Wenn ich im Folgenden versuche, aus dem bisher Beschriebenen ein paar pragmatisch orientierte Regeln abzuleiten und kurz gefasst zu formulieren, dann in dem Bewusstsein, dass Regeln immer nur Orientierungspunkte markieren und Zusammenhänge verkürzen können.

— Im Zentrum einer erlebnispädagogischen Maßnahme sollten die TeilnehmerInnen **mit ihrem jeweiligen Erleben** stehen, nicht die Bedingungen, die die jeweiligen Aktivitäten setzen.

— Die erlebnispädagogischen Maßnahmen sind so zu planen, dass den TeilnehmerInnen die Entscheidungsmöglichkeiten über ihre Handlungen nicht entzogen werden, sondern sie im Gegenteil zu Entscheidungen ermutigt werden können. Daraus folgt, dass die TeilnehmerInnen nicht mit „Sachzwängen"[4] konfrontiert werden, die sie vorher nicht einschätzen und für die sie sich nicht entscheiden konnten. Die Anforderungen in einer erlebnispädagogischen Aktivität müssen den TeilnehmerInnen, so gut es vorher möglich ist, sichtbar gemacht werden, damit sie sich darauf einstellen und sich für oder gegen die Herausforderung, die das für sie persönlich bedeutet, entscheiden können. Das beinhaltet auch, dass TeilnehmerInnen mindestens exemplarisch auf eventuelle unkalkulierbare Bedingungen hingewiesen werden müssen.

— Die Entscheidungen, die die TeilnehmerInnen fällen, müssen von den Pädagoginnen nicht nur akzeptiert, sondern respektiert werden. Die Regel, dass die TeilnehmerInnen das Recht auf körperliche Selbstbestimmung haben, muss für alle TeilnehmerInnen einer Maßnahme als Wert spürbar sein. Die Rolle der PädagogInnen sollte darin bestehen, die TeilnehmerInnen dabei zu unterstützen, die richtigen Informationen zu bekommen, um eine möglichst angemessene Entscheidung zu fällen.

— Bei der Reflexion der Erlebnisse muss darauf geachtet werden, dass die verschiedenen Arten von gemachten Erfahrungen (z.B. Grenze ziehen/Grenze erweitern) in der Gruppe gleichwertig reflektiert werden. Oft ist auch hilfreich, die verschiedenen Möglichkeiten im Vorfeld bereits in der Gruppe als Entscheidungs- und Verhaltensmöglichkeiten zu besprechen.

— PädagogInnen sollten nur erlebnispädagogische Aktivitäten begleiten, die sie bereits kennen. Andernfalls sind sie mit größter Wahrscheinlichkeit selber so von ihrem eigenen Erleben in Anspruch genommen, dass sie als pädagogische Begleitung zumindest teilweise ausfallen und zu TeilnehmerInnen werden. Auf jeden Fall aber sollten sie genug Einblick in die Umstände der jeweiligen Aktivität haben, um sie pädagogisch mitgestalten zu können.

— Absprachen, Werte und Regeln müssen transparent und für alle verbindlich sein – das gilt auch für eventuell hinzugezogene Erlebnispädagogik-SpezialistInnen.

Das Thema „Geschlechterverhältnis" in der Erlebnispädagogik

Unter dem Stichwort Prävention von sexualisierter Gewalt habe ich in diesem Beitrag bereits erwähnt, was als Hauptursache dieser Gewalt auszumachen ist: nämlich hierarchische Gesellschaftsstrukturen, also in diesem Fall die Geschlechterhierarchie.

Nun gibt es mittlerweile umfangreiche Literatur (siehe unten), die beschreibt und belegt, wie durch unterschiedliche Sozialisationsbedingungen und unterschiedliche Rollenanforderungen sowie durch unterschiedliche Bewertungen geschlechtstypischen Verhaltens die Geschlechterhierarchie immer wieder konstruiert und

---

[4] Solche Sachzwänge könnten zum Beispiel sein, dass die nächste Hütte noch Stunden entfernt ist, dass die Raftingtour nicht unterbrochen werden kann, weil man sonst mit dem Boot unterm Arm irgendwo im Gebirge steht etc.

aufrechterhalten wird. In dieser Literatur ist ausführlicher beschrieben, als es in diesem Rahmen möglich ist, wie es dazu kommt, dass Mädchen in der Regel das Bild entwickeln, das „schwache Geschlecht" zu sein, sich überwiegend auf private, vermeintlich geschützte Räume zu beschränken, ihren Körper vorwiegend unter den Anforderungen der gesellschaftlichen Attraktivitätsnormen wahrzunehmen oder dass sie lernen, sich mehr oder weniger mit alltäglichen (sexualisierten) Grenzüberschreitungen abfinden zu müssen.

Dies betrifft natürlich Gesellschaft allgemein und keineswegs nur die erlebnispädagogischen Maßnahmen. Allerdings ist erlebnispädagogisches Handeln als zielgerichtetes professionelles Handeln selbstverständlich im besonderen Maße gefordert[5], diesen Bedingungen entgegenzuwirken.

Aber es gibt auch noch besondere Bedingungen in der erlebnispädagogischen Arbeit, die eine erhöhte Sensibilität begründen in Hinblick auf Geschlechterhierarchie und die Notwendigkeit, ihr aktiv entgegenzuarbeiten, um sie nicht zu bestätigen und sie nicht aktiv einzuüben.

Diese besonderen Bedingungen bestehen zum einen darin, dass in der Erlebnispädagogik mit ihrer Körperlichkeit thematisierenden Herangehensweise und ihrer Thematisierung von Raumaneignungskonzepten zentrale Aspekte von Geschlechtsidentität und Geschlechterverhältnis thematisiert werden.

Zum anderen bestehen sie in der Tatsache, dass Erlebnispädagogik in der Regel in einem noch immer sehr männlich dominierten und an traditionellen Männlichkeitswerten anknüpfenden Bereich stattfindet: Abenteuer, Wildnis, Gebirge, Klettern, Höhlen, Seefahrt – die Liste von mit Männern als Leitbildern und mit typisch männlichen Leitbildern assoziierten Schlagwörtern im erlebnispädagogischen Bereich ist noch vielfältig zu ergänzen. So entsteht für Mädchen das Risiko, dass sie, wenn sie sich in dieser Umgebung und Bewegungskultur behaupten, nicht als „richtige Mädchen" wahrgenommen werden und in Identitätskonflikte geraten.

Zu den angesprochenen Themenbereichen Körper und Raumaneignung gibt es vielfältige Fachliteratur, die die Geschlechterverhältnisse analysieren und die damit verbundenen Machtstrukturen offenlegen (Henley 1988; Wolf 1991; Nissen 1998 und andere). Entsprechend gibt es auch eine Fachdebatte, die sich mit den spezifischen Bedingungen weiblicher Sport- und Bewegungskultur auseinandersetzt (Palzkill/Scheffel/Sobiech 1991; Palzkill 1995; Wortberg 1997; Augustin/Gscheidel 1998). Auch in der erlebnispädagogischen Fachdebatte gibt eine Auseinandersetzung mit diesen Themen (Crowther/Schröder a.a.O.; Rose 1993a; Rose 1993b; Herrmann 1995; Moeller 1995), allerdings wird diese Debatte eher in einem kleinen Kreise Interessierter geführt und beeinflusst den erlebnispädagogischen Mainstream kaum. Wenn Lotte Rose 1993 (a) formuliert: „Von Frauenseite wird vorsichtig Kritik laut (...), doch dieser Prozess steckt erst in den Anfängen, rumort nur auf den Hinterbühnen – beispielsweise in ausgegrenzten Arbeitsgruppen –, ohne die etablierte Abenteuer- und Erlebnispädagogik zu stören.", so hat sich daran bis heute leider nichts Wesentliches verändert.

---

[5] Siehe auch: gesetzlicher Auftrag durch das Kinder- und Jugendhilfegesetz §9(3)

Dass das in der Konsequenz bedeutet, dass die in diesem Aufsatz mehrfach beschriebene Verantwortung häufig nicht wahrgenommen wird, muss an dieser Stelle nicht noch einmal ausgeführt werden.

Literatur

Augustin, Nicole/Gscheidel, Karoline (1998). Bewegung in Widersprüchen/ Widersprüche in Bewegung bringen – Vorschläge für eine bewegungspädagogische Arbeit mit Mädchen. Pfaffenweiler

Bedacht, Andreas u.a. (Hg.) (1992). Erlebnispädagogik: Mode, Methode oder mehr? München

Braun, Gisela (1998). Der Alltag ist sexueller Gewalt zuträglich – Prävention als Antwort auf alltägliche Gefährdungen von Mädchen und Jungen. In: Braun, Gisela u.a.(Hg.). Sexuelle Gewalt gegen Kinder. Ulm

Crowther, C./Schröder, L. (1992). Frauen und Erlebnispädagogik. In: Bedacht, Andreas u.a. (Hg.). Erlebnispädagogik: Mode, Methode oder mehr? München

Godenzi, Alberto (1993). Gewalt im sozialen Nahraum. Basel

Härtl, Sibylle (1998). Schule und Prävention – ein Widerspruch? – Ansatzpunkte und Ziele präventiver Arbeit. In: Braun, Gisela u.a.(Hg.). Sexuelle Gewalt gegen Kinder. Ulm

Henley, Nancy M. (1988). Körperstrategien – Geschlecht, Macht und nonverbale Kommunikation. Frankfurt am Main

Herrmann, Martina (1995). Erlebnisorientierte Mädchenarbeit. Alling

Kavemann, Barbara (1996). Möglichkeiten und Grenzen präventiver Arbeit gegen sexuellen Missbrauch von Mädchen und Jungen. In: np (Neue Praxis), Heft 2. Neuwied

Moeller, Ulrike (1995). Mädchen, trimmt euch, springt über Euren Schatten! – Zwischen Abenteuer und „Weiblichkeit". In: e&l erleben und lernen, Heft 3&4. Berlin

Nissen, Ursula (1998). Kindheit, Geschlecht und Raum – Sozialisationstheoretische Zusammenhänge geschlechtsspezifischer Raumaneignung. Weinheim und München

Palzkill, Birgit/Scheffel, Heidi/Sobiech, Gabriele (Hg.) (1991). Bewegungsräume/ Bewegungsträume – Frauen – Körper – Sport. München

Palzkill, Birgit (1994). Zwischen Turnschuh und Stöckelschuh. München

Rose, Lotte (1993a). Suchen Mädchen Abenteuer? Zur Bedeutung des Abenteuers in der weiblichen Sozialisation. In: Sozialmagazin, Heft 1. Weinheim

Rose, Lotte (1993b). Abenteuer und Geschlecht – Anregungen für eine neue Debatte in der Erlebnispädagogik. In: PÄDEXTRA. Heft 12

Schaffrin, Irmgard (1993). Ein Mädchen sagt nein ... und dann? – Selbstbestimmung, Sexualität und sexuelle Gewalt. In: Lappe, Konrad (Hg.). Prävention von sexuellem Missbrauch: Handbuch für die pädagogische Praxis. Ruhnmark

Wolf, Naomi (1991). Der Mythos Schönheit. Reinbek bei Hamburg

Wortberg, Christiane (1997). Bye, bye, Barbie. Körpersprache und Körperbild in der Gewaltpräventionsarbeit. Münster

Nivedita Prasad

Prävention gegen sexuelle Gewalt durch eine positive Sexualerziehung – ein Privileg nur für weiße deutsche Mädchen?

Grundlagen feministischer positiver Sexualpädagogik

Bejahende Sexualpädagogik geht von einer positiven Besetzung von Sexualität aus, d.h. sie betont vor allen Dingen die lustvollen Aspekte der Sexualität. Sie will neben dem „Nein sagen", auch das „Ja Sagen" vermitteln, denn sie geht davon aus, dass nur Kinder, die selbstbestimmte, an ihren Bedürfnissen orientierte Körpererfahrung haben, in der Lage sind, auf ihre Grenzen zu achten. Es geht um die Befähigung der Mädchen zur Verwirklichung einer selbstbestimmten Sexualität (BzgA 2000).

Da die feministische Sexualpädagogik geschlechtsspezifische Besonderheiten und Zwangsheterosexualität berücksichtigt, kommt ihr zusätzlich eine große politische Bedeutung zu. Sie ist parteilich und emanzipatorisch, d.h. sie fordert das bestehende gesellschaftliche Machtungleichgewicht heraus. Hierin liegt die besondere Qualität feministischer Sexualpädagogik.

Insbesondere die feministische Sexualpädagogik orientiert sich natürlich auch an den Bedürfnissen der Mädchen, will sie informieren und unterstützen statt zu bevormunden oder zu erziehen. Geschlechtsspezifische Unterschiede werden hierbei sehr kritisch beleuchtet, aber ethnische Unterschiede werden weitgehend vernachlässigt. Dies allerdings ist kein besonderes Versäumnis der feministischen Sexualpädagogik. So unterschiedlich die verschiedenen sexualpädagogischen Konzepte auch sein mögen, eines haben sie gemeinsam – die Nichtberücksichtigung von Jugendlichen mit Migrationshintergrund.

Informationsdefizit

Über Sexualerziehung speziell gibt es immer mehr Literatur, Erfahrungsberichte etc. Auch – so scheint es mittlerweile – ist die Notwendigkeit einer positiven Sexualerziehung als Prävention gegen sexuelle Gewalt mehr oder weniger unumstritten.

Darüber hinaus wissen wir, dass ein Großteil der jugendlichen Mädchen und Jungen entweder einen Migrationshintergrund hat und/oder auf Grund der Hautfarbe von Rassismus betroffen ist. In manch einer Schulklasse oder Freizeiteinrichtung in Großstädten der alten Bundesländer hat ein Großteil der Jugendlichen einen Migrationshintergrund. Aber – und das ist das Erstaunliche – diese Tatsache spiegelt sich in den sexualpädagogischen Konzepten nirgends wieder.

Die Kritik (BzgA 2000) einiger Sexualpädagoginnen an feministischen Pädagoginnen, dass diese der Sexualpädagogik die Lust nehmen (*ich meine tatsächlich*

Sexualpädagogik), in dem sie sie primär als Prävention betrachten, müssen wir meines Erachtens im Auge behalten. Daher werde ich mich im Folgenden zu einer positiven Sexualerziehung für Migrantinnen äußern, ohne eine Differenzierung der Zielsetzung dieser Arbeit vorzunehmen. Denn eine solche Erziehung kann natürlich immer mehreren Zwecken dienen: Sie kann ein erster Schritt zur Prävention sexualisierter Gewalt sein, sie kann HIV Prävention sein, Information zur Familienplanung geben oder einfach eine Plattform schaffen, wo offen über Sexualität gesprochen werden kann.

Zwar äußern sich mittlerweile einige Wenige zur Sexualaufklärung von MigrantInnen, aber niemand hat sich bislang dazu geäußert, wie ein Konzept zur positiven Sexualerziehung von MigrantInnen aussehen könnte, das auch dazu dient, sexueller Gewalt vorzubeugen bzw. die Mädchen zu ermutigen darüber zu berichten. Die Wenigen, die sich in diesem Bereich äußern wie Aktas (Aktas 2000) und Marburger (Marburger 1998 und 1999), beklagen zunächst, dass es keinerlei Untersuchungen oder Information zum Sexualverhalten von Jugendlichen mit Migrationshintergrund gibt. Dieser Klage kann ich mich ohne Probleme anschließen.

Selbst in Jugendzeitschriften wie Bravo oder Sugar spielen bei Dr. Sommer und KollegInnen die sexuelle Aktivität von Jugendlichen mit Migrationshintergrund keine Rolle. Die Durchsicht von 11 Bravo-Heften (Nr. 33 – 44 2000) ergab zu meiner Überraschung, dass dort nur ein einziges Mal ein Junge mit dem Namen Erkan (Bravo 33/2000, S. 35) auftaucht, der seine Angst vorm Schwimmen thematisiert. Im selben Heft schreiben deutsche Jugendliche darüber, dass sie Angst vor „fremden" Männern haben. Mädchen mit einem Migrationshintergrund tauchen nirgends auf und sexuelle Bedürfnisse oder Probleme von Jugendlichen mit einem Migrationshintergrund scheint es nicht zu geben.

Wie kommt dieses Informationsdefizit in Jugendzeitschriften, aber auch im pädagogischem Umfeld zustande ?

— Hat z.B. Bravo bewusst Migrantinnen nicht erwähnt?

— Wenden sich Jugendliche mit einem Migrationshintergrund nicht an Fr. Sommer?

— Interessieren sich Jugendliche mit Migrationshintergrund möglicherweise gar nicht für diesen Themenbereich?

— Wird etwa davon ausgegangen, dass MigrantInnen außerehelich ohnehin nicht sexuell aktiv sind?

Für die Vernachlässigung im schulischen Bereich müssen wir bedenken, dass die Richtlinien für die Sexualaufklärung in den 60er-Jahren herausgearbeitet wurden. Zu dieser Zeit waren nicht viele Kinder mit Migrationshintergrund in deutschen Schulen bzw. Einrichtungen (Marburger 1999). Allerdings erklärt dies nicht, warum diese Vernachlässigung auch im feministischen außerschulischen Bereich stattfindet.

Dass sowohl Kinder als auch Jugendliche mit Migrationshintergrund ein großes Informationsbedürfnis haben, ist in einigen Untersuchungen festgestellt worden.[1] Auch meine Tätigkeit im Mädchenhaus Berlin, wo ich unter anderem regelmäßig Gesprächsrunden zum Thema Sexualität anbot, machte sehr deutlich, dass Mädchen völlig unabhängig von ihrer ethnischen Herkunft sehr interessiert an Information in diesem Bereich waren.

Erfahrungen im Autonomen Mädchenhaus Berlin

Im Autonomen Mädchenhaus Berlin werden regelmäßig Aufklärungsrunden gemacht. Hier sind auch immer bis zu 50% Mädchen mit Migrationshintergrund anwesend. Zunächst ging es bei diesen Runden darum, Schwangerschaften zu verhüten und zum anderen ein Bewusstsein über Aids zu erzeugen. Letztendlich hat sich aber gezeigt, dass diese Runden vor allen Dingen dazu dienten, den Mädchen die Möglichkeit zu geben, Fragen stellen zu können, um gemeinsam über sexuelle Vorlieben, Ängste etc. zu sprechen. Ich denke, dies hat zum einen damit zu tun, dass hier sexuelle Aktivität der Mädchen vorausgesetzt und nicht bewertet wurde. Zum anderen war es sicherlich von Bedeutung, dass das Gespräch in einem freiwilligen Rahmen stattfand, wo sehr schnell deutlich wurde, dass alle Mädchen große Wissensdefizite hatten, die aber auch nicht bewertet wurden. Auch hörten viele Mädchen hier zum ersten Mal, dass es keine genormte Form der Sexualität gibt, dass nichts sein muss – aber alles sein darf, solange es die Grenzen anderer nicht verletzt. Ich denke, all dies war eine gute Voraussetzung, um ins Gespräch darüber zu kommen, was sie in diesem Bereich bislang erlebt haben. Solche Runden bilden eine gute Basis, um Gespräche über Erfahrungen der Grenzverletzung zu beginnen.

Durch die gestellten Fragen wurde sehr deutlich, dass Mädchen mit Migrationshintergrund durchaus sexuell aktiv waren und sehr interessiert an entsprechenden Fragen. Gelegentlich wurden Fragen zur Virginität gestellt, aber im Großen und Ganzen war es ziemlich erschreckend zu sehen, wie wenig sowohl die Deutschen als auch die migrierten Mädchen in diesem Bereich wussten. Auch fand ich sehr bedrückend, dass das in der Schule vermittelte Wissen vor allen Dingen biologische Details zum Inhalt hatte, während Fragen der eigenen Lust, der Abgrenzung und der Möglichkeit der Grenzensetzung viele Mädchen noch nie zuvor gehört hatten. Und dies obwohl alle zwischen 14 und 21 Jahre alt waren, in Berlin zur Schule gingen und eifrige Bravo-Leserinnen waren.

Stereotypen in Medien

Die trotz sexueller Aktivität bestehende Nichtexistenz von Migrantinnen in unseren Konzepten steht meines Erachtens im Widerspruch zu dem Bild, das die Medien über Migrantinnen und Sexualität kreieren. Nürsen Aktas, eine Mitarbeiterin von Pro Familia in Berlin, nennt diese stereotype Darstellung den sogenannten

---

[1] Biermann u.a. haben festgestellt, daß Kinder mit Migrationshintergrund, ein größeres Informationsbedürfnis zur Sexualität haben, als deutsche Kinder, Vgl. Biermann u.a. 1998. S. 262. Vgl. auch Backes/Wronska 1999

common sense über das Sexualverhalten von Jugendlichen mit Migrationshintergrund. Hiernach bilden

> „patriarchale-frauenfeindliche Familienstrukturen, sexuelle Tabus, arrangierte Ehen, ‚verkaufte Bräute', für die das Gebot der Jungfräulichkeit absolut zwingend ist, rein auf männliche Bedürfnisbefriedigung ausgerichtete Moral ... einige der wohl häufigsten Klischees, die das Bild in der Mehrheitsgesellschaft prägen" (Aktas 2000, S.157).

Wie fatal dieses common sense sein kann, macht Aktas ebenfalls deutlich. Denn selbstverständlich werden auch die Jugendlichen mit diesen Vorurteilen immer wieder konfrontiert. Dies geschieht niemals wertneutral oder objektiv. Es ist immer eine Erfahrung der Diskriminierung, der Stereotypisierung, der sich die Jugendlichen erwehren, häufig dadurch, dass sie sich als VerfechterInnen dieser angeblich traditionellen Verhaltensweisen darstellen. Bis hin zu der Absurdität, dass sie Verhaltensmuster verteidigen, denen sie eigentlich ablehnend gegenüber stehen, nur um loyal gegenüber der eigenen Herkunftskultur zu sein, um nicht als NestbeschmutzerInnen zu gelten (ebenda, S. 170).

Während Mädchen als Opfer dieser patriachalen Strukturen gezeichnet werden, die nicht sexuell agieren dürfen, vermitteln die Medien von den Jungen eher das Bild eines sexuell sehr aktiven, fast aggressiven Mannes. Diese Bilder beeinflussen die Mädchen in ihrer Wahrnehmung von sich selbst und natürlich auch von Männern mit Migrationshintergrund und müssen entsprechend bearbeitet werden. Backes/Wronska schlagen vor, in sexualpädagogischen Settings mit MigrantInnen darüber zu sprechen „in welchen festgesetzten Klischees sie sich bewegen müssen und vor allen Dingen auch zu thematisieren, wer diese Klischees festlegt" (Backes 1999; Wronska 1999). Ich halte diese Vorgehensweise für absolut wichtig und denke, dass eine Thematisierung im Vorfeld ein sehr guter Einstieg in diesen Themenkomplex sein kann.

Wahrnehmung unter PädagogInnen

Sicher ist es vergleichsweise sehr einfach, sich von Stereotypen in Medien zu distanzieren. Wie sieht es aber aus, mit unserem Bewusstsein als Pädagoginnen, vor allen Dingen feministischen Pädagoginnen? Helga Marburger, eine Professorin für interkulturelle Erziehung, analysiert das Verhalten von Pädagoginnen und wirft ihnen unter anderem vor, dass sie „ein individuelles Verhalten in diesem Bereich häufig als kollektives Handlungsmuster einer bestimmten Schülerpopulation nichtdeutscher Herkunft definieren und als problemgenerierend stigmatisieren" (Marburger 1998, S. 271). Sie klagt zurecht an, dass schlechte Erfahrungen mit Einzelnen auf alle MigrantInnen übertragen werden. Das Problematische an dieser Herangehensweise ist außerdem, dass sie nur in eine Richtung funktioniert. Denn nur, wenn ein Mensch mit Migrationshintergrund sich dem Stereotyp und damit den eigenen Erwartungen entsprechend verhält, wird diese Verhaltensweise auf alle übertragen. Verhält sich eine Migrantin anders, wird sie als Ausnahme dargestellt, und nicht als die Norm. Hat beispielsweise eine türkische Mutter eine feministische Haltung, die sie auch beim Elternabend zum Ausdruck bringt, so wird sie sicherlich als eine Ausnahme hingestellt.

Wie stark stereotyp die Wahrnehmung auch mancher PädagogInnen ist, beschreibt Marburger. Sie berichtet darüber, dass im Vorfeld ihrer Recherchen zu einem Artikel über Sexualerziehung von MigrantInnen ihre KollegInnen deutlich machten, was sie von ihrem Beitrag erwarteten:

> „Aufgebrachte türkische Väter, die der Sexualkunde unterrichtenden Lehrkraft Pornographie vorwerfen, Kinder die vom Unterricht ferngehalten werden etc." (ebenda, S. 271).

Daher konstatiert sie, dass „Jugendliche mit Migrationshintergrund im Diskurs um Sexualerziehung – wenn überhaupt – dann unter Problemaspekten thematisiert werden" (ebenda).

Zwar unterscheiden sich die Stereotypen natürlich sehr stark voneinander. Ein Mädchen nigerianischer Herkunft wird sicherlich mit anderen Klischees konfrontiert werden als ein Mädchen iranischer Herkunft. Gemeinsam ist beiden aber, dass ihre ethnische Herkunft Grund genug ist, Stereotypen bei den VertreterInnen der Dominanzgesellschaft zu erzeugen. Sie werden nicht primär als Individuen gesehen, sondern häufig nur noch im kulturell religiösen Rahmen. Gerade im sexuellen Bereich gibt es blühende Phantasien, die nichts damit zu tun haben, wie sich ein Mädchen nun tatsächlich verhält. Vielmehr geht es um die Phantasie der jeweiligen Pädagogin, mit der die Mädchen zwangsläufig immer konfrontiert werden.

Virginität – ein migrationsspezifischer Aspekt?

Die Jungfräulichkeit oder Virginität ist etwas, das früher oder später zum Thema wird, wenn Mädchen jeglicher Herkunft sich über Sexualität unterhalten. Bei Migrantinnen gewinnt dieses Thema noch zusätzlich an Bedeutung, weil hier im Allgemeinen angenommen wird, dass es gerade für Mädchen mit islamischer Sozialisation von besonderer Bedeutung sei.[2] Auch einige Praktikerinnen, wie Nürsen Aktas berichten darüber, dass

> „die meisten Fragen von Mädchen mit islamischem Migrationshintergrund tatsächlich um das Thema Jungfernhäutchen kreisen. Am Telefon wird eher gefragt, wo und wie es wieder repariert werden könnte, während in der Gruppenarbeit eher danach gefragt wird, ob ein Junge es merkt oder nicht, wenn es nicht mehr intakt ist" (Aktas 2000).

Auch berichtet Aktas darüber, dass in Einzelgesprächen Mädchen durchaus darüber sprechen, Geschlechtsverkehr gehabt zu haben und dass sie jetzt auf der Suche sind, den Schein zu wahren (ebenda, S. 160). Diese Fragen machen deutlich, dass die Mädchen sexuell durchaus aktiv sind, aber gleichzeitig dies nach außen nicht vertreten wollen. Wie sollen wir Pädagoginnen nun damit umgehen?

---

[2] Interessanterweise wurde dies in den 11 Bravo-Heften auch einmal thematisiert, allerdings von einem Mädchen mit dem Namen Patricia (Bravo Nr. 36/2000. S. 35)

Die einen sind der Meinung das Jungfräulichkeitsgebot sei eine kulturelle Eigenart, die es zu schützen gelte, daher müssen Mädchen erfahren, wo und wie sie ihren Platz in dieser „Kultur" behalten können. Viele werfen diesen Frauen Kulturrelativismus vor, während andere sich schnell dem Vorwurf des Eurozentrismus aussetzen, weil sie der Meinung sind, es ist unverantwortlich, einen solchen Eingriff zu befürworten und den Mädchen diesbezügliche Informationen zu geben.

Kerstin Gillessen, eine Sexualpädagogin aus München, ist der Ansicht, dass eine gelungene Sexualpädagogik mit migrierten Mädchen beinhalte, den Mädchen die Information darüber zugänglich zu machen, wie sie den Schein auch ohne Jungfernhäutchen wahren können, solange dieser Eingriff medizinisch unbedenklich ist. Sie schreibt:

> „Verweigern wir den Mädchen diese Informationen, entscheiden wir für sie, dass dies schlecht ist, und dass sie genau an dieser Stelle ihren Kampf gegen das Patriarchat beginnen müssen. Was ist mit denen, die gar nicht kämpfen wollen?" (Gillessen 1998 S. 59).

Diese Art des Umgangs erlaubt es den Mädchen darüber nachzudenken, ob sie ihre sexuellen Bedürfnisse in Form von heterosexuellem Geschlechtsverkehr leben möchten oder andere Formen der Sexualität bevorzugen. Ich denke, es ist tatsächlich lohnenswert darüber nachzudenken, ob die Möglichkeit der **unkomplizierten** Reparatur des Jungfernhäutchens es einigen Mädchen nicht erst ermöglicht, über ihre sexuellen Bedürfnisse nachzudenken, ohne Angst davor zu haben, möglicherweise hierbei ihre Jungfräulichkeit zu verlieren.

Sicherlich ist es sinnvoll, den Mädchen Information darüber zu geben, dass ein nicht intaktes Hymen nichts darüber aussagt, ob ein Mädchen tatsächlich sexuelle Erfahrungen gemacht hat oder nicht. Es ist sicherlich gut, darüber zu berichten, dass auch in den Herkunftsländern der Eltern sich einiges verändert hat und Beispiele von Frauen derselben Herkunft[3] zu bringen, die dazu stehen, unverheiratet zu sein und dennoch sexuelle Erfahrungen zu haben. Natürlich wäre es sehr begrüßenswert, wenn die Pädagogin selbst einen Migrationshintergrund hat und sich selbst deutlich positionieren könnte. Trotz alledem wird es natürlich immer Mädchen geben, die so tun wollen, als hätten sie vor der Eheschließung keinen Geschlechtsverkehr, um die Erwartungen ihrer Familien nicht zu enttäuschen.

Zwar fällt es sicherlich manch einer feministischen Frau nicht so leicht, auf dieses Bedürfnis einzugehen, aber vielleicht macht es die Sache erträglicher, wenn wir uns die Ironie von Frauen wie Fatima Mernissi vor Augen führen. Sie schreibt:

> „Es ist kein Geheimnis, dass manche Braut ihre Jungfräulichkeit in der Hochzeitsnacht einem medizinischen Kunstgriff verdankt. Zur Freude der Gynäkologen, die solche Techniken beherrschen, gibt es genug junge Frauen, die sich kurz vor der Hochzeitsnacht einer kleinen Operation unterziehen, um alle Spuren ihrer vorehelichen Erfahrungen zu tilgen. Um ihre Rolle im traditionellen Schauspiel jungfräulicher Demut und patriarchalischer Arglosigkeit übernehmen zu können, braucht die junge Frau also einen ... Arzt der sie ... verwandelt

---

[3] Sehr gute Beispiel finden sich in den Geschichten, die Ribbert u.a 2000 zusammengetragen haben.

in eines der kostbarsten Güter des Mannes in der mediterranen Welt: eine Jungfrau mit einem unversehrten Hymen, als Siegel auf der Vagina" (Mernissi zitiert in Ribbert u.a. 2000, S. 48).

Auch müssen wir im Auge behalten, dass das Virginitätsgebot nicht nur negative Folgen hat. So nimmt es beispielsweise vielen migrierten Mädchen den Druck, sie müssten um jeden Preis Geschlechtsverkehr haben. Dieser Druck ist gerade unter Jugendlichen nicht zu unterschätzen. Auch so, berichtet Aktas, sorgt das Virginitätsgebot dafür, dass Mädchen, deren Eltern es wichtig ist, dass sie Jungfrauen bleiben, sich vor dem ersten (vorehelichen) Geschlechtsverkehr sehr viel besser und umfassender informieren und entsprechend schützen" (Aktas 2000, S. 164).

Eltern oder Familienarbeit

Gute Präventionsarbeit heißt immer auch gute Elternarbeit. Für die feministische und damit außerschulische Mädchenarbeit bedeutet dies aber zusätzlich, dass wir uns große Konflikte mit den Eltern nicht leisten können. Denn wir brauchen ihre Erlaubnis, um ihre Töchter zu informieren. Die Schule hat es hingegen leichter, denn laut einem Bundesverfassungsgerichtsurteil vom 21.12.77 kann Sexualunterricht auch ohne Zustimmung der Eltern stattfinden (Marburger 1999). Dadurch kann die Schule natürlich einen wichtigen Beitrag zur Sexualerziehung leisten und sollte dies auch weiterhin tun. Dennoch halte ich es für absolut notwendig, außerschulische Möglichkeiten für Mädchen und Jungen zu bieten, wo sie sich geschlechtshomogen über alle Facetten von Sexualität informieren können und sich spielerisch diesem Themenkomplex nähern zu können.

Wie gehen wir aber damit um, wenn Kindern der Aufenthalt in einer Mädcheneinrichtung verwehrt wird, ab dem Augenblick, wo beispielsweise bekannt wird, dass sie dort lernen, dass lesbische Liebe eine ernstzunehmende Alternative für sie sein könnte. Dies ist kein migrationsspezifisches Problem, wird aber häufig Eltern mit Migrationshintergrund vorgeworfen, so dass viele Sexualpädagoginnen sich scheuen, den Kontakt zu den Eltern der Töchter zu suchen, um sie darüber zu informieren, was in der Einrichtung gemacht wird.

Hier entsteht aber ein großes Problem, denn gerade Sexualerziehung als Prävention gegen sexuelle Gewalt verbietet es uns, mit Mädchen Geheimnisse um Sexualität zu haben, d.h. es ist nicht möglich mit Mädchen Sexualität zu thematisieren und sie zu bitten, dies zu Hause nicht zu erzählen. So können wir es nicht vermeiden, früher oder später das Elternhaus doch einzuschalten. Diese Zusammenarbeit kann verschiedene Gestalten annehmen. Eine Mädcheneinrichtung namens Mabilda Team e.V. in Duisburg, welche vorwiegend von türkischen Mädchen frequentiert wird, hat beispielsweise für sich die Lösung gefunden, dass sie die Mütter in diese Arbeit mit einbeziehen. „Sie halten die Zusammenarbeit mit den Müttern und deren Einbeziehung für unerlässlich, will frau mit türkischen Mädchen sexualpädagogisch arbeiten" (BZgA 2000, S. 112).

Laut Aktas ist es „in traditionell orientierten Familien unüblich, dass die Eltern die Kinder aufklären, diese Funktion übernehmen ältere Schwestern, Brüder etc." (Aktas 2000, S. 161). Wenn wir dies berücksichtigen, könnten wir uns überlegen, ob wir künftig nicht statt der Eltern weibliche Familienmitglieder wie Schwestern, Schwägerinnen etc. mit einbeziehen.

Natürlich weiß ich, dass die Arbeit mit Familienmitgliedern sich als sehr schwierig erweisen kann, ich denke aber, wenn wir hier eine Offenheit für ihre Realität zum Ausdruck bringen, haben wir gute Chancen wenigstens zunächst in einen Dialog einzutreten. Es kann von Vorteil sein, den Müttern zu erzählen, dass nicht informierte Kinder am ehesten Gefahr laufen, Opfer sexueller Gewalt zu werden. Auch macht es Sinn, den Eltern zu erzählen, dass fehlende Information nicht davor schützt Sexualität zu leben (Marburger, 1999 S. 29). Diese Aufklärungsarbeit ist meines Erachtens umso effektiver, wenn sie von einer Frau mit Migrationshintergrund gemacht wird.

Natürlich ist es absolut wichtig, die Sorgen der Eltern ernst zunehmen, und die Achtung der kulturellen Normen und Werte der Familien zu signalisieren, so wie es AMYNA e.V. auch in ihrem Faltblatt für Mädchen und Jungen aus dem islamischen Kulturkreis macht.[4] Was tun wir aber, wenn Eltern beispielsweise Homosexualität als etwas darstellen, was angeblich mit ihrer Kultur unvereinbar ist. Ich denke, dass wir in solchen Situationen uns genau positionieren müssen und möglicherweise einem Konflikt nicht mehr aus dem Weg gehen können.

Wir müssen im Auge behalten, dass MigrantInnen in der Migration häufig sehr viel konservativer geworden sind. Dies wird um so stärker, je mehr Rassismuserfahrungen sie machen. Häufig versuchen sie ihnen unliebsame Themen wie das Reden über Sexualität als ein Übel der westlichen Welt darzustellen. Hier kann es von Vorteil sein, zum Beispiel Interpretationen des Korans zu liefern, die sie sehr überraschen werden. Gillessen beispielsweise zitiert Naila Minai, selbst eine Wissenschaftlerin mit islamischer Sozialisation, die deutlich macht, dass „für Mohammed die sexuelle Befriedigung zu den Rechten jeder verheirateten Frau gehört" (Gillessen 1998, S. 47). Ferner zitiert sie Fatima Mernissi, die schreibt, dass „der Sexualität im Islam sogar positive und lebensnotwendige Funktionen zugeschrieben werden ..." (ebenda, S. 48)

Wenn Eltern oder andere Familienmitglieder mit einer solchen Interpretation des Korans konfrontiert werden, kann es natürlich zum einen zum Nachdenken anregen. Vor allen Dingen aber signalisiert eine solche Vorgehensweise deutlich, dass die Pädagogin sich mit der Realität der Familie zu beschäftigen versucht. Es wird deutlich, dass die Werte der Eltern mit einbezogen werden.

Schlussfolgerungen

Wie könnte also ein Konzept der positiven Sexualerziehung aussehen, das der Realität von Migrantinnen und Schwarzen Mädchen gerecht wird?

Zunächst einmal muss es ein Konzept sein, welches das sexuelle Interesse von Jugendlichen mit Migrationshintergrund voraussetzt und davon ausgeht, dass es

---

[4] Das Faltblatt beschreibt die Angebote von AMYNA e.V. zur Prävention von sexuellem Missbrauch und sexueller Gewalt für Mädchen und Jungen aus dem islamischen Kulturkreis.

Aufgabe aller Pädagoginnen ist, Informationen zur Sexualität im weitesten Sinne zu geben. Auch die sexuelle Aktivität von Jugendlichen mit Migrationshintergrund sollten wir nicht unterschätzen.

Sexualpädagogische Arbeit mit Mädchen, die einen Migrationshintergrund haben, muss immer gegen das sogenannte common sense arbeiten. Pädagoginnen müssen sich von Stereotypen distanzieren und dies auf jeden Fall zum Thema der Auseinandersetzung mit den Jugendlichen machen. Die Jugendlichen sind es gewohnt, immer wieder mit rassistischen Vorurteilen konfrontiert zu werden. Die Einrichtung, in der dieses Konzept realisiert wird, sollte ein Ort sein, wo die Jugendlichen frei von jeglicher Diskriminierung, also auch rassistischer Diskriminierung sind. Um dies zu gewährleisten, müssen Pädagoginnen sich mit ihren eigenen Bildern, Vorurteilen etc. auseinander setzen, **bevor** sie mit dieser Arbeit beginnen.

Gerade feministische Pädagoginnen haben häufig sehr spezielle Vorurteile, solche die angeblich belegen, dass migrierte Mädchen auf Grund ihrer Kultur besonders unterdrückt sind. Eine solche Haltung macht es unmöglich, das Vertauen vieler Mädchen mit Migrationshintergrund zu gewinnen.

In der Arbeit müssen Jugendlichen – speziell den Mädchen – positive Elemente der eigenen Herkunftskultur als Identifikationsmöglichkeiten angeboten werden. Es ist wichtig, ihnen nicht das Gefühl zu vermitteln, dass sexuelle Freizügigkeit oder lesbische Liebe ausschließlich ein Privileg in der Dominanzgesellschaft ist. Es kann hierbei je nach Alter der Mädchen auf Märchen, aber auch auf Lyrik, Poesie, Lebensberichte von Frauen desselben oder anderen – nicht deutschen – Hintergrunds zurückgegriffen werden (Ribbert u.a. 1997). Gerade Pädagoginnen mit Migrationshintergrund sind hier unentbehrlich.

Wenn wir also davon ausgehen, dass eine positive Sexualerziehung bedeutet, uns an den Bedürfnissen der Mädchen zu orientieren, sie zu informieren und zu unterstützen, statt sie zu bevormunden oder zu erziehen, wird sehr deutlich, dass wir Mädchen, die wissen wollen, wo sie ihr Jungfernhäutchen reparieren lassen können, diese Information nicht vorenthalten können – unabhängig davon, wie wir es nun selbst finden.

Gerade in der außerschulischen Mädchenarbeit müssen wir einen Umgang mit den Eltern oder zumindest den weiblichen Mitgliedern der Familie finden. Wir müssen einen Weg finden, ihnen den Eindruck zu vermitteln, dass auf ihre Positionen Rücksicht genommen wird (BIL 1996), und dennoch sichergehen, dass wir uns deutlich positionieren. Wir müssen die Sorgen der Eltern ernst nehmen, nicht zuletzt um sicherzugehen, dass die Jugendlichen nicht in Loyalitätskonflikte geraten. Gerade für die Elternarbeit ist es von unschätzbarem Wert, wenn die Pädagogin selbst einen Migrationshintergrund hat.

Wenn wir davon ausgehen, dass Präventionsarbeit immer auch eine Herausforderung von Machtungleichgewicht ist, und dies bislang immer das Ungleichgewicht zwischen Männern und Frauen bzw. Kindern und Eltern meinte, müssen wir, wenn es um Kinder mit Migrationshintergrund geht, wohl das Ungleichgewicht zwischen VertreterInnen der Dominanzgesellschaft und Menschen mit Migrationshintergrund mit berücksichtigen.

Ich möchte enden mit einem Zitat von Helga Marburger, weil ich finde, dass es auf den Punkt bringt, was gelungene Sexualerziehung leisten muss:

„Pluralismus ist … ein konstruktives Merkmal schulischer Sexualerziehung. Deren Aufgabe ist somit ausdrücklich nicht, die Heranwachsenden auf ganz bestimmte Ziele, Werte und Normen festzulegen, sie auf ein ganz bestimmtes Geschlechterrollen- und Sexualverhalten zu fixieren, sondern sie haben dazu beizutragen, dass junge Menschen zur eigenen Urteilsfähigkeit gelangen, ein eigenes Wertempfinden und Gewissen entwickeln, damit sie ihre sexuelle Lebensführung in eigener Regie übernehmen können" (Marburger 1999, S. 27).

Literatur

Aktas, Nürsen (2000). „let's talk about sex". Erfahrungen und Eindrücke aus einer sexualpädagogischen Beratungsstelle. In: Attia/Marburger. Alltag und Lebenswelten von Migrantenjugendlichen. Frankfurt/M.

Backes, Herbert/Wronska, Lucyna (1999). Peer Education. Ein Weg in der interkulturellen Sexualpädagogik. In: BzgA Forum 2

Biermann, Christine/Milhoffer, Petra/Schütte, Marlene (1998). Liebe – Freundschaft – Sexualität. Voraussetzungen und Möglichkeiten der Projektarbeit mit neun- bis dreizehnjährigen Mädchen und Jungen. In: Hartmann, Jutta (Hg.). Lebensformen und Sexualität. Bielefeld

BIL (1996). Liebe. Sevgi. Deutsch/Türkisches Unterrichtsmaterial zur interkulturellen Sachkunde in den Klassen 3 und 4. Erstellt von: Berliner Institut für Lehrer – Fort und Weiterbildung. Berlin

Bravo Nr. 33 – 44/2000

Bundeszentrale für gesundheitliche Aufklärung (BzgA) (1996). Sexualpädagogische Mädchenarbeit. Band 5. Köln

Bundeszentrale für gesundheitliche Aufklärung (BzgA) (2000). Band 17. Sexualpädagogische Mädchenarbeit. Köln

Gillessen, Kerstin (1998). Sexualpädagogik in der sozialen Arbeit mit Töchtern aus der Türkei eingewanderter Familien. Unveröffentlichte Diplomarbeit. München

Marburger, Helga (1998). Multikulturalität als Chance für sexuellen Pluralismus. In: Hartmann, Jutta (Hg.). Lebensformen und Sexualität. Bielefeld

Marburger, Helga (1999). „Ayse fehlt immer in Sexualkunde". Sexualerziehung zwischen Elternhaus und Schule. In: Bzga Forum 2

Ribbert u.a. (Hg.) (1997). Von Liebe, Lust und Last. Familienplanungszentrum Hamburg

Birgit Palzkill

Sexuelle Gewalt und mädchenparteiliche Sport- und Bewegungsangebote

Einleitung: Sport und sexuelle Gewalt

Während sexuelle Gewalt und sexueller Missbrauch im Zuge der Arbeit der neuen Frauenbewegung seit Mitte der 70er Jahre in vielen gesellschaftlichen Bereichen aufgedeckt und bearbeitet wurden, blieben diese Themen im Bereich des Sports lange Zeit weiterhin völlig tabuisiert. Dies gilt in zweierlei Hinsicht.

Zum einen beschäftigten sich die Sportwissenschaften überhaupt nicht mit der Frage, welche Auswirkungen die Erfahrung und die Angst vor sexueller Gewalt auf die Bewegungs- und Körperentwicklung haben. Zum anderen wurde so getan, als gäbe es innerhalb des Sports keine sexuelle Gewalt. Sexuelle Belästigungen, Vergewaltigungen und sexueller Missbrauch, den Sportler, Trainer, Funktionäre und Fans an Frauen innerhalb und im Umfeld des Sports ausüben, wurden nicht thematisiert. Erst Mitte der 80er Jahre gab es im Rahmen der feministischen „Frauen-Sport-Bewegung" erste Ansätze, sich mit sexueller Gewalt gegen Mädchen und Frauen und deren Auswirkungen auf Körper, Sport und Bewegung auseinanderzusetzen. Dabei ging es zunächst ausschließlich um Gewalt, die **außerhalb des Sports** gegen Mädchen und Frauen verübt wird und um die Konsequenzen, die diese Gewalt für die individuelle und kollektive Bewegungsgeschichte von Frauen hat. Im ersten und zweiten Teil des Beitrags stelle ich die Ergebnisse dieser Arbeiten dar und zeige auf, welche Aufgaben sich hieraus für die Gestaltung von Sport- und Bewegungsangeboten für Mädchen ergeben.

Im dritten Teil des Beitrags gehe ich auf die Diskussion über **sexuelle Gewalt innerhalb des Sports** ein, die 1994 mit der spektakulären Berichterstattung über den „Fall Fajfr" ziemlich unvermittelt in die Welt des Sports einbrach. Es wird aufgezeigt, wie sich die Auseinandersetzung mit der Thematik seither innerhalb des Sports entwickelt hat und welche Ansätze der Präventionsarbeit inzwischen zu verzeichnen sind.

Körper, Bewegung und Sport in Gewaltverhältnissen

Sexuelle Gewalt gegen Frauen ist in unserer Gesellschaft so alltäglich, dass die Sozialisation von Mädchen und Frauen auf fundamentale Weise mit sexuellen Gewalterfahrungen verbunden ist. Auch wenn dies schnell aus dem Blickfeld gerät, so gilt dies doch insbesondere für die Körper- und Bewegungsentwicklung von Mädchen und Frauen, die in ganz erheblichem Maße von Gewalterfahrungen beeinflusst wird (siehe Palzkill 1991; Ulmer 1991 und 1993; Keller 1995; Jacob/Schanz 1997).

Schon die frühe Bewegungssozialisation von Mädchen wird durch Angst der Erwachsenen vor sexuellen Übergriffen auf das Kind beeinflusst. Aus dieser Angst heraus werden Mädchen stärker beaufsichtigt und weitgehend auf den Wohnbereich und seine unmittelbare Umgebung beschränkt, d.h. ihnen wird eine geringe räumliche Entfernung zur Bezugsperson zugestanden. Alle Untersuchungen zum Spiel- und Raumverhalten, die nach Geschlecht differenzieren, kommen zu dem Ergebnis, dass der Erkundungsraum von Mädchen anders und vor allen Dingen begrenzter ist als der von Jungen (vgl. Pfister 1992; Rose 1993). Mädchen spielen bis zum Alter von etwa 12 Jahren noch überwiegend auf den Höfen oder Spielplätzen in unmittelbarer Wohnungsnähe. Verglichen mit den Beschäftigungen der Jungen ermöglichen die Spielaktivitäten der Mädchen deutlich begrenztere Bewegungs- und Körpererfahrungen.

Im Erwachsenenalter setzt sich dies fort. Es ist zumindest teilweise als Folge der Angst vor sexueller Gewalt und/oder realer sexueller Gewalterfahrungen zu begreifen, wenn Frauen sich scheinbar wie selbstverständlich darin beschneiden, sich öffentliche Räume anzueignen, ihren Aktionsradius bewusst oder unbewusst einschränken, z.B. im Dunkeln nicht mehr auf die Straße gehen, öffentliche Plätze meiden, versuchen in der Öffentlichkeit möglichst wenig Raum zu beanspruchen, um nicht aufzufallen etc. Diese Beschränkungen in der Aneignung und Nutzung der sozialräumlichen Umwelt korrespondieren mit als „typisch weiblich" angesehenen Bewegungs- und Verhaltensmustern, die wenig raumgreifend sind (wie z.B. kleiner Schrittlänge, eng anliegenden Armen, etc.). Sexuelle Gewalt hat also nicht nur auf die Frauen und Mädchen Auswirkungen, die unmittelbar zum Opfer von sexuellem Missbrauch und Vergewaltigung werden, sondern betrifft alle Mädchen und Frauen[1].

Sie durchzieht als strukturelles Merkmal der Sozialisation von Frauen sowohl die individuelle als auch die kollektive Bewegungs- und Körpergeschichte von Frauen.

Als Konsequenz aus diesen Erkenntnissen wurden Konzepte entwickelt, die das Ziel haben, Formen des Umgangs mit individuellen und kollektiven Gewalterfahrungen in der Bewegungsarbeit mit Mädchen und Frauen zu finden. Eine tragende Rolle spielten hierbei die zu Beginn der 80er Jahre gegründeten autonomen Frauensportvereine und die Frauenarbeit des Allgemeinen Deutschen Hochschulsportverbandes (ADH) (siehe hierzu Kapitel III in Palzkill/Scheffel/Sobiech 1991; Kröner/Pfister 1992; Bischoff 1993; Scheffel 1996; Kugelmann 1996; Jacob & Schanz 1997).

Für den Schulsport liegt seit Ende der 90er Jahre eine Analyse von „didaktischen Anforderungen an einen präventiven und angstfreien Sportunterricht" (Scheffel 1996 und 1997; Kugelmann 1996) vor. Hierin werden vor dem Hintergrund der herrschenden Gewaltstrukturen didaktische Prinzipien des Sportunterrichts mit

---

[1] Jedem Mädchen und jeder Frau wird täglich direkt oder indirekt vermittelt, als Frau per se durch sexuelle Gewalt gefährdet zu sein: Dies vermittelt sich z.B. über abwertende Gesten oder verbale Anzüglichkeiten, kleinere und größere Übergriffe, aber auch durch bestimmte, in der Werbung und den Medien transportierte Frauenbilder. Schon die Erfahrung, dass Mutter, Schwester, Tante und Freundin nachts nur ungern oder gar nicht ohne Begleitung durch Männer auf die Straße gehen, lässt die Welt draußen als diffus gefährlich für Mädchen wie für Frauen erscheinen.

Mädchen unter der Zielsetzung beschrieben, „die eng gesteckten Grenzen ‚weiblicher' Bewegungssozialisation zu erweitern, ermutigende und grenzüberschreitende Gegenerfahrungen zu ermöglichen und so Mädchen psychisch und physisch zu stärken" (Scheffel 1997, S. 23).

Die größte Verbreitung haben bis heute die Konzepte zur Selbstbehauptung und Selbstverteidigung für Mädchen und Frauen gefunden. Bei den hier entwickelten feministischen Konzepten geht es nicht nur um das Training von Techniken der Selbstverteidigung. Die Zielsetzung ist weit umfassender. Zentrale Ziele liegen darin, die Wahrnehmung der eigenen Grenzen/Grenzverletzungen zu schulen, ein Bewusstsein dafür zu erlangen, dass Mädchen und Frauen ein Recht auf eigene Grenzen haben und Vertrauen und Fähigkeiten zu entwickeln, um diese Grenzen verteidigen zu können. Waren Selbstbehauptungskurse im Sinne eines solch umfassenden Verständnisses zu Beginn ausschließlich in der autonomen Frauenbewegung zu finden, so gibt es inzwischen auch Angebote im organisierten Sport und in der staatlichen LehrerInnenfortbildung. In Nordrhein-Westfalen sind Ausbildungen zur Selbstbehauptungstrainerin inzwischen als Bestandteil der Übungsleiterausbildung anerkannt.

Im Folgenden werde ich ausführlich darstellen, welche Auswirkungen sexueller Missbrauch auf die Körper- und Bewegungsentwicklung des einzelnen betroffenen Mädchens haben kann.

Auswirkungen von sexuellem Missbrauch auf Körper und Bewegung

Die Frage nach den Auswirkungen sexuellen Missbrauchs auf Körper und Bewegung des einzelnen betroffenen Mädchens ist in zweierlei Hinsicht bedeutsam. Zum einen ist davon auszugehen, dass in jeder Schulklasse und jeder Mädchensportgruppe mit hoher Wahrscheinlichkeit Mädchen sind, die sexuellen Missbrauch aktuell erleiden oder erlitten haben. Ein solcher Missbrauch stellt eine massive Verletzung der körperlichen und seelischen Integrität dar. Die Überlebensstrategien, die ein Mädchen dagegen zu entwickeln sucht, beeinflussen wesentlich das Verhältnis zum eigenen Körper, den Umgang mit dem Körper, seine Bewegung, Wahrnehmung und Darstellung. Sie können – wie ich im Folgenden darstellen werde – verbunden sein mit Einschränkungen der Körperwahrnehmung, Ablehnung des eigenen Körpers, Einschränkungen des Bewegungsverhaltens, einem unrealistischen Körperbild und Angst vor Körperkontakt. Sport und Bewegung ist für betroffene Mädchen nur dann hilfreich, wenn die Sport- und Bewegungsangebote so gestaltet werden, dass sie diesen Überlebensstrategien Rechnung tragen.

Darüber hinaus haben die Überlebensstrategien von Mädchen, die sexuellen Missbrauch erleiden, zudem eine über die individuelle Ebene hinausgehende Bedeutung. Wie oben dargestellt ist die Körper- und Bewegungsentwicklung **aller** Mädchen und Frauen von sexuellen Gewalterfahrungen beeinflusst – wenn auch in unterschiedlichem Maße und unterschiedlicher Ausprägung. Die Überlebensstrategien der von sexuellem Missbrauch betroffenen Mädchen und deren

Konsequenzen für Körper und Bewegung beschreiben daher in gewisser Weise nur sehr pointiert die Probleme, die für Mädchen und Frauen generell in unserer Kultur bezüglich ihres Umgangs mit dem eigenen Körper und ihren Bewegungsmöglichkeiten relevant sind. Keller (1995, S. 175) spricht in diesem Zusammenhang von den Auswirkungen sexueller Gewalt und sexuellen Missbrauchs auf Mädchen und Frauen als einem „Vergrößerungsglas für Körper- und Bewegungsentwicklung der meisten Frauen". In diesem Sinne ist die Frage nach den Auswirkungen sexuellen Missbrauchs über die einzelne Betroffene hinaus von grundlegender Bedeutung für jedes mädchenparteiliche Sportkonzept.

Überlebensstrategien bei sexuellem Missbrauch

Einschränkungen der Körperwahrnehmung

Die Erfahrung von sexuellem Missbrauch ist wesentlich dadurch gekennzeichnet, dass die eigene Wahrnehmung der Situation, die Einschätzung dessen, was richtig und was falsch ist, sich verwirrt. Das Mädchen spürt, dass das, was geschieht, nicht richtig ist und eigentlich nicht geschehen sollte. Der Täter ist jedoch i.d.R. eine Person, der das Kind vertraut, ein Erwachsener, der – aus der Kinderperspektive gesehen – weiß, was richtig und was falsch ist, und von dem das Mädchen abhängig ist. Dieser Widerspruch ist aus der Perspektive des Kindes nicht auflösbar. Die Erfahrung, dass ich „etwas spüre und wahrnehme, das eigentlich nicht wahr sein kann und darf", führt dazu, dass das Mädchen seiner eigenen Wahrnehmung misstrauen muss. Dies gilt für die mit dem Missbrauch verbundenen Gefühle ebenso wie für die Wahrnehmung des eigenen Körpers. Um der Verwirrung nicht länger ausgesetzt zu sein und die schmerzhafte Erfahrung am eigenen Leib nicht mehr zu spüren, wird daher die **eigene Körperwahrnehmung partiell oder völlig ausgeblendet**. BESEMS und van VUGT haben die Erfahrung gemacht, „dass sämtliche Inzestbetroffene sich nur beschränkt wahrnehmen. Bestimmte Körperteile verdrängen sie aus ihrer Wahrnehmung völlig" (1990, S. 60).

Negativbewertung und Ablehnung des eigenen Körpers

Diese Einschränkung der Körperwahrnehmung führt zusammen mit der Erfahrung, „dass jemand, dem ich vertraue oder den ich sogar liebe, mit meinem Körper etwas tut, was nicht richtig ist", zu einer **Negativbewertung und Ablehnung des eigenen Körpers**. Denn das Mädchen kann sich dies nicht anders erklären, als dass etwas mit dem eigenen Körper nicht stimmt. Dieser Schluss liegt um so näher, je jünger das Mädchen ist und je enger die Beziehung zum Täter ist. Der eigene Vater zum Beispiel wird von einem Mädchen geliebt und gebraucht. Das Bild des liebenden, guten Vaters darf und kann nicht zerstört werden, so dass die Ursache der Misere von dem Mädchen in der eigenen Person, insbesondere im eigenen Körper gesucht werden muss. Dieser wird als schlecht, schmutzig und böse angesehen und abgelehnt.

Einschränkungen des Bewegungsverhaltens

Häufig ist dies mit der Angst verbunden, andere Menschen könnten dem Körper seine vermeintliche Schlechtigkeit und das, was an ihm geschieht, ansehen. „Aus dieser Angst, dass jeder es an ihrem Körper ablesen kann, meiden viele Betroffene Situationen, in denen sie sich ausziehen oder umziehen müssten. Obwohl sie gerne an Gruppen teilnehmen würden, die schwimmen, turnen, Jazzballett oder Aerobic machen, können sie es aus diesen Gründen nicht" (Besems/van Vugt 1990, S. 58). Der Versuch, den eigenen Körper möglichst zu verdecken und ihn nicht zu spüren, sowie die damit verbundene **Einschränkung des Bewegungsverhaltens**, schneiden den Bezug zum Körper immer weiter ab. Es entwickelt sich eine Spirale aus Körperablehnung und Bewegungseinschränkung, die in ein immer negativeres Körperbild führt und sich zu einem regelrechten Körperhass steigern kann.

Entwicklung eines unrealistischen Körperbildes

Die Ausblendung der Körperwahrnehmung ist in der Regel nicht nur mit einer negativen Bewertung des Körpers verbunden, sondern auch mit einem **falschen Körperbild**, d.h. mit völlig unrealistischen Vorstellungen über die eigenen Körperformen und über die Möglichkeiten und Grenzen der körperlichen Handlungsfähigkeit. Dies gilt insbesondere für die Einschätzung der Körperkraft. Die Missbrauchssituation ist wesentlich geprägt von der Erfahrung völliger Ohnmacht. Der Wille des Mädchens wird gebrochen, es erlebt sich als völlig machtlos und ausgeliefert. Die eigene Kraft kann und darf gegen die Kraft des Täters nicht zur Wirkung gebracht werden und kann somit nicht überprüft werden. Das Mädchen bleibt entweder in der Illusion verfangen, „eigentlich" über unendliche Kräfte zu verfügen, und fühlt sich schuldig, diese nicht gegen den Täter gerichtet zu haben, oder aber es hält sich für völlig kraftlos. Dies führt in beiden Fällen dazu, dass keine realistische Einschätzung der eigenen Körperkraft entwickelt werden kann – ein Großteil der Arbeit in Selbstverteidigungskursen für Mädchen und Frauen zielt darauf ab, eine realistische Einschätzung der Körperkraft zu ermöglichen. Diese fehlende Wahrnehmung und Wertschätzung der eigenen Körperkraft kann oft nur schwer durch neue Erfahrungen mit anderen Menschen korrigiert werden. Der Grund hierfür liegt in einer weiteren schwerwiegenden Folge des sexuellen Missbrauchs, den Schwierigkeiten mit Körperkontakt.

Angst vor Körperkontakt

Viele Mädchen haben aufgrund der Missbrauchserfahrung **Angst vor Körperkontakt**. Sie haben nicht gelernt, sichere Körpergrenzen zu ziehen, da ihre Grenzen gegen ihren Willen durchbrochen wurden. Sie haben erfahren müssen, dass spielerischer und zärtlicher Körperkontakt von einer anderen Person sexualisiert und für deren Bedürfnisse ausgenutzt wurde. Aufgrund dieser Erfahrung können sie sich Körperkontakt oft nur als sexualisierten Kontakt vorstellen und die vielfältige Palette körperlicher Kontakte nicht erleben. Spielen, raufen, kämpfen, massieren, all dies erscheint als gefährlich, als waghalsiges Unterfangen ohne sicheren Ausgang. Die Konsequenz daraus ist, dass sie oft versuchen, Körperkontakt gänzlich zu meiden oder ihn ausschließlich in sexualisierter Form bzw. später ausschließlich in sexuellen Kontakten suchen. Sie meiden damit auch alle Situationen, in denen sie erwarten, Körperkontakt herstellen zu müssen, wie etwa PartnerInnenübungen bei der Gymnastik, etc. Einerseits liegt hierin ein wichtiger Schutz und eine Grenzsetzung gegen die Missbrauchserfahrung. Andererseits reduziert diese Form des Schutzes die Möglichkeiten, den grenzverletzenden und zerstörerischen Missbrauchserfahrungen andere, vielfältige und schöne Erlebnisse entgegenzusetzen.

Wie bisher deutlich geworden ist, hat ein Mädchen, das sexuellem Missbrauch ausgeliefert war bzw. ist, allen Grund, die Lust am und die Nähe zum eigenen Körper zu verlieren. Um die schmerzhaften Erfahrungen am eigenen Leib nicht spüren zu müssen, wird vielmehr eine mehr oder weniger große Distanz zum eigenen Körper aufgebaut, werden die Körpergefühle aus der Wahrnehmung gedrängt, werden Gefühle vom Körper abgezogen.

„Unsportliche" und „Sportbesessene" – Sport(abstinenz) als Antwort auf sexuelle Gewalt

Welche Konsequenzen ergeben sich hieraus in Bezug auf die Bewegungsentwicklung und das Verhältnis zu Sport und Bewegung? Zum einen muss sicherlich die vielbeschriebene „Unsportlichkeit" von Mädchen und die mit dem Alter zunehmende Unlust an Sport und Bewegung in diesem Zusammenhang gesehen werden. Ulmer (1991, S. 1) stellt dazu aus ihrer Erfahrung mit erwachsenen Frauen fest: „Was die Abwendung von Sport und von Bewegung generell betrifft, so handelt es sich hierbei nicht nur um ein oftmals als normal angesehenes Verhalten von Frauen. Es ist neben anderen Gründen ein Zusammenhang mit sexuellen Gewalterfahrungen zu vermuten. Dieser liegt darin, dass mit der Abwendung vom Sport auch die Wahrnehmung des Körpers, die Wahrnehmung von Schmerzen und der Kontakt mit anderen auf körperlicher Ebene sowie in einem auf den Körper bezogenen Umfeld vermieden oder so weit als möglich reduziert wird. Konkret bedeutet dies: keine Aufregung im Körper; den Körper ruhig halten; kein Schwitzen; keine körperlichen Berührungen; keine Konfrontation mit der eigenen Kraft und Kraftlosigkeit; keine Konfrontation mit der eigenen Erschöpfung; keine Konfrontation mit durch den Sport hervorgerufenen Schmerzen, weil sie an andere Schmerzen erinnern; keine Konfrontation mit der Kraft/Kraftlosigkeit anderer; keine Konfrontation mit den Körpern anderer; die Umgehung von Umkleideräumen und Duschen. Entsprechend der Überlebensstrategie, den Körper so weit als möglich abzutrennen, um möglichst wenig von ihm und allem in ihm Verankerten wahrzunehmen und zu erinnern".

Doch auch die gegenteilige Verhaltensweise, die Hinwendung zum Sport und exzessives Sporttreiben, kann letztendlich eine ähnliche Strategie in der Auseinandersetzung mit sexueller Gewalt bedeuten. Der moderne Sport mit seinem funktionalen Körperverständnis verheißt Körperbeherrschung, die Beherrschung des eigenen Körpers mit der Aussicht, die erlittene Ohnmacht vergessen zu machen. Dies gilt insbesondere für den Leistungssport, kann jedoch auch z.B. auf exzessive Formen von Joggen, Aerobic oder Krafttraining zutreffen. Die Funktionalisierung des eigenen Körpers für die sportliche Leistung, die Unterwerfung des Körpers unter die Prinzipien von Rationalität, Linearität, Wachstum und Ökonomie lassen ihn als Maschinenkörper verfügbar werden – verfügbar nicht für andere, sondern für sich selbst. Einerseits bietet sportliches Training die Möglichkeit, sich der eigenen Kraft, der Durchsetzungs- und Selbstbehauptungsfähigkeit zu vergewissern und sie zu vergrößern und damit der in der sexuellen Gewalt erfahrenen Zerstörung des Vertrauens in den eigenen Körper entgegenzutreten. Sport kann damit eine große Bedeutung für das Bestreben einer Frau erlangen, durch die Gewalterfahrung in ihrer Persönlichkeit nicht gebrochen zu werden. Andererseits kann das Sporttreiben jedoch auch zu einer Flucht vor den Ohnmachtserfahrungen werden, die eine Auseinandersetzung mit diesem Trauma und seine Überwindung verhindert. Der in der Gewalterfahrung erlittenen Ohnmacht und Verletzung wird die Illusion von Allmacht und körperlicher Unversehrbarkeit durch Training und Sport entgegengesetzt. Dies führt zu einer enormen psychischen Abhängigkeit vom Sport, zu einer „Mystifikation" von Körperkraft und zu dem Zwang, ein Körperbild aufzubauen und aufrechtzuerhalten, das nicht der Realität entspricht und Allmächtigkeit suggeriert (vgl. Palzkill 1990, S. 83ff.).

Konsequenzen für die Sport- und Bewegungsarbeit

Welche Konsequenzen ergeben sich hieraus für die Arbeit mit Mädchen im Sport? Wie können TrainerInnen, ÜbungsleiterInnen und LehrerInnen ihre Angebote so gestalten, dass sie den betroffenen Mädchen nicht zusätzlich Qual und Belastung sind, sondern ihnen Hilfe bieten.

Inhaltlich/methodische Konsequenzen

Ein Bewegungsangebot, dass vornehmlich die Verbesserung der körperlichen Leistungsfähigkeit sowie der motorischen Fertigkeiten in traditionellen Sportarten wie etwa Leichtathletik, Ballspiele, rhythmischer Sportgymnastik und Turnen im Auge hat, läuft Gefahr, einen rein funktionalen Bezug zum eigenen Körper herauszubilden bzw. zu verstärken. Darüber hinaus leistet es mit dem Versuch, von außen vorgegebene Bewegungs- und Körpermuster möglichst genau zu kopieren, einer Ästhetisierung und Stilisierung des eigenen Körpers Vorschub. Beides kann die Distanz zum eigenen Körper vergrößern und die Ausgrenzung von Körperwahrnehmungen eher verschärfen als sie aufzuheben. Doch auch ein ganzheitlich orientiertes Sport- und Bewegungsangebot, das die Einheit von Bewegen, Handeln, Erleben und Denken zu seinem expliziten Ziel erklärt hat, kann gewaltige Probleme mit sich bringen. Denn was geschieht mit einem Mädchen, das die Einheit aufgrund der fortgesetzten Erfahrung sexueller Gewalt am eigenen Körper eben nicht herstellen kann? Was geschieht, wenn sich dieses Mädchen ständig mit der Forderung und der von außen gesetzten Norm konfrontiert sieht, den eigenen Körper spüren, ihn in seiner Bewegung und Form präsentieren oder die eigenen Gefühle verbalisieren zu müssen? In der ganzheitlichen Bewegungserziehung haben sich m.E. Normen herausgebildet, die Grenzverletzungen geradezu provozieren. Im Zuge der Forderung nach Offenheit und Freiheitlichkeit laufen z.B. Mädchen, die bei Entspannungs- oder PartnerInnenübungen Körperkontakt – insbesondere zu Jungen – meiden, ebenso Gefahr ausgegrenzt zu werden, wie solche, die ihren Körper so gut es geht durch weite, „unförmige" Kleidung zu schützen suchen. Die Erfahrung, den von außen gesetzten Normen nicht genügen zu können, insbesondere den „lockeren", ungezwungenen und authentischen Umgang mit dem eigenen Körper nicht zu beherrschen, verstärkt wohl eher das ohnehin schon vorhandene Gefühl, „irgendwie falsch" zu sein. Hierdurch kann der ursprünglich durch die Missbrauchserfahrung aufgebaute überlebensnotwendige Schutz der Vermeidung von Körpernähe und der Abspaltung von Körperwahrnehmungen entweder weiter verschärft und zementiert oder unterlaufen werden. Letzteres bedeutet, dass das Mädchen erneut erfahren muss, wie von außen und ohne sein Einverständnis in die eigene Lebensstrategie eingegriffen und diese durchkreuzt wird. Dies stellt an sich schon eine erneute traumatisierende Ohnmachtserfahrung dar, ist aber um so zerstörerischer, da gleichzeitig keine anderen Überlebensstrategien angeboten werden.

Forderungen an professionelles Verhalten von TrainerInnen/ÜbungsleiterInnen und SportlehrerInnen

Was für jedes einzelne Mädchen hilfreich ist und was nicht, wird im Detail sicher niemals endgültig beantwortet werden können. „Denn was die einzelne heute als eine Hilfe und Stütze im Leben mit Gewalterfahrungen empfindet, kann übermorgen etwas sein, das sie hindert, neue Erfahrungen mit ihrem Körper und im Umgang mit ihm kennenzulernen. Und: jede Frau reagiert auf ihre Weise auf sexuelle Gewalt und entwickelt ihre Strategie zu überleben" (Ulmer 1991, S. 2). Auch haben Sport und Bewegungsangebote im Verein oder im Schulsport zweifelsohne weder die Chance noch die Aufgabe, traumatische Erfahrungen wie die der sexuellen Gewalt zu bearbeiten oder gar zu heilen. Doch der Respekt vor den Überlebensstrategien Betroffener und das Bemühen, diese nicht zu unterlaufen, gehören zur Professionalität sportpädagogischen Handelns. Beim momentanen Stand der Diskussion erfordert dies in erster Linie, dass die Tatsache, dass Mädchen (und auch Jungen) sexueller Gewalt in verschiedenster Form ausgesetzt sind, überhaupt im Bewusstsein der ÜbungsleiterInnen, TrainerInnen und Sportlehrerinnen verankert wird, sie ihr Training bzw. ihren Unterricht auf dieser Folie durchleuchten und möglicherweise zunächst unverständlich erscheinendes Verhalten von Mädchen vor diesem Hintergrund zu verstehen versuchen[2].

Voraussetzung hierfür ist, dass jede einzelne Person, die mit Mädchen im Sport- und Bewegungsbereich arbeitet, sich Klarheit über ihre eigenen Verwicklungen und ihre eigene Haltung zum Thema verschafft. Frauen und Männer sind hier sicherlich in unterschiedlicher Weise betroffen.

---

[2] Gerade in jeder Schule, wo ja die Teilnahme am Sportunterricht für alle Mädchen verpflichtend ist, können manche der von den Lehrpersonen beklagten alltäglichen Ärgernisse mitunter vor diesem Hintergrund in anderem Licht erscheinen: Die vielfältigen und hartnäckigen Versuche mancher Schülerinnen, sich vor dem Sportunterricht zu „drücken", Schülerinnen, die sich nicht davon abbringen lassen, in übergroßen Wollpullovern zum Unterricht zu erscheinen, den Schwimmunterricht boykottieren usw. Solches Verhalten mag vielerlei Gründe haben, nicht selten entwickelt sich jedoch hieraus ein unerfreulicher und unproduktiver Machtkampf zwischen der Lehrperson und der Schülerin, der sich verhindern ließe, wenn die Lehrkraft bedenken würde, dass dieses Verhalten für die Schülerin eine wichtige Schutzfunktion erfüllen kann. Auch wenn dadurch keineswegs eine Änderung dieses Verhaltens in Sicht ist, so befreit diese Einsicht die Lehrperson (wie die Schülerin) doch von sinnlosen, kraftraubenden Auseinandersetzungen und setzt damit Kräfte frei, andere Lösungen zu suchen – oder diese Situation erst einmal als eine außerhalb ihrer Macht stehende zu akzeptieren.

Für Männer als Trainer, Übungsleiter oder Lehrer bedeutet dies, ihre Rolle als Mann im herrschenden Geschlechtersystem zu reflektieren und sich der eigenen Position dabei bewusst zu werden. Es wird oft die Frage gestellt, ob dies bedeute, dass Sportlehrer oder Übungsleiter Mädchen nicht berühren dürften. Meines Erachtens greift eine solche Fragestellung jedoch viel zu kurz. Man(n) muss ein Mädchen ja z.B. gar nicht berühren, um seine Grenzen zu überschreiten. „Mit den Augen des Sportlehrers ausgezogen zu werden" ist sicher ein Übergriff, während mancher Körperkontakt dies nicht sein mag. Entscheidend scheint mir die innere Haltung zu sein, die Trainer, Übungsleiter und Sportlehrer den Mädchen (und Jungen) gegenüber haben, d.h. genauer: ihre Bereitschaft, die Gefühle und den Willen der Mädchen gerade in Bezug auf körperliche Nähe und Distanz zu respektieren. Dazu gehört es auch, ambivalente Botschaften professionell zu deuten und mit schwärmerischer Verliebtheit von Mädchen erwachsen umzugehen, d.h. sie einerseits wahrzunehmen und zu achten, sie andererseits jedoch nicht zur Befriedigung eigener, insbesondere sexueller Bedürfnisse zu missbrauchen. Dies sind komplexe Ansprüche an die professionelle Kompetenz und Persönlichkeit, die sich nicht formal regeln lassen. Selbstverständlich sollte allerdings sein, dass die Beteiligung an Übungen, die Körperkontakt einschließen, grundsätzlich freiwillig ist.

Für Frauen geht es bei der Auseinandersetzung mit ihrer eigenen Rolle als Frau in diesem Zusammenhang in erster Linie darum zu überprüfen, wie sie sich selbst in einer Gesellschaft bewegen, in der sexuelle Übergriffe von Männern gegen Frauen zum Alltag gehören, wie sie gelernt haben, sich davor zu schützen und was sie diesbezüglich von Mädchen erwarten. Mir scheint in der Sozialisation von Trainerinnen, Übungsleiterinnen und Sportlehrerinnen häufig ein Bewältigungsmechanismus besonders ausgeprägt zu sein: Stark-Sein, Drüberstehen, Wegstecken, Ignorieren. Dies ist sicher eine Möglichkeit, mit sexistischen Übergriffen, die ja auch Sportstudentinnen z.B. in ihrer Ausbildung von anderen Studierenden oder auch von Ausbildern erfahren, umzugehen (vgl. Sobiech 1993). Solange sich Frauen, die den Sport lieben und ihn Mädchen und jungen Frauen nahe bringen wollen, dieser Mechanismen jedoch nicht bewusst sind, werden sie es schwer haben, Mädchen, die andere Strategien entwickeln, nicht als faul, unbegabt und „irgendwie grässlich" abzuwerten, sondern sie so wie sie sind, erst einmal zu akzeptieren. Nur dies aber kann eine Grundlage schaffen, auf der es vielleicht gelingt, dass auch diese Mädchen Zugang zu den Möglichkeiten finden, die gerade Sport und Bewegung ihnen bieten können.

Gewalt gegen Mädchen innerhalb des Sports

1994 brach die Diskussion über **sexuelle Gewalt innerhalb des Sports** mit der spektakulären Berichterstattung über den „Fall Fajfr" ziemlich unvermittelt in die Welt des Sports ein. Der Eiskunstlauftrainer Fajfr wurde damals beschuldigt, ihm anvertraute jugendliche Eiskunstläuferinnen körperlich misshandelt und sexuell missbraucht zu haben. Nachdem Fajfr rechtskräftig verurteilt worden war, zeigte sich sehr rasch, dass es sich hierbei nicht um einen Einzelfall handelt. Denn weitere Sportlerinnen trauten sich in der Folge öffentlich über Gewalt zu berichten, die ihnen durch ihre Trainer angetan worden war. Dabei kamen sexuelle Übergriffe und sexuelle Nötigungen ebenso ans Licht wie Abhängigkeitsverhältnisse, die die betroffene Athletin bisweilen wie eine „Leibeigene" des Trainers erscheinen ließ.

Waren diese Berichte schon erschreckend genug, so wurden sie noch erheblich verschärft durch das, was über die Bedingungen bekannt wurde, die für die Betroffenen innerhalb der Strukturen des Sports herrschten: Wollten die Sportlerinnen sich zur Wehr setzen, so brauchten sie viel Mut und Ausdauer, um überhaupt Gehör zu finden. Nach Bekanntwerden der Beschuldigungen gegen ihre Trainer erfuhren sie in der Regel wenig Solidarität, sondern sahen sich vielmehr weit eher einer geschlossenen Front des Verschweigens, Vertuschens und Abwiegelns gegenüber. Sie wurden als „Nestbeschmutzer" diffamiert und ausgegrenzt, während die Täter häufig mit keinen oder nur geringen Konsequenzen zu rechnen hatten. Aufgeschreckt durch diese Berichte und gerichtlichen Auseinandersetzungen wurde in Teilen des organisierten Sports der Ruf laut, sich der Problematik zu stellen und Gegenmaßnahmen zu ergreifen. Trotz gleichzeitiger massiver Versuche, das Thema wieder in die Tabuzone zurückzudrängen, ist die Diskussion seither immer wieder aufgeflammt. 1997 gab Constance Engelfried das erste Buch heraus, das sich der Thematik explizit widmet. 1998 erschien eine vom Ministerium für Frauen, Jugend, Familie und Gesundheit des Landes NRW in Auftrag gegebene Pilotstudie über Gewalt gegen Mädchen und Frauen im Sport (Klein & Palzkill 1998) sowie 1999 eine Interviewstudie des Schweizerischen Kinderschutzbundes mit Athletinnen und Athleten, die von ihren Trainern missbraucht wurden (Kohler 1999).

Diese massiven Erscheinungsformen sexueller Gewalt im Sport stellen jedoch nur die Spitze eines Eisbergs dar. In den genannten Untersuchungen wurden vielfältige Formen alltäglicher Gewalt gegen Mädchen und Frauen im Sport beschrieben: verbale Schlüpfrigkeiten, sexistische Blicke, Gesten und mediale Darstellungen, in denen Sportlerinnen auf ein Sexualobjekt reduziert werden, exhibitionistische Übergriffe, ungewollte Berührungen bei der Hilfestellung, Verletzungen der Intimsphäre durch das Eindringen in Umkleideräume und Duschen, körperliche Übergriffe etc. Solche Formen sexistischer Gewalt konnten ebenso in allen Bereichen des Sports identifiziert werden wie eine generelle Benachteiligung von Mädchen und Frauen auf der strukturellen Ebene, z.B. der weitgehende Ausschluss von Frauen aus den Macht- und Entscheidungszentren des Sports.

Einzelne Sportorganisationen (Landessportbünde und insbesondere die Sportjugend NRW[3] sowie Stadtsportbünde[4]) haben damit begonnen, Präventionskonzepte zu entwickeln, die z.B. Öffentlichkeitsarbeit, die Schulung von Übungsleiterinnen und Übungsleitern, einen Ehrenkodex für Trainerinnen und Trainern etc. umfassen.

---

[3] Unter dem Titel „Wir können auch anders! – Starke Mädchen im Sport" initiierte die Sportjugend NRW gemeinsam mit dem Landessportbund und dem Sportministerium NRW eine Initiative zur Prävention sexueller Gewalt. Plakate, Broschüren und die Konzeption sind erhältlich bei der Sportjugend NRW, Duisburg.

[4] Der Stadtsportbund Köln startete z.B. eine „Präventionskampagne Sexuelle Gewalt gegen Mädchen, Frauen und Jungen im Sport". In Zusammenarbeit mit der Kriminalpolizei, dem Frauenamt der Stadt, dem Mädchenhaus Köln und dem Verein Zartbitter e.V. wurde als erster Baustein dieser Kampagne eine Broschüre mit dem Titel „Wir zeigen die rote Karte" veröffentlicht (zu bestellen beim SSB Köln, Dürenerstr. 411; 50858 Köln).

Eine wesentliche Bedingung für das Gelingen von Präventionsarbeit im Sport ist darin zu sehen, dass die Thematik der sexuellen Gewalt nicht auf den sexuellen Missbrauch durch Trainer eingeschränkt wird. Denn hierbei besteht die Gefahr, dass die massiven und spektakulären Vergehen einzelner Trainer als singuläre Entgleisungen und Auswüchse eines ansonsten intakten und gewaltfreien Systems betrachtet werden, von denen man(n) sich gelassen abwenden kann. Die oben beschriebenen alltäglichen Formen der Gewalt bleiben dann weiterhin tabuisiert. Die alltäglichen Erscheinungsformen von Gewalt gegen Mädchen und Frauen und ihre strukturelle Verankerung im Sportsystem bilden jedoch erst die Basis, auf der sich die massiven Formen der Gewalt überhaupt erst entwickeln können. Klein/Palzkill (1998) konnten in allen von ihnen untersuchten Feldern, vom Schulsport über den Breitensport bis hin zum Leistungssport, Anzeichen dafür identifizieren, dass Mädchen und Frauen auf Gewalterfahrungen im Sport mit innerem oder äußerem Rückzug vom Sport reagieren. Dieser Rückzug von Frauen verfestigt dabei die ohnehin vorhandene **männliche Dominanz im Sport**, d.h. der Sport wird durch den Rückzug von Frauen aufgrund erlebter Gewalterfahrungen als Männerdomäne, als Feld „männlicher" Kompetenz und Überlegenheit weiter festgeschrieben. In diesem Sinne bedingen sich direkte Formen der Gewalt und die strukturellen Benachteiligungen von Frauen und Mädchen im Sport wechselseitig. Will Präventionsarbeit erfolgreich sein, so muss sie diesen Zusammenhängen Rechnung tragen und der Arbeit ein Gewaltverständnis zugrunde legen, dass sowohl die direkten Formen der sexuellen Gewalt als auch die strukturellen Bedingungen umfasst.

Dies beinhaltet auch, dass die oben aufgezeigten Konsequenzen für Sport- und Bewegungsangebote mit Mädchen, die sexuell missbraucht wurden, die Anforderungen an mädchenparteiliche Sport- und Bewegungsangebote sowie die Prävention sexueller Gewalt im Sport in vielfältiger Weise miteinander verschränkt sind. Letztlich lassen sich diese Themen nicht isoliert voneinander betrachten. Entscheidende Voraussetzung für den Erfolg von mädchenparteilichen Sportangeboten und Präventionskonzepten im Sport ist der Wille der Verantwortlichen im Sport die Existenz von sexueller Gewalt gegen Mädchen und Frauen innerhalb und außerhalb des Sports nicht länger zu tabuisieren sondern statt dessen die bereits vorhandenen Konzeptionen aktiv zu unterstützen und weiter zu entwickeln.

Literatur

Bischoff, Susanne (1986). Die Lust am Leben eigener Bewegungsutopien im Patriarchat. In: S. Schenk (Hg.): Frauen – Bewegung – Sport. Hamburg: VSA, S. 130–138

Bischoff, Susanne (Hg.) (1993). … auf Bäume klettern ist politisch. Texte aus der Feministischen Bewegungs- und Sportkultur. Hamburg

Besems/van Vugt (1990). Wo Worte nicht reichen. Therapie mit Inzestbetroffenen. München

Engelfried, Constance (1997). „Auszeit". Sexualität, Gewalt und Abhängigkeit im Sport. Frankfurt am Main/New York

Heye, Silke (1995). Sexuelle Gewalt an Mädchen in der Familie – Auswirkungen leiblicher Traumatisierung auf Selbst- und Körperbild. Unveröffentlichte Diplomarbeit, Deutsche Sporthochschule Köln

Jacob, Birgit/Schanz, Barbara (1997). Eine Seminarreihe zum Thema „Sexuelle Gewalt im Sport": In Constance Engelfried (Hg.): „Auszeit". Sexualität, Gewalt und Abhängigkeit im Sport. Frankfurt am Main/New York

Klein, Michael (1990). Sportbünde – Männerbünde? In: Gisela Völger/Karin von Welck (Hg.): Männerbünde – Männerbande. Zur Rolle des Mannes im Kulturvergleich, Bd.2. Köln, S. 137–148

Klein, Michael/Palzkill, Birgit (1998). Gewalt gegen Mädchen und Frauen im Sport. Pilotstudie im Auftrag des Ministeriums für Frauen, Jugend, Familie und Gesundheit des Landes NRW (MFJFG). In: MFJFG (Hg.): Dokumente und Berichte 46 Düsseldorf, S. 1–94

Kohler, Iris (1999). „Im Sport berührt man sich halt so …". (Sexuelle) Gewalt gegen Kinder und Jugendliche im Sport. Interviewstudie im Auftrag des Schweizerischen Kinderschutzbundes (SKSB). Herausgegeben vom SKSB Bern, Postfach 344

Kolb, Michael (1997). Streetball als jugendkulturelle Bewegungsform. In: J. Baur (Hg.): Jugendsport. Sportengagements und Sportkarrieren. (S. 199–213). Aachen

Kröner, Sabine/Pfister, Gertrud (Hg.) (1992). Frauen-Räume. Körper und Identität im Sport. Pfaffenweiler

Kugelmann, Claudia (1996). Starke Mädchen – schöne Frauen?: Weiblichkeitszwang und Sport im Alltag. Butzbach-Griedel

Palzkill, Birgit/Scheffel, Heidi/Sobiech, Gabriele (Hg.) (1991). Bewegungs(t)räume. Frauen, Körper, Sport. München

Palzkill, Birgit (1991). Was hat sexuelle Gewalt mit Sport(abstinenz) zu tun? – Körper- und Bewegungsentwicklung in Gewaltverhältnissen. In: Palzkill/Scheffel/Sobiech (Hg.): Bewegungs(t)räume. Frauen, Körper, Sport. München, S. 62–74

Palzkill, Birgit (1994). Sexuelle Gewalterfahrungen und ihre Konsequenzen für den Sportunterricht. sportunterricht 4/94, 170–178

Pfister, Gertrud (1992). Mädchenspiele – Zum Zusammenhang von Raumaneig-nung, Bewegungserfahrungen und Sportengagement. In: Zieschang/Buchmeier (Hg.): Sport zwischen Tradition und Zukunft. Schorndorf, S.29–30

Scheffel, Heidi (1996). MädchenSport und Koedukation. Aspekte einer femi-nistischen Sportpraxis. Butzbach

Scheffel, Heidi (1997). Sexuelle Gewalt: Didaktische Anforderungen an einen angstfreien Sportunterricht. In: Frauenbeauftragte & Frauen-Lesben-Projekt des ASTA der Deutschen Sporthochschule Köln (Hg.): Die bewegte Frau – Vortragsheft zum 2. Forum für aktuelle Themen der Frauenforschung im Sport. Köln

Ulmer, Regine (1993). Das Lachen im Körper wieder hören. Sexuelle Gewalt und Sport/Bewegung. In: Susanne Bischoff (Hg.): ... auf Bäume klettern ist politisch. Texte aus der Feministischen Bewegungs- und Sportkultur. Hamburg, S. 52–64

Birgit Schlathölter

Prävention von sexualisierter Gewalt hat eine aufdeckende Wirkung

Eine Hilfestellung für pädagogisch Tätige

Geschichte

Anfang der 80er Jahre begann die Auseinandersetzung mit dem Thema sexualisierte Gewalt in Westdeutschland. Betroffene Frauen fingen an, über die von ihnen erlebte Gewalt zu berichten, gründeten erste Selbsthilfegruppen und begannen, öffentliche Diskussionen zu führen (Mebes 1992). Aus der Arbeit von und mit Frauen, die in ihrer Kindheit sexuell missbraucht wurden, entstand das Wissen: Wenn es damals sexualisierte Gewalt gab, gibt es sie auch heute und wird es sie auch morgen geben, wenn nicht dagegen gearbeitet wird. Die Arbeit gegen sexualisierte Gewalt muss dann folgerichtig auf drei Säulen aufgebaut werden:

— Aufarbeitung der erlebten sexualisierten Gewalt (Beratung, Selbsthilfegruppen und Therapie)
— Beendigung aktueller Gewaltsituationen (Intervention)
— Verhinderung von zukünftiger sexualisierter Gewalt (Prävention)

Der Präventionsgedanke war entstanden und die Präventionsarbeit wurde entwickelt. Nach und nach wurden Stellen und Einrichtungen geschaffen, die sich ausschließlich der Prävention von sexualisierter Gewalt widmen sollten. Aus dem Wissen um die Strukturen, die sexuelle Gewalt an Mädchen und Jungen ermöglichen, wurden zahlreiche Modelle, Programme etc. konzipiert.

Mit dem Versuch, erste, in den USA entwickelte Konzepte für Präventionsprogramme, die sich in erster Linie an Mädchen richteten, auch in der Bundesrepublik zu etablieren, wurde ein Einstieg in die praktische und theoretische Arbeit gegen den sexuellen Missbrauch gemacht. Gleichzeitig entstanden die ersten kontroversen Diskussionen über die Sinnhaftigkeit und Wirksamkeit von Präventionskonzepten und auch darüber, wer die AdressatInnen von Präventionsarbeit sein sollen (Kavemann u.a. 1997, S. 14 ff). Konflikte entstanden zwischen den AnhängerInnen der mädchen- und frauenspezifischen und den VertreterInnen der koedukativen Modelle der Prävention. Kontroversen entstanden auch deshalb, weil einige Konzepte ausschließlich auf die Stärkung der Mädchen durch „Nein – Sagen" zielten und die Arbeit mit erwachsenen Bezugspersonen vernachlässigten. So konnte der Eindruck entstehen, dass diese Konzepte ausreichend seien, Mädchen in die Lage zu versetzen, sich vor sexualisierter Gewalt zu schützen. Die Gefahr, die in einem solchen Präventionsansatz liegt, besteht darin, dass Erwachsene aus der Verantwortung für den Schutz von Mädchen genommen werden, während den Mädchen die Verantwortung aufgebürdet wird und sie damit überfordert sind.

Hinzu kam, dass die Beratungs- und Interventionspraxis noch nicht finanziell abgesichert war und vielerorts die Prävention von sexualisierter Gewalt mit der Intervention in die finanzielle Konkurrenz geriet. Öffentliche Zuschussgeber setzten auf Prävention für Mädchen und Jungen, ohne zu bedenken, dass diese aufdeckend wirken kann und dann der Schutz von Mädchen und Jungen durch zu Hilfenahme von fachkompetenten Beratungsstellen gewährleistet werden muss.

Prävention hat eine aufdeckende Wirkung

Sehr schnell zeigt sich in der praktischen Präventionsarbeit, dass diese tatsächlich in vielen Fällen auch eine „aufdeckende Wirkung" hat. Im Rahmen der Präventionsarbeit berichten Frauen von erlebter sexualisierter Gewalt in ihrer Kindheit und Mädchen von Übergriffen, die sie heute erleben.

Wenn Frauen während Informationsveranstaltungen von erlebter sexualisierter Gewalt berichten, können sie i.d.R. an Beratungsstellen, Selbsthilfegruppen oder TherapeutInnen verwiesen werden, wobei hier anzumerken ist, dass es spezialisierte Hilfe oftmals nur in größeren Städten gibt. Anders sieht es aus, wenn während der präventiven Arbeit mit Mädchen und Jungen sexualisierte Gewalt offensichtlich wird. Die Gewalt ist dann nicht Bestandteil der Vergangenheit, sondern ist reale Gegenwart und erzeugt einen starken Handlungsdruck bei pädagogisch Tätigen. Hier ist es nicht damit getan, sie an Beratungsstellen weiter zu verweisen, vielmehr gibt es für die erwachsenen Bezugspersonen (seien es ausgewiesene Präventionsfachkräfte oder auch MitarbeiterInnen in Schulen oder Kindergärten) die Verpflichtung Hilfe zu leisten und dafür Sorge zu tragen, dass das Mädchen oder der Junge vor weiterer sexueller Gewalt geschützt wird.

Der Präventionsgedanke

In der Präventionsarbeit ist der vorherrschende Gedanke, Mädchen und Jungen vor sexualisierter Gewalt zu schützen und sie in der Entwicklung eigener Handlungskonzepte, sich selbst zu schützen, zu stärken. Ein weiterer wesentlicher Punkt ist, Erwachsenen – Eltern und Professionellen – ihre Verantwortung für den Schutz von Mädchen und Jungen bewusst zu machen und Hilfsmöglichkeiten zu eröffnen.

Der Präventionsgedanke wird dabei durch drei aufeinander aufbauende Bestandteile verwirklicht:

— Information und Schulungen für Professionelle (ErzieherInnen, LehrerInnen u.a.)
— Information und Aufklärung für Erziehungsberechtigte
— pädagogische Arbeit mit Mädchen und Jungen.

Qualitätskriterien der Präventionsarbeit

Wenn MitarbeiterInnen aus Schulen, Kindergärten und anderen Institutionen Präventionsarbeit gegen sexuellen Missbrauch in ihren Einrichtungen umsetzen möchten, haben sie mittlerweile vielerorts die Möglichkeit, sich Unterstützung aus spezialisierten Präventionseinrichtungen zu holen. Zur Überprüfung der Qualität solcher Präventionsangebote und den zugrundeliegenden Konzepten sind folgende Kriterien hilfreich:

Qualitätskriterium: Ziele der Präventionsarbeit

Von sinnvoller Präventionsarbeit kann erwartet werden, dass sie die Ziele formuliert, die mit der praktischen Arbeit erreicht werden sollen. In der Regel gliedern sich diese Ziele in drei Bereiche:

— Langfristiges Ziel

— Mittelfristiges Ziel

— Kurzfristiges Ziel

Das langfristige Ziel von Präventionsarbeit umfasst den Wunsch, daran mitzuarbeiten, dass sexualisierte Gewalt an Mädchen und Jungen verhindert wird. Das mittelfristige Ziel bedeutet, mit dazu beizutragen, dass eine sekundäre Traumatisierung bei Mädchen und Jungen, die sexualisierte Gewalt erlebt haben, minimiert/verhindert wird. Das kurzfristige Ziel beinhaltet, dass Mädchen und Jungen in ihrer Wahrnehmung und in ihrer Selbsteinschätzung gestärkt werden und die Möglichkeit haben, von stattfindender sexualisierter Gewalt zu berichten. Präventionsarbeit ermöglicht dann eine schnelle Beendigung des akuten Missbrauchs. Das heißt, oberstes Ziel ist der Schutz für Mädchen und Jungen vor weiterer sexualisierter Gewalt (Bundesverein, Allgemeine Qualitätskriterien).

Die Überprüfung der Umsetzbarkeit von Präventionszielen ist äußerst schwierig, denn die Arbeit ist ähnlich der Verkehrserziehung – es kann nicht belegt werden, wie viele Unfälle letztendlich verhindert wurden. Die klare Formulierung der Ziele in den Präventionskonzepten nutzt den NutzerInnen insofern jedoch sehr viel, dass sie anhand der Beschreibungen, wie diese Ziele erreicht werden sollen, leichter beurteilen können, wie die AnbieterInnen von Präventionsarbeit die praktische Arbeit aufbauen und wie transparent die Ansätze gestaltet sind und auch mit der täglichen Arbeit in Verbindung stehen.

Qualitätskriterium: Schutz vor weiterer sexualisierter Gewalt

Verantwortungsbewusste PräventionsanbieterInnen zeichnen sich dadurch aus, dass in ihren Konzepten beschrieben wird, wie der Schutz vor weiterer sexualisierter Gewalt im Einzelfall gewährleistet wird. Um deutlich zu machen, was dies heißt, soll an dieser Stelle kurz auf einige wesentliche Schritte eingegangen werden, die zum Schutz von Mädchen und Jungen nötig sind:

Exkurs: Intervention bei sexualisierter Gewalt gegen Mädchen und Jungen

Der Schutz von Mädchen und Jungen erfolgt durch die Einleitung einer Intervention. Dazu bedarf es eines Interventionsplanes. Dieser Interventionsplan besagt, dass in einem Verdachtsfall bestimmte Handlungsabläufe zu erfolgen haben. Diese Handlungsabläufe müssen im Vorfeld bekannt sein.

Um die Qualität eines Interventionsplanes beurteilen zu können, bedarf es eines Grundverständnisses von sexualisierter Gewalt und eines daraus folgenden Grundwissens:

Sexualisierte Gewalt beeinträchtigt immer die Entwicklungsfähigkeit von Mädchen und Jungen in erheblicher Form und ist manchmal lebensbedrohend. Sexualisierte Gewalt wird überwiegend von Männern (aber auch von Frauen) an Mädchen und Jungen verübt, ist geplant und wird in der Regel über einen längeren Zeitraum hinweg durchgeführt. Sexualisierte Gewalt befriedigt die Bedürfnisse des Erwachsenen nach Macht, Zuwendung, Nähe, Profit und die Realisierung sexueller Phantasien und Praktiken. Dies wird erreicht mit Zwang zur Geheimhaltung, Drohungen, Bestechungen und/oder mit der Isolierung der Mädchen und Jungen. Die Täter kommen in der Mehrzahl aus dem unmittelbaren sozialen Umfeld der Mädchen und Jungen (Weber 1995).

An dem letztgenannten Punkt lassen sich die ersten konkreten Schritte einer Interventionsplanung verdeutlichen:

1. Solange nicht bekannt ist, wer der mögliche Täter/die mögliche Täterin ist, dürfen die Eltern nicht von dem Verdacht informiert werden. Sollten die Eltern die Täter sein, würde die Gefährdung des Mädchens oder Jungen sofort steigen. Der Druck und die Gewalt auf das Mädchen/den Jungen würde sich erhöhen, um diese zum Schweigen zu bringen.

2. Um einer möglichen Strafverfolgung nicht vorzugreifen, sollte es keine direkte Befragung des Mädchens/des Jungen geben, denn es ist schwer im Nachhinein auszuschließen, dass den Mädchen und Jungen bei einer Befragung nichts suggeriert wurde, was später ihre Aussagen verfälschen könnte. Ausdrücklich sei hier erwähnt, dass nichts dagegen einzuwenden ist, wenn das Mädchen/der Junge von sich aus erzählt und berichtet und Nachfragen gestellt werden, denn in diesem Falle ist das Bedürfnis des Kindes, sich über das Sprechen zu entlasten, wichtiger als die „ungestörte" Strafverfolgung des Täters. Es ist jedoch dringend angezeigt, im Anschluss an das Gespräch ein möglichst genaues Protokoll (auch über die gestellten Nachfragen) anzufertigen, das dann in einem eventuell eingeleiteten Strafverfahren verwendet werden kann.

Diese zwei Punkte sind die elementare Ausgangsbasis, auf der sich professionelle, strukturierte Intervention aufbaut. Halten PräventionsanbieterInnen selbst keine Interventionsstrukturen vor, müssen sie die örtlich gültigen kennen. Dazu bedarf es der Vernetzung. Das heißt: Um die Qualität der Arbeit einer Präventionsfachstelle beurteilen zu können, muss deutlich werden, wie diese Stelle mit anderen

Einrichtungen vernetzt ist, die zum Schutz von Mädchen und Jungen vor sexueller Gewalt beitragen.

Qualitätskriterium: Vernetzung

Zur Durchführung von Intervention bedarf es der unterschiedlichen Kompetenzen aus den sozialarbeiterischen, pädagogischen, psychologischen, medizinischen, polizeilichen und juristischen Bereichen. Jede Berufsgruppe hat ihre spezifischen und spezialisierten Aufgaben und nur das Zusammenwirken aller in der abgestimmten und verbindlichen Kooperation ermöglicht einen optimalen Schutz vor weiterer Gewalt für Mädchen und Jungen (Beispiele für Interventionsmodelle im erläuternden Literaturhinweis).

Institutionen, Projekte, Beratungsstellen oder Einzelpersonen, die präventive Arbeit anbieten, müssen zu den oben genannten Qualitätskriterien Aussagen machen können und die regional vorhandene Infrastruktur kennen, um Mädchen und Jungen vor weiterer sexualisierter Gewalt schützen zu können (Bundesverein, Allgemeine Qualitätskriterien).

In der alltäglichen pädagogischen Arbeit entsteht der Verdacht auf sexualisierte Gewalt – was ist zu tun?

Pädagogisch Tätige in Schulen, Kindertagesstätten und anderen Einrichtungen verwenden immer häufiger präventive Einheiten in ihrer alltäglichen Arbeit, ob in Eigenregie oder mit der Unterstützung externer Präventionsfachkräfte. Diese Arbeitshaltung hat sich in den letzten zehn Jahren entwickelt und ist nicht zuletzt ein Erfolg der Arbeit gegen sexualisierte Gewalt. Wenn im Rahmen dieser präventiven Arbeit der Verdacht aufkommt, dass ein Mädchen oder Junge in der Klasse oder Kindergruppe sexuell missbraucht wird, kommt den MitarbeiterInnen der Schule oder des Kindergartens in jedem Falle eine wichtige Rolle beim Schutz der Kinder vor weiterer sexueller Gewalt zu, unabhängig davon, ob externe Präventionsfachkräfte beratend zur Seite stehen oder nicht. Diese Aufgabe ist für Lehrkräfte, ErzieherInnen und andere MitarbeiterInnen aus den unterschiedlichen Institutionen nicht einfach, vor allem in Anbetracht der Anforderungen, die sowieso an diese Berufsgruppen gestellt werden:

— Erzieherische Defizite auszugleichen

— Emotionale Wärme zu geben

— Entwicklungsstände zu sehen

— Frühförderung einzuleiten

und nun auch noch:

— Gewalt im sozialen Nahraum zu erkennen und daraus folgernd

— Mädchen und Jungen vor weiterer Gewalt zu schützen

Das Anforderungsprofil kann beliebig fortgeführt werden. Gleichzeitig wird immer wieder davor gewarnt, übereilt zu reagieren, in blindes Agieren zu kommen, nach

Fortbildungen übersensibel Missbrauch zu vermuten, die Familie mit falschen Beschuldigungen zu zerstören. Auch diese Liste ist beliebig erweiterbar. Im Kindergarten und in der Grundschule sind die genannten Forderungen am stärksten ausgeprägt. Die „Kleinen" bedürfen noch einer besonderen Zuwendung und eines besonderen Schutzes. Die pädagogischen Anforderungen sind hoch und widersprüchlich. Dies ist ein Dilemma und für Einzelne nicht lösbar. Dieses Dilemma kann nur von der Einrichtung abgemildert werden, indem die Einrichtung ein allgemeingültiges Vorgehen abgesprochen hat, wie im Falle von Verdachtsmomenten gehandelt werden soll. In Gießen haben z.B. einzelne Kindertagesstätten und Grundschulen in Zusammenarbeit mit Wildwasser Gießen e.V. ein eigenes, auf ihre Bedürfnisse abgestimmtes Interventionskonzept erarbeitet. Für alle MitarbeiterInnen ist dieses Konzept eine verbindliche Arbeitsgrundlage. Die ErzieherInnen und LehrerInnen berichten von einer spürbaren Entlastung, denn jetzt wissen sie genau, wie sie handeln können. Die Verantwortung wird von der gesamten Einrichtung getragen und sie fühlen sich nicht mehr so allein gelassen.

Für Menschen, die in ihrem Arbeitsalltag mit Mädchen und Jungen arbeiten, entsteht häufig eine schier nicht auszuhaltende Situation, wenn ein Verdacht auf sexuelle Gewalt entsteht oder das Mädchen/der Junge Andeutungen macht. Alles, was sie jemals über sexuellen Missbrauch gehört haben, eigene Erziehungsbilder, Berichte von Prozessen in den Medien – alles wird schlagartig präsent. Die Angst, sich zu irren, wird stark und immer stärker: die Angst, die Familie des Kindes zu zerstören, jemandem Unrecht zu tun, die Angst, etwas falsch verstanden zu haben, die Angst, falsch zu handeln. Angst, Unsicherheit und Mitleid sind häufig die dominierenden Elemente – und das Mitgefühl mit dem Kind, das Hilfe braucht. Alte Erfahrungen und Vorurteile über einzelne MitarbeiterInnen z.B. der Jugendämter oder Beratungsstellen kommen zum Tragen. Die MitarbeiterInnen dort unterliegen den gleichen Mechanismen. Alle haben Ängste und Zweifel: Das Mädchen, der Junge war ja schon immer etwas auffällig, aber sexueller Missbrauch? Nein. Oder doch?

Das alles kann zu einer Einstellung führen: „Besser nicht präventiv arbeiten, sonst decke ich Gewalt auf! Besser ich lasse es, dann gibt es keine Probleme und ich komme nicht in Gewissenskonflikte!" Das ist ein Irrtum, denn Menschen, die mit Mädchen und Jungen pädagogisch arbeiten, können immer in die Lage kommen, sexualisierte Gewalt zu vermuten – unabhängig von ihrem pädagogischen, präventiven Ansatz.

Innerpsychische Prozesse bei PädagogInnen nach Entstehung eines Verdachtes

Sobald ein Verdacht auf sexualisierte Gewalt bei einem Mädchen oder Jungen entsteht, löst dies eine Fülle von widersprüchlichen Gefühlen bei den PädagogInnen aus. Diese Gefühle können von Entsetzen, Ungläubigkeit, Hilflosigkeit und Angst vor falschem Handeln, bis hin zur Wut und dem Wunsch nach sofortigem Einschreiten reichen. Der Verdacht eines Missbrauchs im unmittelbaren Arbeitskontext wird in der Regel nicht im Arbeitsrahmen bleiben, sondern auch auf das Privatleben übergreifen. Angst vor Anzeige wegen falscher Beschuldigung, Angst dem Mädchen oder Jungen nicht geholfen zu haben, Angst als hysterisch und übersensibel dargestellt zu werden und alleine zu sein. Die persönliche Sicherheit wird angegriffen. Oft fehlt es im beruflichen Umfeld an Klarheit, was zu tun ist, wenn dieser Verdacht entsteht. Es wird eine große Betroffenheit empfunden, denn an diesen Verdachtsfällen – vor allem dann, wenn ein innerfamilialer sexueller Missbrauch nahe liegt – wird überdeutlich, dass der vermeintliche Schutzraum Familie der Bereich ist, in dem Mädchen und Jungen die größtmögliche Gewalt erleben – unabhängig vom individuellen und sozialen Status der Eltern.

Ohne vorhandenes Konzept kann es zu Momenten der Panik kommen – Panik, weil die Sprach- und Hilflosigkeit vor der sich zeigenden Gewalt spürbar wird. Der Anspruch, herausfinden zu müssen, was in dieser Familie geschieht und das nach außen darzustellen und zu verantworten, wird häufig übermächtig. Daraus entstehen Überforderungssituationen. Diese Überforderungssituationen können durch ein im Vorfeld gemeinsam erarbeitetes Konzept vermieden werden.

Noch bevor ein Verdacht entsteht

Wenn sexualisierte Gewalt vermutet wird oder aufgedeckt ist, wirkt sich das sowohl auf der persönlichen Ebene als auch auf die Berufsrolle der PädagogInnen aus.

Auf der individuellen und auf der arbeitstechnischen Ebene müssen deshalb Strategien entwickelt werden. Auf beiden Ebenen geht es erst einmal darum, sich einen theoretischen Hintergrund zu erarbeiten. Hier steht die Frage im Vordergrund, was ist eigentlich ein sexueller Missbrauch, welche Palette von sexuellen Grenzüberschreitungen gibt es und welche davon sind so gravierend, dass sie als sexualisierte Gewalt bezeichnet werden? Nach Klärung dieser Fragen steht eine individuell zu treffende Entscheidung an: kann ich die direkte Konfrontation mit dieser Form von Gewalt, wenn sie offensichtlich wird, ertragen und die nötigen Schritte mit dem Mädchen oder Jungen gehen?

Wenn diese Frage im Vorfeld geklärt ist, kann im Team festgelegt werden, wer im Falle eines Verdachtes diese nötigen Schritte mit dem Mädchen oder Jungen gehen kann. In der Arbeit müssen strukturelle Vorgaben erarbeitet werden, die für alle verbindlich einzuhalten sind.

Dazu gehören:

— die genauen Aufzeichnungen der gemachten Beobachtungen und eine detaillierte Beschreibung der Verdachtsentstehung,

— das Klären der Einbeziehung von Vorgesetzten, externen Stellen wie Beratungsstellen und Jugendbehörden.

Mit einem so festgelegten Plan kann im Verdachtsfall gut und adäquat reagiert werden.

Oberste Gebote sind immer:

1. keine Versprechungen an das Mädchen/den Jungen, die möglicherweise nicht eingehalten werden können,

2. keine verfrühte Verdachtsmitteilung an die Eltern, solange nicht ausgeschlossen ist, dass Täter oder Täterin aus der Familie kommen

3. genaue Dokumentation der Verdachtsentstehung und der daraus folgenden Handlungsschritte,

4. externe Hilfe bei einer spezialisierten Beratungsstelle holen.

Dieser Vorsorgeplan dient zur Entlastung in der täglichen Arbeit. Mittlerweile gibt es eine Vielzahl an guten Interventionskonzepten (Gerhard 1996; Jugendamt der Landeshauptstadt Stuttgart 1996; Hessisches Sozialministerium 1999) und allen ist zu eigen, dass die Verantwortung der Wahrheitsfindung, das Herausfinden, was in einer Familie geschieht, nicht Aufgabe der pädagogisch Tätigen ist, sondern von Polizei, Staatsanwaltschaft und Gerichten. Aufgabe der Pädagogik ist das Erkennen, dass Mädchen und Jungen Hilfe brauchen und diese Hilfe im Rahmen der Möglichkeiten zu geben. Dazu gehört auch, dem Mädchen oder Jungen in der Einrichtung einen geschützten Rahmen zu bieten, in dem nicht auf's Neue Grenzverletzungen passieren. Die Ausgestaltung der Hilfe in Bezug auf den Schutz vor weiterem Missbrauch kann nicht eine einzelne Profession leisten, hier ist Vernetzung und Kooperation notwendig. Das Aufdecken und das Verhindern von sexualisierter Gewalt ist eine gesellschaftliche Gesamtaufgabe und sie gilt für alle HelferInnen. Darüber hinaus ist zu beachten: „Nur wer gut für sich sorgt, kann auch gut für andere sorgen".

Die eigene Rolle definieren

Die Rolle der pädagogisch Tätigen im Hilfeprozess kann sehr unterschiedlich aussehen. Wenn z.B. der sexuelle Missbrauch während einer Ferienfreizeit von einer Honorarkraft entdeckt wird, endet ihr Kontakt in der Regel nach Beendigung der Freizeit. Ihr bleibt nur das Weitergeben des Verdachtes an die entsprechenden Stellen. Was häufig unglaublich frustrierend ist, weil nicht mehr gesehen werden kann, was damit geschieht und ob das Mädchen oder der Junge tatsächlich Hilfe bekommt.

ÜbungsleiterInnen im Sportverein, ErzieherInnen, LehrerInnen usw. können dagegen den Kontakt nach Offenlegung des Missbrauches im Rahmen des Angebotes des Vereins, des Kindergartens, der Schule o.ä. weiter halten. Hier können jedoch große Erfolgszwänge entstehen. Die pädagogisch Tätigen fühlen sich persönlich für das Wohlergehen des Mädchens oder Jungen verantwortlich und sind mit der Fülle der oben genannten Gefühle konfrontiert. Dem Mädchen oder dem Jungen hilft am meisten, wenn ihnen nicht mehr persönliche Angebote gemacht werden als allen anderen Mädchen und Jungen auch, aber auch nicht weniger. Der gelebte Alltag – ohne sexualisierte Gewalt – ist Hilfe für ein Zurechtfinden in der Realität und gibt dem Mädchen oder Jungen Orientierungshilfe und das Gefühl, nicht nur auf die erlebte sexualisierte Gewalt reduziert zu werden. Hier muss bemerkt werden, dass es kaum Literatur gibt, die sich mit der Situation von pädagogisch Tätigen beschäftigt und Aufschluss darüber gibt, wie pädagogisch Tätige nach Bekannt werden eines Missbrauchs sich gegenüber dem Mädchen oder Jungen verhalten sollen.

Aus meiner zehnjährigen praktischen Arbeit in einer spezialisierten Beratungsstelle gegen sexualisierte Gewalt kann ich berichten, dass die Mädchen oder Jungen nach Beendigung des Missbrauches eine akzeptierende, nicht leugnende Umgebung sehr schätzen und es als äußerst heilsam empfinden, wenn ihnen im Alltag mit Respekt, Transparenz und Gerechtigkeit begegnet wird. Die Mädchen berichten immer wieder, wie wichtig z.B. die Schule für sie ist, wenn sie dort faire LehrerInnen antreffen, die sie nach ihren Leistungen beurteilen und ein offenes Ohr haben, sich aber auch nicht „zulallen" lassen. Als besonders hilfreich erweist sich in der Praxis eine enge Zusammenarbeit aller am Hilfeprozess beteiligten Erwachsenen. Wenn z.B. das Thema sexueller Missbrauch den Alltag des Mädchens wieder zu dominieren droht, den Hinweis zu geben: „Du hast doch eine Beraterin/Therapeutin – besprich das mal mit ihr – das war doch immer ganz hilfreich." Diese und ähnliche Sätze erleichtern es den Mädchen oder Jungen, sich Hilfe zu holen und so die traumatisierenden Erlebnisse Stück für Stück aufzuarbeiten. Und so, wie den Betroffenen die Beratungsstellen offen stehen, stehen die Beratungsstellen auch unterstützenden, pädagogisch tätigen Personen offen. Wenn es Unsicherheiten gibt, Fragen zu Vorgehensweisen oder Fragen zum Umgang mit betroffenen Mädchen oder Jungen, kann auf die Sachkompetenz von spezialisierten Beratungsstellen zurückgegriffen werden. Sexualisierter Gewalt kann nur gemeinschaftlich begegnet werden.

Schlussbemerkung

An ErzieherInnen, LehrerInnen und an alle pädagogisch Tätigen werden hohe Ansprüche gestellt. Ihre eigene Situation wird selten berücksichtigt. Der vorangegangene Aufsatz soll dazu ermutigen präventiv zu arbeiten, genauer hinzusehen, Gewalt zu entdecken und handeln zu können – ohne sich selbst zu überfordern. Er soll eine Hilfe für pädagogisch Tätige sein und sie ermuntern, sich ein Netz der Hilfe zu bauen, in dem sie sicher und präventiv arbeiten können.

Erläuternde Literatur

AJS (Arbeitsgemeinschaft Kinder- und Jugendschutz Landesstelle NRW) (1995). Sexueller Missbrauch an Mädchen und Jungen – Sichtweisen und Standpunkte zur Prävention. Köln

Dieses Buch ist eine Aufsatzsammlung, die Einblick in Grundsätzliches, Allgemeines und Spezifisches gibt. Hier kann man über erste Erfahrungen in Kindergärten lesen, über Elternabende, über die Alltäglichkeit von sexueller Gewalt und findet auch kritische Auseinandersetzungen mit Ansätzen zur Präventionsarbeit.

beiträge zur feministischen theorie und praxis (1999). Mädchen zwischen patriarchalen Zuschreibungen und feministischen Ansprüchen. Köln

Dieses Buch enthält u.a. einen Aufsatz, der sich mit der Berichterstattung über Sexualmorde auseinandersetzt. Hier ist deutlich zu spüren, was häufig die Motivation zur Prävention ist und wie gefährlich dies sein kann. Der Aufsatz ist von Esther Burkert und lautet „Mädchen allein auf der Straße, das gab es hier seit Mitte März kaum noch".

Bundesverein zur Prävention von sexuellem Missbrauch an Mädchen und Jungen e.V. Allgemeine Qualitätskriterien für Präventionsarbeit im Bereich der sexualisierten Gewalt an Mädchen und Jungen

Dies ist eine Handreichung des Bundesvereins, in der die Standards für eine sinnvolle Präventionsarbeit kurz und präzise aufgezeigt werden. Für Institutionen sehr hilfreich, um Präventionsangebote zu prüfen und eine Entscheidungshilfe für deren Auswahl zu geben.

Zu beziehen bei folgender Adresse: Kaiserstraße 139–141, 53113 Bonn

Bundesverein zur Prävention von sexuellem Missbrauch an Mädchen und Jungen e.V. Unwissen macht Angst – Wissen macht stark

Dies ist ebenfalls eine Handreichung des Bundesvereins, die grundsätzliche Informationen über Prävention von sexuellem Missbrauch gibt und Mut macht, präventiv tätig zu werden.

Bezugsadresse: siehe oben

Kavemann, Barbara/Bundesverein zur Prävention von sexuellem Missbrauch an Mädchen und Jungen e.V. (Hg.) (1997). Prävention – Eine Investition in die Zukunft. Ruhnmark

Auch dieses Buch ist eine Aufsatzsammlung. Es informiert über die Anfänge der Präventionsarbeit zum Thema sexualisierte Gewalt und beschreibt auch unter anderem das CAPP – Modell und die Diskussion darum. Hier stehen Berichte aus der Praxis und Theorien. Ein Kapitel beschäftigt sich damit, wie teuer sexualisierte Gewalt der Gesellschaft eigentlich kommt. Es gibt Aufsätze zu zielgruppenspezifischer Arbeit und zu Männern in der Präventionsarbeit.

Die folgenden drei Literaturangaben sind Praxisbeispiele, wie Interventionspläne aussehen können:

Gerhard, Maria (1996). Empfehlungen zur Intervention bei sexuellem Missbrach. Eine Handreichung für die sozialpädagogische Praxis. Freie und Hansestadt Hamburg, Behörde für Schule, Jugend und Berufsbildung Amt für Jugend/J 24, Hamburger Str. 37, 22083 Hamburg (Hg.)

Hessisches Sozialministerium (1999). Sexuelle Gewalt gegen Mädchen und Jungen – Kooperationsstrukturen vor Ort. Hausdruck: Hessisches Sozialministerium. Referat Öffentlichkeitsarbeit. Dostojewskistraße 4. 65187 Wiesbaden

Jugendamt der Landeshauptstadt Stuttgart (1996). Gesamtkonzept zum Umgang mit dem Thema „Sexueller Missbrauch"

Literatur

Bundesverein zur Prävention von sexuellem Missbrauch an Mädchen und Jungen e.V. (Hg.). Parteiliche Prävention von sexuellem Missbrauch an Mädchen und Jungen. Bonn

Fegert, Jörg u.a. (2001). Umgang mit sexuellem Missbrauch – Institutionelle und individuelle Reaktionen. Ein Forschungsbericht. Münster

Hagemann-White, Carol/Kavemann, Barbara/Ohl, Dagmar (1997). Parteilichkeit und Solidarität – Praxiserfahrungen und Streitfragen zur Gewalt im Geschlechterverhältnis. Bielefeld

Mebes, Marion (Hg.) (1992). Mühsam – aber nicht unmöglich. Bonn

Roth, Gabriele (1997). Zwischen Täterschutz, Ohnmacht und Parteilichkeit – Zum institutionellen Umgang mit „Sexuellem Missbrauch". Bielefeld

Weber, Monika (1995). Sexueller Missbrauch – Jugendhilfe zwischen Aufbruch und Rückschritt. Münster

Autorinnen

Ebba Ache ist Lehrerin, WenDo Trainerin und Soziotherapeutin. Sie ist Mitbegründerin von Wildwasser Oldenburg e.v., Beratungsstelle gegen sexuellen Missbrauch an Mädchen und hat von 1988 bis 2003 dort gearbeitet. Seit 2003 arbeitet sie als Lehrerin an einer Grundschule.

Sibylle Härtl, Magister Pädagogin mit Zusatzqualifikation als Sozialbetriebswirtin, begleitete AMYNA e.v. München viele Jahre als Vorstand und arbeitet seit 1996 bei AMYNA e.v. als pädagogische Mitarbeiterin im Institut zur Prävention von sexuellem Missbrauch. Bis 1995 arbeitete sie in einer Wohngruppe mit jugendlichen Mädchen mit Gewalterfahrungen.

Frauke Homann, geboren 1941, Erzieherin und Sozialarbeiterin in den Berufsfeldern: Kindergarten, Heim, Gesundheitsamt, Schule, geschlechtsspezifische Gruppenarbeit mit Kindern und Jugendlichen nichtdeutscher Herkunft, mehrjährige Beraterin für den Schulbereich in Kinderschutzfragen beim Kinderschutzteam Berlin-Kreuzberg (Verdachtsabklärung, Intervention), Ehrenamtliche Beraterin bei Interventionsfragen, Präventionsprojekt „Strohhalm" e.V. Berlin, Langjährige Vereinsfrau bei Wildwasser e.v. Berlin, Veröffentlichungen:

— Die Ware Kind – Kinderpornographie und Prostitution

— Sexueller Missbrauch im islamischen Kulturkreis (in: AMYNA, IMMA, Frauennotruf (Hg.). Nein ist Nein)

Bärbel Mickler, geboren 1963, Diplomsozialpädagogin, von Geburt an blind. Seit Mai 2002 Mitarbeiterin beim Hamburger Verein ForUM – Fortbildung und Unterstützung für Menschen mit und ohne Behinderung (www.verein-forum.de). Ein Schwerpunkt ist die Arbeit für und mit Mädchen und Frauen mit Behinderung: U.a., Fortbildungen, Öffentlichkeitsarbeit zum Themenkomplex für unterschiedliche Zielgruppen, Kurse zur Gewaltprävention sowie zur Sexualaufklärung für Mädchen und Frauen mit Behinderung.

Von 1990 bis 2002 Mitarbeitin der Beratungsstelle für behinderte Menschen des Vereines Autonom Leben in Hamburg. U.a. Beratung und Unterstützung gewaltbetroffener Mädchen und Frauen, Fachberatung, Fortbildung, Öffentlichkeitsarbeit.

Ulrike Moeller, Dipl. Sozialpädagogin (FH) und Erwachsenenpädagogin, mit Zusatzqualifikation in Feministischer Bildungs- und Sozialarbeit; zertifizierte Erlebnispädagogin (alpin, Höhle); langjährige Erfahrung in offener Jugendarbeit; haupt- und freiberuflich tätig als Fachreferentin für geschlechtsspezifische Jugendarbeit, insbesondere Arbeit mit Mädchen; nebenberuflich Lehrbeauftragte.

Birgit Palzkill, Dr. phil., ehemalige Leistungssportlerin; arbeitet heute als Lehrerin an einer Gesamtschule sowie als freiberufliche Supervisorin und Fortbildnerin (Themenschwerpunkte: Geschlechterbewusste Pädagogik; Gewaltprävention; Beratung in der Schule; Störungen und Konflikte im Unterricht).

Heike Pich, Dipl. Sozialwissenschaftlerin, Künstlerin und Kunsttherapeutin. Sie ist Mitbegründerin von Wildwasser Oldenburg e.V., Beratungsstelle gegen sexuellen Missbrauch an Mädchen und hat von 1988 bis 2003 dort gearbeitet. Seit 2003 arbeitet sie als Projektmanagerin und als freischaffende Künstlerin.

Nivedita Prasad, 1967 in Indien geboren, Diplompädagogin, ehemalige Mitarbeiterin des autonomen Mädchenhauses Berlin, wissenschaftliche Mitarbeiterin bei Ban Ying Berlin, Dozentin an der Alice-Salomon Fachhochschule Berlin.

Agnes Reuter, Dipl. Sonderpädagogin, 39 Jahre. Stellvertretende Gesamtleiterin des EJF Kinder- und Jugendhilfeverbundes Süd, zuvor langjährige Mitarbeiterin der Myrrha im Gruppendienst und später in der Bereichsleitung.

Birgit Schlathölter M.A., Erziehungswissenschaften, Ausbildung in Drogenberatung/-therapie, seit 1992 in einer spezialisierten Beratungsstelle – „Wildwasser Gießen e.V. – gegen den sexuellen Missbrauch" mit den Schwerpunkten Intervention, Prävention, Qualitätssicherung und Vernetzungsarbeit tätig.

Adelheid Unterstaller, geboren 1964, Pädagogin M.A., seit 1992 pädagogische Mitarbeiterin bei AMYNA e.V. im Institut zur Prävention von sexuellem Missbrauch mit den Arbeitsschwerpunkten Fortbildung, Programmgestaltung und Qualitätsmanagement. Schwerpunktthemen u.a.: Präventionsarbeit im Kindergarten, Täter in Institutionen, jugendliche Missbraucher. Zusatzausbildung in feministischer Bildungsarbeit nach dem GAIA-Ansatz von Dr. Sylvia Kolk und Gisela Strötges.

Dorothea Zimmermann, Dipl. Psychologin 44 Jahre. Sie ist Kinder- und Jugendtherapeutin, arbeitet seit 13 Jahren bei Wildwasser Berlin und ist Mitbegründerin und Vorstand vom Berliner Interventionsprojekt gegen häusliche Gewalt.

Weitere AMYNA-Publikationen ...

Evaluation der Wirksamkeit präventiver Arbeit gegen sexuellen Missbrauch an Mädchen und Jungen

Expertise

Die Frage nach der Wirksamkeit präventiven Handelns und deren Belegbarkeit beschäftigt PräventionsarbeiterInnen immer wieder. AMYNA legt hier mit der von Dr. Kindler erarbeiteten Expertise erstmals eine Zusammenschau internationaler wissenschaftlicher Ergebnisse vor, die Aufschluss über den momentanen Forschungsstand zur Wirksamkeit von Prävention gibt. Die Ergebnisse machen Mut, denn sie geben Hinweise darauf, dass Präventionsarbeit gegen sexuellen Missbrauch an Mädchen und Jungen an vielen Stellen die gewünschte Wirkung zeigt. Die Untersuchungen weisen aber auch auf Lücken hin und liefern Anhaltspunkte, Konzepte zu verändern und zu spezifizieren und Wirksamkeit neu zu überprüfen.

Preis: € 7,50 zzgl. Versandkosten

Bitte beachten Sie, dass bei Auslandsbestellungen erhöhte Porto- und Überweisungsgebühren anfallen

---

Interkulturelle Prävention von sexuellem Missbrauch

Eine horizonterweiternde Herausforderung

- ▶ Gibt es bei sexuellem Missbrauch an Mädchen und Jungen kulturelle Unterschiede?
- ▶ Welches sind die Formen sexueller Gewalt?
- ▶ Was sind die Strategien der Täter?

Mit dieser Veröffentlichung möchten wir das Interesse der Leserinnen und Leser speziell für die interkulturelle Präventionsarbeit wecken. Über sexuellen Missbrauch wie auch Präventionsmöglichkeiten ist den meisten bereits einiges bekannt. Herkömmliche Präventionskonzepte lassen Mädchen und Jungen mit Migrationshintergrund jedoch bisher unberücksichtigt; diese Kinder können sich mit vielen Inhalten nicht identifizieren bzw. den pädagogischen Konzepten fehlt ein bestimmter Blick, ihr Blick auf die Welt und ihre Wirklichkeit.

Wir möchten mit dieser Broschüre dazu beitragen, dass Fachleute sich mit einem erweiterten Blick der Präventionsarbeit gegen sexuellen Missbrauch widmen und damit allen Mädchen und Jungen gerecht werden können. Neugierig geworden?

Preis: € 2,50 zzgl. Versandkosten

Bitte beachten Sie, dass bei Auslandsbestellungen erhöhte Porto- und Überweisungsgebühren anfallen.

Bestelladresse: AMYNA e.V., Mariahilfplatz 9, 81541 München oder info@amyna.de

„Die leg' ich flach"

Bausteine zur Täterprävention

Ein wichtiger Ansatzpunkt für die Prävention sexualisierter Gewalt ist zu verhindern, dass Jungen zu Tätern werden. Vieles spricht dafür, dass Vorbeugung und Rückfallverhütung umso besser greifen, je eher damit begonnen wird. Hierzu liefert das Buch Denkanstöße, Anregungen, Beispiele, Ansatzpunkte und Motivationen.

Preis: € 9,50 zzgl. Versandkosten

Bitte beachten Sie, dass bei Auslandsbestellungen erhöhte Porto- und Überweisungsgebühren anfallen.

„Märtyrerin trifft Kinderschänder"

Wie berichtet die Presse über sexuelle Gewalt gegen

Mädchen?

Wichtig ist nicht nur, dass über sexualisierte Gewalt berichtet wird, sondern vielmehr wie. Im Auftrag von AMYNA hat die Autorin, Christiane Pütter, ein Jahr lang Tageszeitungen ausgewertet und ist zu interessanten Ergebnissen gelangt.

Preis: € 8,50 zzgl. Versandkosten

Bitte beachten Sie, dass bei Auslandsbestellungen erhöhte Porto- und Überweisungsgebühren anfallen.

Bestelladresse: AMYNA e.V., Mariahilfplatz 9, 81541 München oder info@amyna.de

Dokumentation der Ausstellung

„NEIN IST NEIN"

Für die wenigen, die die Ausstellung verpasst haben ... und für die vielen, die sie immer wieder griffbereit haben wollen! Die Dokumentation der Ausstellung „NEIN IST NEIN!" beschreibt die vielfältigen Angebote der Ausstellung und des Rahmenprogramms.

Preis: € 5,– zzgl. Versandkosten

Bitte beachten Sie, dass bei Auslandsbestellungen erhöhte Porto- und Überweisungsgebühren anfallen.

„Die alltägliche Zumutung"

Gewalt gegen Mädchen in der Schule

Unsere Broschüre zeigt Handlungsschritte auf, damit die allgemeine Ohnmacht dem Thema „Gewalt in der Schule" gegenüber überwunden werden kann und bietet allen Interessierten Möglichkeiten, sich konstruktiv mit der Thematik auseinanderzusetzen. Sie setzt v.a. in der Grundschule an, gibt aber auch Denkanstöße und Informationen für weiterführende Schulstufen sowie Kindergärten.

Die Realität von Mädchen wird in unserer Broschüre genau aufgezeigt und die „alltägliche Zumutung" für Mädchen in der Schule aufgedeckt.

Preis: € 5,– zzgl. Versandkosten

Bitte beachten Sie, dass bei Auslandsbestellungen erhöhte Porto- und Überweisungsgebühren anfallen.

Bestelladresse: AMYNA e.V., Mariahilfplatz 9, 81541 München oder info@amyna.de